语言·文化·传播丛书

# 传统与变迁

## 中国非物质文化遗产十年沉思录

耿 波 著



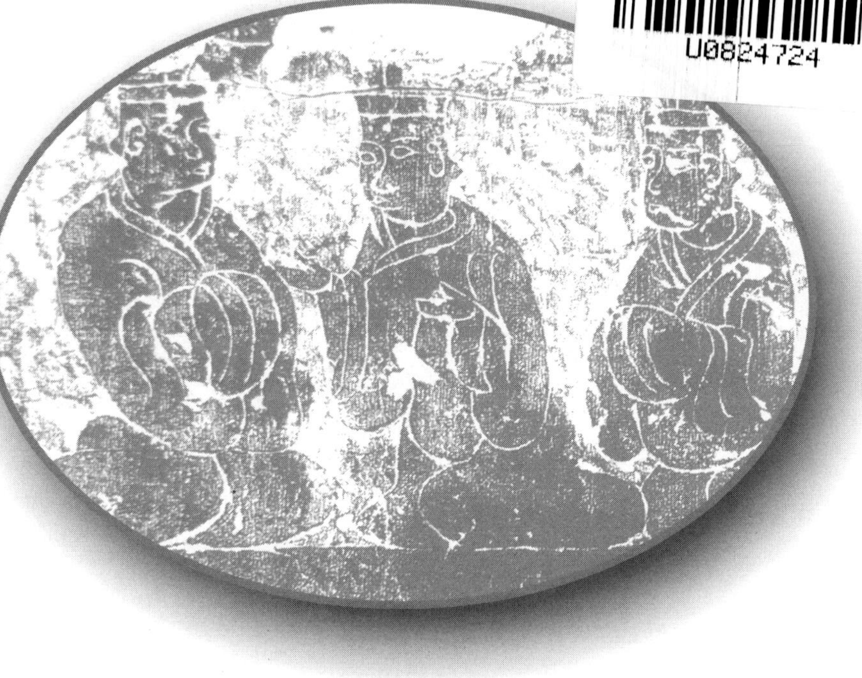

中国传媒大学出版社
·北京·

# 目　　录

## 第一编　非遗的文化政治



## 第二编　民俗的城市化语境



## 第三编　曲艺的老树与新枝

## 第四编　传统节日在古与今之间



## 第五编　农民画与铜鼓：相同的结论

# 第一编

# 非遗的文化政治

# 壹

# 当代中国非遗保护的权益公正问题

## 一、非遗保护的“中国问题”

自 1982 年中国联合国教科文组织收到联合国教科文组织总部信件，建议中国加入《世界文化与自然遗产公约》至今，中国与闻“申遗”已逾 30 个年头。对于政府而言，参与国际非遗的初衷肯定不是单一的，但遗产“保护”却是中国面向世界的公开承诺，在不可预期的现代化进程中对人类文化遗产实现临终“保护”，其实也是世界范围内非遗保护的主流观念。然而，在当代中国现代化进程中，任何预设都是滞后的。反观中国非遗保护三十年，与西方非遗相比，我们会发现当代中国非遗保护特别“热闹”，或者说特别“混乱”，而正是这种“混乱”凸显了非遗保护的“中国问题”。

大略言之，在非遗保护的欧洲实践和日本、东南亚实践中，彼此之间虽然存在诸多差异，但在主流观念上大体都认同“保护先行”，在组织实施上倾向于“政府主导”。同样，在民众主流舆论中，非遗保护通常因被视为本民族传统的当代传承，自然而具有一种文化使命感，凡此种种，使得欧洲、日本、东南亚的非遗保护与产业发展之间保持了相对克制的关系。与之相比，非遗保护的中国实践则似乎复杂得多。这种复杂性涵括了“非物质文化遗产”这一概念的不同界定与多样分类、非遗保护主流观念的“保护与发展”之争，以及非遗保护实施中不同利益群体花样繁多的僭权与避权行为，如此种种，使得中国非遗保护呈现出与世界非遗保护,起码是与欧洲、日本、东南亚大相径庭的实践样态。在此意义上,当代中国非遗保护的关键并不在于简单地与国际公约对接,而是应关注非遗保护的"中国问题"。

非遗保护的"中国问题",实质是传统现代化在中西方的差异问题。传统现代化是中西文化传统在现代化进程中的共同遭遇,传统现代化的关键,在于各种"传统"形态往往包含超验价值,而"现代性"的特征则在于世俗祛魅、个人主义。因此在传统的现代性转化中,神圣与世俗、集体与个人之间的冲突不可避免,而解决此一冲突的不同探索形成了中西传统现代化的差异格局。在西方现代性传统及通过文化殖民而实现的东亚、东南亚等区域的现代性传统中,历史悠久的公权传统为弥合神圣与世俗、集体与个人之间的冲突提供了较理想的解决形式;而在中国,"五四"以来传统礼制遭到抛弃、现代公权长期式微,这使得传统与现代性的冲突无法得到缓释,最终形成了中国传统的现代危机。就非遗传统的现代传承而言,在西方公权体制中,"非遗"自然而然是属公权的,因此,在西方非遗保护中,"保护优先"观念与"政治主导"模式被广泛认可;与之相比,在传统现代性危机中显身的中国非遗保护,问题则要复杂得多。

非遗保护的"中国问题"的复杂性在于,虽然有西方非遗保护的"成功"经验在前,中国非遗保护却不宜当下仿效;"保护优先"观念与"政治主导"模式如在缺乏深入阐释的前提下完全空降到中国,所造成的后果是相当可虑的。

原因何在?为西方非遗保护提供保障的公权体制,并非是东方政治传统中所理解的专权,因此,由此而获得合法性支持的非遗"保护优先"与"政治主导"其实包含着与字面意思相左甚至相反的含义。众所周知,西方公权体制得以建立的基础是社会契约关系。作为社会契约论最重要的阐发者,法国哲学家卢梭将"社会契约"明确为一种个体与公权之间的"权力让渡"关系:完全独立的个体为保证自我个体性的实现,同意将自身的自由权力让渡给公权,委托其代为实施:"我们每个人都以其自身及其全部的力量共同置于公意的最高指导之下,并且我们在共同体中接纳每一个成员作为全体不可分割的一部分。"[1]西方的社会契约关系是两个相反趋向的积聚,一方面是

---

① 卢梭.社会契约论[M].何兆武,译.北京:商务印书馆,2012:20.

公权的绝对专制，另一方面是个体的绝对自由，专制与自由互生形成了西方公权体制的内涵。在此社会契约框架中，西方非遗运动作为一种公权行为，民众对非遗“保护优先”与“政府主动”的认同，在根本上是建立在个体自觉基础上的权力让渡行为；非遗保护的前提是个体自觉，权力让渡的目的在于实现个体对传统的自由认同。所以，非遗“保护优先”所体现的就并非如通常所理解的是保护“国家”非遗，而是保护“我”的非遗，非遗是作为“我”的一部分，即“我”的传统而存在的，这种传统作为“我”确认自身的起点与背景确定着现在、指向未来，它在“我”的自我身份确认中是“活”的。同样，在非遗属“我”的暗含前提之下，“政府主导”便不可能完全是政府专断。

西方社会的非遗保护，前提在于个体的非遗自觉，而中国非遗保护的现实问题，恰恰在于个体非遗自觉的缺席，个体自觉缺席下的“保护优先”与“政府倡导”必将走向危途。

自20世纪80年代以来，“文化搭台，经济唱戏”观念下的民间文化发展，使作为非遗主体内容的民俗传统成为产业发展的“资源”，而其能够将“传统”变“资源”的法理依据则是政府对非遗传统的全权拥有。官方—产业利益共生体的存在持续至今，对民众而言，三十年的非遗实践已将非遗传统是“国家”的这一观念塑造成了惯性认同。非遗保护的事本来就应当由“国家”来促动倡导，这看似与西方社会非遗实践中的“权力让渡”非常相似，但关键分歧在于，发生在中国民众非遗实践中的“国家”信任却缺少作为前提条件的民众个体自觉。自20世纪90年代至今，通常作为民众利益代言人的知识分子群体在经历过80年代理想主义的失落后，或是不加反思地认同于“国家”对非遗传统的全权拥有，进而为非遗“资源”化鼓呼，或是沉溺于对传统的浪漫幻想，以非遗保护为遁词，鼓吹非遗文化的临终关怀。然而，不管哪种趋向，知识分子群体对非遗传统的权益归属，即“谁的非遗”问题在很长时间内其实缺乏真正严肃深刻的追问。民众个体与知识分子的双重蒙昧，使中国的非遗保护完全成了“国家”的事，“保护优先”与“政府主导”的国际通行理念在中国的非遗保护中仅停留在字面意义上，“保护优先”变成为保护而保护的非遗临终关怀，而“政府主导”则变成了政府为促进区域产业发展而进行的非遗“资源”分配。

## 二、非遗“文化自觉”观念的提出及现实困境

然而,在非遗保护三十年历程中,完全否认知识分子对民众的非遗启蒙是不准确的。事实上,由少数知识分子所鼓呼的非遗民众本位与文化自觉立场,一直贯穿当代中国非遗保护的全程,但因政府—产业利益共同体的长期屈抑,所以它并未成为非遗保护的主流立场。

早在20世纪八九十年代,与“经济搭台,文化唱戏”相对,由部分作家与人类学家发起的“文化寻根”[①]运动,就已产生了不无浪漫倾向但却包含朴素民本主义的传统现代化导向。21世纪以来,随着非遗保护与世界接轨,非遗保护在当代中国变成了影响越来越大、利益牵涉越来越复杂的社会运动,加之在市场化已充分成熟的背景下,政府行政职能逐渐转变,促成了非遗保护从前此的专门事件变成了公共事件,民众广泛参与并在现代媒介支持下获得了表达自身诉求的平台[②],这为部分知识分子倡导非遗保护“文化自觉”观念提供了走向主流的社会前提。

非遗保护“文化自觉”的倡导,较明确的起点是2007年。2007年,文化部开展了国家级非物质文化遗产项目代表性传承人的认定与命名工作,分别于本年度6月和2008年2月公布了两批共777名国家级非物质文化遗产项目代表性传承人,并在人民大会堂举行了颁证仪式。文联、民协于当年6月6日“文化遗产日”举行首次“中国民间文化杰出传承人命名大会”,全国156个非物质文化遗产项目的166个民间艺术家获得称号。各省市区也陆续开展了地方非物质文化遗产项目代表性传承人认定命名工作。“非遗传承人”国家计划的推动,首次在国家层面上将非遗保护与利益获得联系起来,这使得非遗传统的归属问题空前凸显。随后的一篇报道颇能说明问题:

---

① “文化寻根”发生于20世纪80年代中期,主旨在于主张深入到民族传统的深层心理与文化行为上去解答中华民族发展与生存之谜,主要成员多为当代作家与文化学家,比如韩少功、贾平凹、李杭育等。

② 2005年,中韩因“端午节申遗”而引发的争论,是中国非遗保护成为公共事件的最早一例,此次争论的主体主要为学者与大众,而且随着争论的深入,部分学者的言论成为大众批评的对象,体现了公众参与的深度。

"'成了国家级的传承人,感觉有压力。'北京天桥中幡的传承人傅文刚如是说。他的压力来自两个方面:一是成为首批国家级非物质文化遗产项目代表性传承人,不仅是光荣,而且责任更重了;二是不知道国家会对传承人采取什么样的保护措施,心里不是很有底。跟傅文刚一样,'聚元号'弓箭制作技艺传承人杨福喜也不无担忧:'保护文化遗产,我们手艺人努力是一方面,政府也得动真格的。如今,好徒弟难找,可也怕教好了徒弟,饿死师傅……'"①"非遗传承人"制度的推出,在社会层面上的确造成了这样的推想,即政府用对非遗传承人的"经济补助"将非遗变成了"国家"的。

正是针对这种非遗"国家"化的趋势,在学界应激性地凸显了非遗民本主义的"文化自觉"倡导,此处仅举具代表性的三位学者。2007 年,刘铁梁在《节日文化的地方性》一文中认为"节日文化的地方性"应是节日非遗保护的关键。② 2008 年,他在谈到节日遗产的定位时说:"节日通过全社会参与性的交往实践使每一个成员都一再地进行或者是不断地重温对于自身文化的感受,这种感受是刻骨铭心的。"③将节日明确地定位为社会民众通过参与而形成的自觉文化形式。高丙中是较早明确提出非遗保护"文化自觉"的学者,早在 2006 年的《对节日复兴的文化自觉与社会再生产》一文中,他根据费孝通先生提出的"文化自觉"概念,认为"传统节日以习俗的力量让民众自动在同一个时间经历相同的活动,在相同的仪式中体验相同的价值,一个共同的社会就这么让人们高兴地延续下来"④。在 2008 年的《作为公共文化的非物质文化遗产》中,他提出了非遗保护的"公共文化"性,认为:"非物质文化成为遗产,或者简单地说,被命名为遗产的程序就是一种公共文化的产生机制。"⑤其所谓非遗的"公共文化"性包括两个层次:"一个是在观念上被大众公认,并且得到公众的自愿参与;一个是在体制上被政府部门正式承认,并且以一定的公共资源加以支持。"⑥可见,高丙中所谓非遗的"公共文化"性

---

① 周玮.应让"非遗"更多地"回归"生活[N].新华每日电讯,2007-06-19(7).

② 刘铁梁.节日文化的地方性[N].贵州民族报,2007-08-02(A05).

③ 刘铁梁.重温对于自身文化的感受[J].人民论坛,2008(4):53.

④ 高丙中.对节日民俗复兴的文化自觉与社会再生产[J].江西社会科学,2006(2):9.

⑤ 高丙中.作为公共文化的非物质文化遗产[J].文艺研究,2008(2):79.

⑥ 高丙中.作为公共文化的非物质文化遗产[J].文艺研究,2008(2):82.

其实是“文化自觉”观念的发展。与刘铁梁、高丙中等学者相比，高小康教授对非遗保护“文化自觉”观念的提倡更加丰富、深入。高小康对临终关怀式的非遗保护观念有自己明确的批判立场，他揭示了世界《保护非物质文化遗产公约》中关于“保护”概念的复杂含义：“从‘公约’给出的定义来看，这种‘保护’的内容实际上包括了从狭义的消极保护到传承发展等一整系列的文化复兴工程。可以说，原汁原味地保存不是目的；通过保护工作促进传统文化的复兴才是非物质文化遗产保护的本意。”①在其更加深入的探讨中，非遗保护的“文化自觉”被确认为非遗文化多样性与整体性的复兴，非常可贵地将这一观念推向了深化。除以上述三位学者为代表的知识分子群体外，在各类非遗公共事件中，民众的呼声越来越具有影响力，这为知识分子群体的非遗“文化自觉”提倡提供了舆论支持，时至今日，非遗保护的民本主义与文化自觉观念其实已成主流。

与不加反思地认同政府—产业利益共同体对非遗的权益专享所有相比，非遗保护的“文化自觉”观念关注非遗权益归属问题，这已是中国非遗保护的巨大进步；然而，从非遗保护的最终目的，即实现民众对非遗传统的真正认同而言，非遗保护“文化自觉”观念的提出是否已实现了问题的最终解决？事情似乎并没有这么简单。

“贵州六盘市六枝梭戛生态博物馆”项目为此提供了极佳的观察个案。1998年，中国与挪威合作建设中国第一座生态博物馆——贵州六盘市六枝梭戛生态博物馆。此馆建设的指导思想即是在充分尊重地方文化持有者的文化自觉前提下的介入保护。为更好保证此一观念的落实，中国贵州六枝和挪威方面双方讨论制定了《六枝原则》，一共九条，其中第一条就是对村民文化所有权的确认：“村民是其文化的主人，他们有权认同与解释其文化。”《六枝原则》可以说是非遗文化保护自觉性观念的正面体现，但实践结果却出人意料。根据观察，梭戛生态博物馆建成后，“生态博物馆社区”（即社区村民）和“生态博物馆资料信息中心”（即博物馆）成了“两张皮”，生态博物馆资料信息中心所在的中心寨的村民并不认为他们是生态博物馆的一员，而认为他们仍然是梭戛乡的村民。为解决“两张皮”的问题，组织方作出了不

---

① 高小康. 非物质文化遗产的保护与公共文化服务[J]. 文化遗产，2009(1)：3.

懈的努力，比如在2001年成立了12个村民组代表参加的“梭戛生态博物馆管理委员会”，并制定了一个管理委员会章程。该章程明确了由中心寨即陇戛寨的村主任担任生态博物馆的副馆长，这样的结果好像在即刻间解决了“两张皮”的问题，村民和博物馆融为了一体，但这仅仅是生态博物馆的一厢情愿。生态博物馆管委会的委员开了一次会之后再也没有开第二次会了，原因是他们来开会是无偿的，是博物馆组织他们来开的，会议讨论的是文化保护和传承，他们对此不感兴趣，他们关心的是生态博物馆给他们带来的好处是什么，如粮食、住房、孩子上学书学费等基本生计问题。[①] 在给予了村民充分的文化自觉空间以后，文化保护与传承为何仍然没有引起他们真正的认同？

事实上，“贵州六盘市六枝梭戛生态博物馆”项目遭遇并非个例。比如，2007年全国鞭炮燃放解禁，这被很多非遗保护自觉观念的支持者视为非遗文化自觉的胜利，但几乎就在解禁的同时，反对的声音却同时出现在民众之中，而且这种来自民众的反对声音越来越强大，已直接体现到节日鞭炮燃放现状上。据报道，2013年春节的鞭炮燃放相比前一年已是大大不如。[②] 再比如，2007年四大传统节日入“国家法定节假日”，在国家法定节假日体系中有了让大众专门过传统节日的时间，这同样被认为是“还节于民”的创举，但实施数年后，人们发现传统节日之于民众并不是一“还”了事，大众在被给予了过节的权利后，却仍然是意见汹汹，诸多不满，很难说已实现了当初还节于民、使民认同的初衷。

非遗保护的文化自觉设计，还遗产于民，为何在现实中不能真正实现民众的文化认同？

## 三、社会契约论视野中的非遗文化自觉与权益公正

没有无缘无故的文化自觉，问题的解答宜从检讨“文化自觉”可实现的前提条件入手。非遗保护的文化自觉设计，设想还遗产于民，使民众在非遗

① 胡朝相. 六枝梭戛生态博物馆建馆十周年回眸[EB/OL]. (2009-02-22)[2020-03-04]. http://www.gzfefax.com/news/news/laigao/laigao_20090222001.html.

② 侯文学. 鞭炮燃放回归理性值得叫好[EB/OL]. (2013-02-16)[2020-03-04]. http://news.xinhuanet.com/comments/2013-02/16/c_114683289.html.

的文化自觉中实现文化认同，这一设计的问题，在于忽略了“文化自觉”就其可实现而言并非是自我缘发、一无倚傍，而是有其先决条件的。

“文化自觉”的核心是个体自由。在西方，对“个体自由”可实现问题的思考形成了完整的哲学史传统，从马基雅维利、霍布斯、洛克到卢梭，欧洲思想史关于“个体自由”的思考最终达成了一个看似悖论的结论，这个结论可用卢梭的一句话来概括，“人生而自由，却无往不在枷锁之中”。人们通常将这句话理解为卢梭对自由遭受压制的批判；但其真正含义，却可能恰恰相反。卢梭在《社会契约论》中独创性地提出了“个体自由”可实现的设计，即社会契约论。卢梭的社会契约思想以“权利让渡”为核心，它要求为实现个体自由，个体必须要服从公意并将自身的自由权利让渡给公权，唯有众人在对公权的绝对服从之下才能获得“个人自由”可实现的保障。卢梭的社会契约论是马基雅维利的“君主专政政体”、霍布斯的“利维坦”甚至是洛克所设想的“环形监狱”的延续，在政治哲学上屡遭批判，被认为是为暴政张目。但卡西勒却对此有不同的解读，在他看来，卢梭的设计是深刻的。因个体权利让渡而形成的公权机构，国家与法律是典型形式，之所以对个体自由的可实现具有积极意义，是因公权机构对个体自由的表面专制其实另有深意：“对他（卢梭——引者注）而言，国家并非只是某种性情、冲动与变化不定的欲望的经验的集合，而是一种形式，在其中真正存在着作为伦理意志的那种意志。只有在那种国家中，意愿（willfulness）才能发展成意志（will）。法律在其纯粹与严格的意义上，并非只是控制诸多个体意志以防止其成为一盘散沙的外部约束；相反，法律是构成这些个体意志的原则，是在精神上确认并证明这些意志之正当性的要素。”①按照卡西勒的解读，卢梭的社会契约论实际上建立在个体自由的“意愿”与“意志”区分之上：个体“意愿”是私意，虽然包含强烈的自由冲动，但其实仅仅是个人诉求的事实；而个体“意志”则是公意，是可实践的自由冲动。个体自由从“意愿”而成为“意志”，唯有在公权结构的确认中才能获得对大众表达的正当性形式；在此意义上，公权机构对个体自由的控制其实是通过“正当性确认”使之获得可实现形式。当“意愿”无法获得“正当性确认”而成为“意志”时，则将在自我封闭与怀疑中最终丧失。

① 卡西勒. 卢梭问题[M]. 王春华，译. 北京：译林出版社，2009：55.

个体“意愿”唯有在公权机构中被“正当性确认”成为“意志”时才能实现其个体自由，以此反思非遗保护的文化自觉设计当前遭遇的困境，可发现问题所在。

在“贵州六盘市六枝梭戛生态博物馆”项目个案中，《六枝原则》承诺给予村民“文化所有权”，但首先，此“文化所有权”的颁权主体并非国家或其他公权机构，而仅仅是国际合作组织，实际上，它并无真正颁权资格；其次，村民被承诺给予的“文化所有权”其实仅仅是“文化解释权”。这就造成了，村民在此项目推动之下也许的确产生了文化自觉冲动，但此文化自觉却在根本上缺乏公权机构的“正当性确认”，文化自觉从“意愿”向“意志”的升华不能真正完成，导致了尴尬收场。“鞭炮燃放解禁”遭遇的困境也可作如此反思：鞭炮解禁表面上给予了民众文化自觉的空间，但“限时限地”的追加条件则使民众的鞭炮燃放行为与公权机关之间的契约关系变得脆弱，这造成了民众的鞭炮燃放在当下公权体系中无法获得充足的正当性形式，所以才有了民众的主动退场。而传统节日纳入国家法定节假日，表面上给予了民众节日文化自觉的空间，同时也建构了传统节日与“国家法定”之间的契约关系，但真实的情况是：与其说是传统节日与“国家法定”订立正当性契约，不如说是产业主体僭国家之权全面托管了传统节日，“国家”在民众的节日体验中并不真正在场，当前传统节日的问题，正在于泛滥的产业形式使得节日变成了纯粹的消费时刻，而无法从“国家法定”中获得正当性确认。

非遗保护的文化自觉唯有经公权机构的“正当性确认”，才能真正得以实现，而公权的正当性体现于公权机关对大众权益的公正分配，因此，非遗文化自觉的真正实现，在根本上乃建基于权益公正。当代中国的非遗保护，从最初的政府主导到政府—产业利益共同体主导，再到非遗保护“文化自觉”观念的提出，的确是巨大的进步，但“文化自觉”立场作为对国家主导极端化倾向的反击，其自身也面临极端化危机：片面太高估非遗文化自觉的“意愿”正当性，而罔顾国家公权机关所起的正当性确认意义，“意愿”无法变成“意志”，使非遗保护的“文化自觉”倡导最终在民众那里无疾而终，在提倡者那里变成了文化梦呓。

略作回顾，可发现在中国古典社会中，非遗传承之所以健康发展，其实是已然在遵循文化自觉建基于权益公正这一事实。中国古代自然没有现代所谓“非遗”观念，但却并不缺乏与现代“非遗”相对应的文化传统，这就是民俗文化。从其界定而言，现代非遗与古典民俗都是立足于文化自觉、“约定俗称”而形成的文化传统；从其分类来看，现代非遗的六大类型在民俗文化中均有恰切的对应关系。所以，当代非遗保护的文化自觉性问题，映之于中国古典社会，就是民俗文化的自觉性问题。

在中国古典社会，民俗文化的自觉性建基于其在礼制格局中的正当性确认。中国古典文化大略可分为“礼”文化与“俗”文化。明清以来，“礼”通常被认为是专权制度，《礼记》所谓“是故先王之制礼乐也”，但“礼”的产生虽说是“先王所制”，《汉书》中却载有孔子曰“礼失而求诸野”，近代学者刘师培、李安宅、杨宽等都主张“礼源于俗”。可见，“礼”又有其“在野”从“俗”的民众根源，以此而言，中国古典“礼制”虽曰专权但其实是包含公权的成分较大。与“礼”相对，“俗”则是庶民文化，是广大民众发乎自觉、约定俗成的习惯性传统。在以往对礼、俗关系的研究中，学者们较多关注两者之间的对立关系，而对其契约关系则缺乏深入思考。问题在于：如果仅将礼、俗对立当作二者之间关系所有内涵的话，何以“约定俗成”的民俗文化在礼制格局中历千百年而不至于涣散堙没？礼制传统之于民俗文化绝非仅仅是压制，应包含更加积极的意义。

《周礼》中明确谈到了礼制对俗众的意义：“以八则治都鄙：……六曰礼俗，以驭其民。”《周礼注疏》疏为：“‘六曰礼俗，以驭其民’者，俗谓昏姻之礼，旧所常行者为俗，还使民依行，使之入善，故云以驭其民。”[①]按照此疏解，所谓“驭民”乃是使民依礼而行，使之入“善”；礼制“驭”民的实现并非是制民以动，而是要使民在依循礼制中领会并从“善”。“善”作为抽象范畴已超出了具体“礼”制，而作为一个伦理上的正义范畴存在，因此，俗众对礼制的服从并非是听其专制而行，而是因“礼制”正义。在“礼制”正义的框架中，而非在“礼制”专制框架中，民众的“约定俗成”获得正当性确认，民俗文化自觉性获得可实现的根据；这与卢梭的社会契约论有着深刻相似。除《周礼注疏》外，《礼记·乐记》中也谈到了礼制专制的复杂意义：“是故先王之制礼乐也，非以极口腹耳目之欲也，将以教民平好恶，而反人道之正也。”同时，“礼

---

① 李学勤. 周礼注疏[M]. 北京：北京大学出版社，1999：28.

制”并非是制民以动，而是通过“礼制”标举出了更高的正义范畴（“正”），使“礼制”与“民俗”通过权益公正缔结契约关系，为民俗文化找到了自我肯定的正当性确认形式。

上述由经典阐释而发现的礼、俗关系，其实也是中国古典社会民俗传统存在的现实状况。在传统中国，民俗行为被容纳在以“礼制”为中心的价值之网上；“礼制”其实是现代意义上的“习惯法”，民俗文化看似纷繁杂乱，但无一不是合礼合法，以此实现自身的正当性确认，凭此确认而将自身的民俗“意愿”升华为“意志”。这可以说是中国民俗文化传统之所以健康发展的根本。自近现代以来，在太平天国运动、五四新文化运动与新中国成立后所兴起的各种移风易俗运动的冲击下，“礼制”传统在中国逐渐衰落，我们发现，随着“礼制”的衰落，中国的民俗文化传统也开始了它的危机之旅。两者之间命运的相关性，更证实了我们所指出的中国古典社会中的礼、俗契约关系。

## 四、当代中国非遗保护的失权历程

非遗保护的文化自觉应建基于权益公正前提下。

新中国成立之前，近现代中国农村虽历经苦难，但“礼制”传统大体仍在，民俗传统基本无虞。新中国成立后至“文革”的一段时间，即 20 世纪五六十年代左右，农村破除封建迷信的移风易俗运动对民俗传统造成了初次冲击；这一冲击对民俗形态本身造成的影响并不甚大，关键的影响在于它造成了民俗在权益格局中的正当性失落。农村移风易俗运动，将传统民俗中的不少形式，尤其是带有地方宗教色彩的民俗界定为“落后”“迷信”，公开宣布其在新中国权益格局中的非法身份，这实际上是对民俗传统与“国家”之间的契约关系的一种解除，民俗文化获得正当性确认的权益公正格局也于此发生危机，这是新中国民俗“去权化”的开始。

“文革”十年，民俗文化在极左意识形态格局中被进一步摈弃，大量民俗文化的物质载体被野蛮破坏，民俗文化与“国家”之间的契约关系与此全面断绝。然而，新中国成立后开始的移风易俗运动，虽然强行解除了民俗传统与“国家”的契约关系，但并没有导致中国民俗传统的彻底没落，因为中国民俗传统寻求正当性确认的权益公正资源，除“国家”之外，还有“村落共同体”。在中国封建政体中，“国家”的存在并非如西方完全依托政党体制，而是存在于由“国家”向下落实的“地方认同”中，由乡绅阶层维系上下认同的“村落共同体”又是“国家”实现“地方认同”的基本单元，因此，中国传统社会虽然王权更迭，但不管谁做皇帝，“国家”在村落中的意义是一致的，民俗传统与“国家”的契约关系实际上是以稳定的“村落共同体”为担保，民俗与“村落共同体”实际上形成了获得正当性确认的隐性契约。新中国成立后至“文革”时期，移风易俗运动虽然切断了民俗与“国家”显见的契约关系，但“村落共同体”是健全的，家庭伦理仍然无恙，民俗传统从“村落共同体”中获得正当性确认的权益渠道仍正常存在。这就是新中国成立后十七年当代中国民俗虽多历冲击，但并无危机的根本原因。

当代民俗的真正危机，是从“文革”后开始的。“文革”结束，1978 年党的十一届三中全会召开，政治上拨乱反正，经济上初步确立了从计划体制向市场体制的转型导向。1978 年下半年，安徽、四川的农村尝试包干到户、到组的生产方式，取得了明显的效果。1979 年 9 月，十一届四中全会通过了《关于加快农业发展若干问题的决定》，允许农民因时因地制宜，经营自主。到 1983 年，全国实行“双包”的生产队达到了 93%，其中绝大多数实行的是包干到户。“文革”后实行的农村联产承包责任制解放了农村生产力，同时也开启了中国的村落转型，而这种村落转型却造成了民俗传统的当代危机。

在传统中国，“村落共同体”的形成来自地缘基础上的伦理认同。在传统村落中，虽然生产力水平不高，但在村落伦理整体氛围中，村落经济的产业盈利意义并没有被抬举到过高的位置。相反，村落经济的产业能力始终被控制在与村落人口消费、环境承载相适应的水平，而其所包含的村落伦理意义则不断被强化：村落经济活动被视为村落伦理的象征符号，生产活动都被与村落伦理的认同联系起来。这使得中国传统农村的经济活动在很大程度上，一方面是纯粹产业意义上的生产，另一方面则是村落伦理意义上的生产。新中国成立后至“文革”，在农业“大跃进”的冲击下，村落经济面目全非但并非完全涣散，相反，村落经济所包含的村落认同意义在“人民公社”的生产组织形式获得了奇特保存：人民公社，名为“人民公社”，实为“村民公社”，人民公社的经济活动虽然与传统村落经济差异甚大，但二者的共同之处在于,都在操持着产生村落共同性认同的经济活动。另外,在此时期,传统村落经济其实并未完全匿迹,而是以所谓"副业"的经济形式存在,虽被冠以"资本主义尾巴"屡遭打击,但这正显示出当时广大农村的传统村落经济仍具活力,而村落认同体也因此而延续其存在。

1978 年以来的农村联产承包责任制改变了经济活动在村落中的位置,同时也改变了中国传统村落。联产承包责任制将土地分包到户,鼓励农民以家庭为单位单干,目的在于提高单位土地的粮食产量,这的确能够释放农村劳动力的生产热情,但却使得村落劳动变成了纯粹的产业活动,而此前所包含的村落伦理意义被去除了。村落经济活动被去除了村落伦理意义,又因为土地"所有权"属于国家,农民对土地的使用只有"使用权",因此,在农村联产承包责任制全面推开并成为"文革"后中国农村主要经济组织形式的情况下,个人、家庭、村落都变成了纯粹的生产单位,而这些生产单位与"国家"之间的关系就是纯粹产业意义上的生产资料租借关系。"村落共同体"成了生产互助组,村落民俗变成了纯粹的生产资料,被纳入区域经济发展的统筹框架中,成为发展区域产业的生产元素,而其本身所包含的文化内涵与传统认同则荡然无存,即"文化搭台,经济唱戏",传统村落中民俗传统与"村落共同体"之间的正当性确认关系于此失落。这是民俗传统在失去与"国家"的显性契约关系之后,与"村落"再失隐性契约关系,民俗"失权"危机至此真正暴露。

1992 年到 2004 年,在这十余年的时间中,中国民俗传统在市场经济的冲击之下,已在正当性确认中"失权"的民俗传统却在市场经济中日益"红火"。从民俗文化自觉的角度看,市场经济中的民俗活动好像是获取了比任何时候都丰富的自觉意识,在由政府—产业利益共同体所引导的民俗产业活动中,民俗传承主体,主要是农民大众,被赋予极大的空间去展现,更可以从中获得一部分收益。但问题在于:被市场经济赋权的民俗活动所拥有的永远只是民俗文化的"使用权",而"所有权"的真正拥有者是"国家",通过政府—产业利益共同体,民俗"所有权"又被转借给产业主体。在只能"使用"不能"拥有"的权益不公中,被产业化煽动的民俗文化自觉地从根本上缺乏正当性确认,因此也就不可能成为真正的文化自觉,而只是变成了缺乏诚意的姑取姑予,自然更谈不到民俗传承主体对民俗本身的珍惜与责任感。

民俗传承主体对民俗本身的责任感缺乏,是当代中国民俗危机的核心要点,而这种责任感缺失的前提是更大意义上的权益不公。

2004 年,中国加入世界非遗保护"公约",非遗保护运动正式开始,而其发生的背景正是中国民俗传统的先行"失权",这已注定了中国非遗保护将在根本上无法实现民众文化自觉。当然,非遗"公约"的世界性身份的确为非遗保护中的文化自觉提供了正当性确认的新契机,借助"公约"框架,许多非遗保护合作组织也尝试为中国非遗保护提供正当性确认框架,但正如"贵州六盘市六枝梭戛生态博物馆"项目所显示的,对民众的非遗文化自觉而言,非遗保护国际组织并非主权组织,也就无法提供真正的正当性确认。当然,这并非否定国际非遗保护合作组织在中国非遗保护中所起的重要作用,而是要强调,对作为文化传承主体的民众而言,要真正实现其对各种非遗合作组织工作的认可,总绕不过经"国家"而实现正当性认同的宿命。

那么,在民俗文化的"失权"历程中,知识分子何在?在传统中国,知识分子通常是在作为统治者的"国家"与被统治者的"民众"之间消解冲突,促进认同,为民俗传承主体与"国家"达成社会契约提供价值范式,使"国家"意志能够平稳落地的同时也为民众的权益公正做坚决维护。20 世纪 90 年代以来,面对民俗传统与"国家"的社会契约危机,部分知识分子的反应是肯定、欢呼。[①] 这体现了中国知识分子一以贯之的民本主义,但也暴露了知识分子在宏大运动中的短视,"毕竟是书生"。如前所指出的,"文革"后中国民俗的危机在于与"国家"契约关系的破裂,是"失权"而非简单的"失觉",以欢呼民俗与"国家"的疏离为出发点为民俗找出路是天真的,并在某种意义上深化了民俗危机。

---

① 比如,陈思和这样界定中国社会传统中的"民间":"它是在国家权力控制相对薄弱的领域产生的,保存了相对自由活泼的形式,能够比较真实地表达出民间社会生活的面貌和下层人民的情绪世界;虽然在政治权力面前常常以弱势的形态出现,但总是在一定限度内被接纳,并与国家权力相互渗透。……自由自在是它最基本的审美风格。"陈思和. 民间的沉浮:从抗战到文革文学史的一个尝试性解释[J]. 上海文学,1994(1):72.

## 五、推进中国非遗保护实现权益公正的国家探索

非遗文化自觉是非遗保护的关键，而文化自觉的前提在于权益公正给予的正当性确认。当代中国民俗传承与非遗保护历程同时也是其与“国家”解除社会契约、逐步“失权”的历程，未来中国非遗保护的关键应在于使非遗保护重获权益公正，使非遗文化自觉真正得以实现。令人感到鼓舞的是，21世纪的第二个十年，中国非遗保护已在国家层面出现了推进非遗保护权益公正的有益探索，这预示着当前非遗保护正朝着正确方向推进。

非遗保护重获权益公正，即要在国家法律体系中确保传承主体对非遗文化的“所有权”地位，目前已成为当代世界范围内的法律难题。当前法律体系中，非遗保护权益问题的适用法律是知识产权法，但在知识产权法框架中，非遗保护的“所有权”其实难以保障。

非遗文化主要是指那些“基于传统”而产生、创造、应用和传承的知识，而所谓“基于传统”，根据世界知识产权组织（WIPO）的定义，主要指代代相传的知识体系、创造、创新和文化表达，被认为属于特定人群或地区，自发演化，并根据变化的环境而改变。在一个为符合工业社会需求而产生的知识产权体系中，这类“知识”并没有适当位置，因为它们既不是个人创新的成果，也不具有所谓的新颖性，只能被归入公有领域，供人免费使用，知识产权法对其很难起到立法保护作用，因此也就无法保证遗产传承人的“所有权”。

不仅如此，现代知识产权法在很多情况下还可能成为文化强权组织破坏权益公正的得利手段。著名法律文化学者梁治平在《谁的知识？谁的产权？》一文中总结了现代知识产权法体系的文化霸权特征，并指出：“欠发达国家所拥有的传统知识，很容易就被那些技术、知识和资金方面的领先者转变成所谓知识产权，变成他们受法律保护的所有物。知识产权由此变成了不正当占有他人知识即盗版的工具。”[①]现代知识产权法的制定，首先是建立在地位不对等的前提条件下，因此，在“谁的知识”的裁定上缺乏商讨余地；非遗文化作为知识资源，在现代知识产权法体系中同样会面临“所有权”被

---

① 梁治平. 谁的知识？谁的产权？［N］. 东方早报，2012-05-20（T03）.

抢夺的情形，这种情况在世界范围内已屡见不鲜，如著名的“死藤案”①，在中国，非遗保护的知识产权案也并非鲜见。因此，单纯依靠知识产权法体系来解决非遗保护的权益公正问题，并不可行。

2011年，中国《非物质文化遗产法》的通过和颁布是中国非遗保护进入新阶段的重要标志，与2007年以来学术界提出非遗保护的“文化自觉”，共同成为当代中国非遗保护中的两大标志性事件：《非物质文化遗产法》的通过，意味着非遗保护的权益公正问题将被正式提出，而这正是非遗保护“文化自觉”观念的深化。《非物质文化遗产法》第九条明确规定：“国家鼓励和支持公民、法人和其他组织参与非物质文化遗产保护工作。”这与2003年联合国教科文组织颁布的《保护非物质文化遗产公约》中所规定的“缔约国在开展保护非物质文化遗产活动时，应努力确保创造、保养和承传这种遗产的群体、团体，有时是个人的最大限度的参与，并吸收他们积极地参与有关的管理”，体现了同样的主旨，即都鼓励保障民众对非遗保护的参与权利。但不同之处在于两个方面：其一，《保护非物质文化遗产公约》是国家间缔约形式，《非物质文化遗产法》则是从国家法律层面对民众非遗保护参与权的首次确认，为非遗保护的“文化自觉”提供了法律意义上的正当性确认框架；其二，《保护非物质文化遗产公约》提倡吸收民众积极“参与”并“管理”非遗，隐含着对民众之非遗文化“所有权”的侧面呼吁，但在《非物质文化遗产法》中，却明确规定“管理”权仍在各级政府，其实是对民众非遗文化“所有权”的回避。

虽然如此，《非物质文化遗产法》对推动民众享有非遗文化“所有权”，比此前已有了很大进步。2005年3月发布的《国务院办公厅关于加强我国非物质文化遗产保护工作的意见》中，对社会民众的定位，关注的是其对非遗保护的资金投入：“通过政策引导等措施，鼓励个人、企业和社会团体对非物质文化遗产保护工作进行资助。”同年12月发布的《国务院关于加强文化遗

---

① 1986年，美国专利商标局授予申请人Miller一项植物专利。据说，这位美国企业家“发明”了一种“新的和独一无二的”药用植物。其实，在南美洲的亚马逊地区，这种“新的和独一无二的”植物已经被当地人认识、保存和利用了数千年之久；而且，这种当地人名为“死藤”的植物，在当地部落的日常生活中具有极其重要的药用和宗教价值。梁治平. 谁的知识？谁的产权[N]. 东方早报，2012-05-20(T03).

产保护的通知》中，提及民众在非遗保护中的定位时，也仅仅将之视为舆论监督方：“要建立文化遗产保护定期通报制度、专家咨询制度以及公众和舆论监督机制，推进文化遗产保护工作的科学化和民主化。要充分发挥有关学术机构、大专院校、企事业单位、社会团体等各方面的作用，共同开展文化遗产保护工作。”该通知字里行间还是将非遗保护的主体定位于政府与知识分子群体。与之相比，《非物质文化遗产法》正面肯定民众对非遗保护的“参与权”，这已是非遗保护权益公正建设的重大进步，而通过国家法律形式肯定民众享有非遗文化“所有权”，尚需时日。

与《非物质文化遗产法》的通过相比，国家层面上对推进非遗保护权益公正的实践更值得关注。2012 年 2 月，文化部印发《关于加强非物质文化遗产生产性保护的指导意见》（以下简称“意见”），该“意见”其实可看作是对先行颁布的《非物质文化遗产保护法》的深化：

第一，“意见”制定的学理依据是非遗保护的文化自觉观念。该“意见”在解说“生产性保护”的意义时确认：“在有效保护和传承的前提下，加强传统技艺、传统美术和传统医药药物炮制类非物质文化遗产代表性项目的生产性保护，符合非物质文化遗产传承发展的特定规律，有利于增强非物质文化遗产自身活力，推动非物质文化遗产保护更紧密地融入人们的生产生活”。在确定“生产性保护”的方针原则时，“意见”指出：“在非物质文化遗产生产性保护工作中，坚持以人为本、活态传承原则。”这是对非遗保护的民本主义与文化自觉导向的正面肯定。

第二，“意见”对保障民众享有非遗文化“所有权”的产业实践进行了创新设计。“意见”提出：“对有市场潜力的代表性项目，鼓励采取‘项目＋传承人＋基地’、‘传承人＋协会’、‘公司＋农户’等模式，结合发展文化旅游、民俗节庆活动等开展生产性保护，促进其良性发展”；“要充分发挥传统工艺美术等已有行业协会的积极作用，鼓励成立非物质文化遗产相关行业协会，支持协会开展非物质文化遗产的宣传、展示、教育、传播、研究、出版等活动，鼓励协会制定有关非物质文化遗产代表性项目在原材料、传统工艺流程和核心技艺方面的相关标准和规范，支持协会开展行业管理、行业服务、行业维权等工作，通过行业自律和行业监管，推动非物质文化遗产生产性保护健康发展。”“意见”在非遗产业组织方面，将“家庭”“传承人”“行业协会”三种传统非遗生产组织要素与现代组织相结合,这是极具价值的实践设计。生产组织形式是权益归属的保障与体现,“家庭”等传统非遗生产组织形式,同时包含了“纯粹产业”和“权益所有”双重意义。传统生产组织形式与现代组织形式相结合,是在不排斥现代产业形式的前提下,对非遗生产中民众享有权益的凸显。这种凸显被纳入现代生产体制但又与其相制衡、不被湮没,正是非遗文化自觉获得权益公平、实现正当性确认的创新形式。

(原文发表于《思想战线》2014 年第 1 期,有改动)

贰

# “后申遗”时代的公共性发生与文化再生产

## 一、遗产文化觉醒与公共性的发生

自 1982 年中国联合国教科文组织收到联合国教科文组织总部信件,建议中国加入《世界文化与自然遗产公约》至今,中国参与“申遗”已将近 30 个年头,而“世界遗产的目的是保护还是开发”从一开始就是话题争论的焦点。“保护还是开发”之所以成为中国申遗问题的核心,究其原因,在于世界遗产运动提出的“保护”理念与中国改革开放以来由官方宣扬、民众认同的社会“发展”观念形成了保守与创新的冲突;又因为“申遗”运动在中国的首倡者同样是官方,所以中国“申遗”从一开始就携带着由官方观念错位所造成的两种“意识形态正当性”的冲突。

在此意义上,申遗“保护还是开发”在官方层面实际上无法确认,而正是官方的不确定给中国当代文化场域中的产业群体和知识分子精英群体以争夺非遗分别向“开发”和“保护”两端发展的空间。2006 年,同济大学阮仪三教授发表《冷眼看热潮——申报世界遗产和保护历史文化遗存》①,这应是较早出现的呼吁申遗以“保护”为主的文章,在此之前关于“世界遗产”的舆论大都停留在知识普及层面。这篇文章揭批了申遗的地方行政乱象,但所谓

① 阮仪三.冷眼看热潮——申报世界遗产和保护历史文化遗存[J].城市规划汇刊,2000(6):63-65.

行政之乱其实是行政作为与产业开发双重标准合一的后果:产业“开发”从一开始就借助官方文化的矛盾引领了申遗导向,它比精英阶层的申遗“保护”观出场要早。但随着“申遗”天平向“开发”的过度倾斜,精英阶层的“保护”观念应激而出,并随着官方—产业主体在申遗实践上所造成的消极影响日益扩大,比如“张家界架设观光电梯事件”“曲阜孔庙水洗事件”“故宫星巴克事件”,等等,精英阶层所倡导的“保护”观越来越占据申遗舆论的主流。

然而,申遗从“开发”观转向“保护”观其实算不上中国申遗观念的进步,这还是以官方申遗执政思路的含混为支点、在产业主体与精英阶层之间“跷跷板”起落的另一种表现。申遗“保护”论的吁求主体主要来自知识分子阶层,其立论要点在于:世界遗产属珍稀濒危资源,状态脆弱,易遭破坏,产业开发即使不会骤然使其消亡,也将使其原生态不复存在。这种论调固然不乏警示意义,尤其是比照官方—产业主体对遗产过度开发而产生的种种不良后果,“保护”论的提出确有扬汤止沸的积极意义,即便如此,申遗“保护”论也还是脱不掉它“临终关怀”的姿态:遗产文化在“被保护”的文化强调中同时也“被凝固”化了,被凝固的遗产文化因为其弥留性而更具价值,究其实质是被淘空了内涵的象征符号,而遗产“保护”就是对遗产弥留性和象征性的捍卫。不仅如此,申遗“保护”观因其执着于理想主义的文化捍卫,失去了对当代中国发展现实的理性判断,而最终沦为为遗产“开发”的辩护。有论者这样分析遗产“保护”的劝诫:“劝诫的逻辑完全是经济学的:文化遗产这种资源随着现代化的进程,越来越具有稀缺性和唯一性,它们将成为未来经济可持续发展的强大推力,因此,唯有保护,才能增值。过度的开发,只能产生竭泽而渔的负面效果。这种理论比起将文化遗产‘现卖’的野蛮经营要文明得多,其中包含着运作的现代经济理念。但在本质上仍然是将文化遗产视为经济学意义上的‘资源’要素,很难抵御经济欲望对文化遗产的买卖冲动。”①之所以如此,就是因为遗产“保护还是开发”的争执在本质上没有分别,只是话语博弈的演练。

遗产“保护还是开发”既然只是两个阶层之间的话语演练,那么,以它去寻求对当下申遗运动的立场性评价意义不大。对中国申遗而言,关键不在

① 李佳.“申遗”:百年长队你还排么?[N].中华建筑报,2004-04-06.

于谁的话语更权威，而在于申遗是中国在当代的必然遭遇。在这场遭遇中，作为中华文化传统载体的遗产文化如何迎接挑战、焕发新生，呈现自身的生态活力，这才是关键。如高小康教授在分析民俗文化时所言：“判断一种民俗民间活动的文化性质，不能简单地靠还原简化到原始形态来认定，而需要承认和关注这些文化自身的生长性和复杂性，需要在复杂多样和不断演变的活动形态、存在环境和社会关系中寻找是否包含着能这一切凝聚在一起、从而构成文化传统的内在力量。”①遗产文化固然不能与民俗文化完全画等号，但它同样不是在产业及精英群体定义下的弥留幻象与象征符号；换个角度，在官方、产业与精英主体之外，我们对遗产的文化属性会产生别样的领悟：究其实，遗产文化是在民众社会实践中存身的文化活动，遗产文化中所包含的活态因素，即在新生语境中的文化觉醒才是关键。从此领悟出发，申遗的关键问题不是“保护还是开发”而是“觉醒还是弥留”，而观照的文化立场也不是“产业还是精英”而是“官方还是民众”。在核心问题及观照立场发生转换的前提下，中国申遗运动将进入“后申遗”时代。

在“后申遗”视角的观照中，应该给予申遗产业化以较多的肯定，因为非遗产业化在客观上催发了遗产文化中的文化觉醒。申遗产业化的消极面已被广泛揭示，它与官方所结成的官方—产业利益共同体将整体性的遗产文化化约为简单的资源、娱乐符号，然而，这只是申遗产业化效应的一个方面；另一方面，申遗产业化通过将遗产文化纳入现代产业，使遗产持有者在产生巨大撼动的同时也获得了重新认识自我的契机。就其属性而言，遗产文化带有较强的封闭性，即所谓“日用而不觉”；产业逻辑以其异质性将遗产文化裹挟进去，强行开启遗产文化的封闭性，将遗产持有者暴露在现代化背景之下：一种结果可能是因为不适应而被湮没，另一种结果则是真正有文化活力的遗产传统将在此产业化的裹挟中实现文化觉醒，并强化自身的文化归属感以抵制裹挟中的迷失。何谓“文化归属”？如高小康教授所阐明的：“形成一个区域或族群的人们的文化特征和传统，关键在于能不能使这个区域和族群的人们找到一种共同族群特有的归属感，并由此而形成代代传承的对

① 高小康．非物质文化遗产保护是否只能临终关怀[J]．探索与争鸣，2007(7)：64．

这份归属的记忆、自豪和自尊。这就是特定族群的文化感。”①

然而，在遗产持有者的文化觉醒中，“文化归属”是否是最后的落脚点？2006年中央电视台青年歌手大赛增加“原生态唱法”，电视这个现代符号闯入民歌持有群体。高小康教授在分析中指出：“（原生态演唱）不仅唤起了当代主流文化对少数民族等乡土文化的全新认识，更重要的是使保持着这些文化传统的乡土社区生活的人们，通过当代文化的他者所呈现的镜像获得了对自己身份和尊严的重新发现。”②然而，这一精到的分析似乎包含一个误区：民歌持有群体借助电视强化自身的归属感时，在电视媒体中所看到的归属对象却往往是被电视以其媒介隐喻改写过的对象，比如民歌在电视表达中经常被强化其原始风格，等等。所以，正是现代媒介在遗产文化觉醒过程中的显身，使得持有者对自身文化归属产生了“误认”；非遗产业化（同样包括非遗传媒化）引发的遗产文化觉醒，如果仅以“文化归属”为落脚点，那么遗产持有者在从封闭的部落文化中突围后，将重新失落在现代媒介的漩涡中。

非遗文化觉醒因现代媒介而产生的归属误认，可通过从“文化归属性”向“文化公共性”的深化，使自身真正得以表达。所谓公共性，按照哈贝马斯的公共领域理论，是指资本主义市场经济引发的个人性觉醒通过参与公共事务、形成公共领域、培养公共理性而实现的社会属性。文化公共性则是指觉醒的文化持有者，以文化为公共性实现的符号载体，借助其符号媒介功能，实现公共参与和群体沟通。“文化公共性”与“文化归属性”的共同之处在于两者都以文化持有者的个体觉醒为前提；区别之处则是“文化归属性”缺乏对文化媒介特征的省思，“文化公共性”则着眼文化本身的媒介通约功能，不排除对文化本身的关注，但更注重通过文化而发生的文化持有群体之间的沟通和参与。“后申遗”时代的核心问题，在于如何尊重并葆育遗产持有者的文化觉醒。遗产的文化公共性视角，以确认遗产的文化媒介特征为前提，在遗产文化所搭建的平台上，各方参与、相互通约，实现遗产持有者的文化觉醒向交往理性升华。

---

① 高小康．非物质文化遗产保护是否只是临终关怀[J]．探索与争鸣，2007(7)：64.

② 高小康．内卷化：乡土文化复兴之路？[N]．中国社会科学报，2010－08－10.

## 二、“后申遗”时代遗产公共性的四个维度

遗产公共性已在中国当代申遗实践中萌芽，主要体现在四个维度：

### （一）关于“世界遗产”的公共话语

在中国，关于“世界遗产”的话语首先是由官方发出的。1987 年 12 月 11 日，中国第一批世界遗产入选《世界遗产名录》。同日《人民日报》在头版右上角刊发《国务院关于进一步加强文物工作的通知》，通知的核心要求是“加强文物保护”。除此之外，其他任何媒介，包括业内报纸《中国文物报》对此都未作任何报道，只是几个月后在对一次文化工作会议的报道中提及此事。此后十年间，“世界遗产”这一新名词并未获得社会流传，而是首先在文物考古领域逐渐替代了考古学上的“文物”。十年之后，1998 年 5 月 25 日，国家在人民大会堂举行了隆重的世界遗产证书、“中国世界遗产标牌”颁发仪式，这才使“世界遗产”第一次走出考古学领域，成为一个社会名词。这是“世界遗产”话语的首次公众呈现，它的发起者来自官方，话语的核心命题是“保护”；其低调的话语姿态显示出“世界遗产”的“保护”要求在当时官方主导的“发展”话语格局中的两难。

官方关于“世界遗产”在“保护”向“开发”两种话语之间的游移，被山西平遥与云南丽江两处非遗产业的成功实践打破天平。1997 年 12 月，苏州古典园林、山西平遥古城与云南丽江古城入选《世界遗产名录》，与早已蜚声世界的苏州园林及前此申遗成功的泰山、长城、故宫等遗产相比，平遥古城与丽江古城凭借“申遗”可以说是“一唱天下闻”，短时间内成为全国关注焦点，这种关注被当地行政部门有效地转化成了地方经济发展的动力。1998 年 12 月，受山西省平遥政府的委托，全国市长培训中心在平遥组织召开了“世界遗产平遥保护与发展问题专家座谈会”，此次会议明确提出了借助世界遗产优势“积极发展区域经济和旅游产业”①。此次座谈会可以说是此后无数由地方政府牵头举办的“遗产保护与发展会议”的蓝本。在此后的发展中，山

---

① 平遥召开世界遗产保护与发展问题专家座谈会[J]. 城市规划通讯，1999(1)：6－7.

西平遥与云南丽江借助世界遗产品牌成功发展旅游业,以产业实践的显见效应引导了全国各地政府对"世界遗产"话语的"开发"转向。然而,就在一年后,《城市规划汇刊》发表阮仪三的文章《冷眼看热潮——申报世界遗产和保护历史文化遗存》,对地方政府借发展遗产产业,捞取政绩的现象大加揭批[①],与"世界遗产平遥保护与发展问题专家座谈会"一样,这篇文章同样应该是此后林林总总遗产"保护"大论的发端。

加入"世界遗产"话语讨论的还有普通民众。2005 年 11 月 24 日,韩国端午祭被确定为世界遗产,由此引发中国端午节为何落败韩国的争论。这场争论在学术期刊与官方报纸报道得不是很多,但在晚报、休闲期刊及网络论坛上却成为焦点话题,话语讨论的媒介平台发生了明显延伸。随着媒介平台的延伸,原先由官方、产业与精英群体设定的"保护还是开发"的命题逐渐跑题,而"专家为何一味为中国的失败辩护"[②]却成为争论的焦点。这一新的命题关注的是当代中国话语权的滥用问题,已超出了遗产问题本身,却代表着民众对遗产话语的引导力量凸显。此后,在有关世界遗产的热点事件中,如"故宫星巴克事件"(2007)、"申遗涨价"(2010)、"丹霞、荔波负债申遗"(2010)等,民众已形成了与官方、精英、产业群体相颉颃的话语主体,这是"世界遗产"话语公共性的典型体现。

### (二)关于"世界遗产"的公共展演

在中国,遗产展演的第一个阶段是博物馆展演。1987 年的《国务院关于进一步加强文物工作的通知》中,即要求"加强博物馆建设……力使博物馆成为广大群众丰富精神生活的场所、专家学者科学研究的阵地、学生校外学习的课堂"。博物馆展演的展示特征,是观众的被动接受。随着遗产产业化的出现,世界遗产展演的第二个阶段呈现为旅游观光展演。与博物馆展演相比,旅游观光似乎增加了人们对遗产的参与深度,起码它比博物馆让人们看到了更多逸出官方与精英文化定义的遗产。其实,遗产旅游观光与博物馆展演在本质上是一致的,都是观众的被动接受,只不过旅游观光以消费行为实现了对遗产的"象征式占有"。

---

① 阮仪三. 冷眼看热潮——申报世界遗产和保护历史文化遗存[J]. 城市规划汇刊,2000(6):63-65.
② 陈旭."端午申遗"落败为何要辩解[J]. 新西部,2005(12):63.

“后申遗”时代，遗产产业化的继续发展推动着遗产展演从量变向质变的跃升，遗产展演进入第三个阶段——公共展演。遗产产业继续膨胀，它将越来越多的人带入遗产现场。游客的无限膨胀使遗产展演现场总会达到这样一种状态：展演现场的人群形成了与遗产本身同样凸显的景观，甚至前者遮盖了后者。在这种情况下，人们在遗产现场的观赏对象就不纯粹是“静态的遗产”，“动态的人群”也被包含在内，于是游客在成为“观赏者”的同时自身也成了“表演者”，游客“观赏”行为与“表演”行为的重叠使其在遗产现场是被动的，同时也是主动的；是“旁观”的，同时也是“参与”的。在此意义上，遗产展演现场充满了携带不同文化背景的群体之间的文化梯度，这种文化梯度正是差异与涵化并存的公共性。

**（三）关于“世界遗产”的公共资源**

在遗产产业化的逻辑中，遗产作为产业资源理所当然是竞争的对象。在遗产发展实践中，这种资源竞争观念已造成了恶劣影响，“夜郎古国之争”、“曹操墓真假之争”、“名人故里之争”、“张家界哈利路亚山”以及贻笑天下的“西门庆故里之争”，这些被引证为遗产产业化罪证的个案，背后深藏的其实是遗产资源匮乏的焦虑。

然而，资源竞争并不是中国遗产产业实现资源突围的唯一方式，资源共享的创新举措往往被对遗产产业化的过度指责掩盖了。在被视为遗产产业化发轫的1998年“世界遗产平遥保护与发展问题专家座谈会”上，当时就有专家提出这样的倡议：“大家十分赞成与姐妹名城丽江联合起来开展活动，形成声势，在国内外扩大影响，引起关注，争取支持。”①2002年，云南中甸取得国家认可，将县名改为“香格里拉”，这是此前为丽江等多个地区神往不已的名称。在“香格里拉”名称花落别家之后，丽江主动提出要凭借自身独特的地理条件（丽江是“三江并流”地区和香格里拉生态旅游区的门户枢纽），打破行政区划限制，打造川滇藏大香格里拉旅游圈，自己充当大香格里拉的旅游服务平台。平遥与丽江被视为遗产产业化的样板，其对遗产资源的竞争意识被认为是最成熟的，但问题是上述两个产业典型在“资源共享”方面

① 平遥召开世界遗产保护与发展问题专家座谈会[J]. 城市规划通讯，1999(1)：6.

的实践为何被忽视了呢？在岭南地区的申遗实践中，资源共享观念已渐成风气，一名广东省官员这样说道："申遗的工程量很大，时间跨度很长，现在大家已经达成默契，你先做了，其他省就不会去抢。福建和广东两方没有真正坐下来交流过，但是在申报选题之前论证可行性的时候，兄弟省市都会有心知肚明地选择。我们是主动放弃的，而且福建土楼申报成功后，我们还可以成为其扩展项目。"①这样的资源共享实践为何在众多舆论中未被公正提及？

**（四）关于"文化遗产"的公共行政**

在中国申遗运动中，官方的角色含义是复杂的。在很长一段时间内，官方在产业主体的引领之下，同时也是在与产业主体的合谋之中，官方—产业利益集团将遗产持有者视为"贫穷者"，将申遗运动视为"脱贫运动"，在产业群体的助阵以及精英群体的围观中，遗产持有者被捆绑在了官方—产业的战车上呼啸前进。在视遗产持有者为需要经济救助"贫穷者"的设定之下，政府行政资源成为一种单向施政平台，它是"裁判员"更是"运动员"，而其作为社会公权机构的公共性显现隐昧。

同样，产业逻辑引导了对困局的突围。随着申遗产业的发展，虽然有官方意志的制约，但遗产产业总量的增加使得遗产持有者从中获得的利益越来越大，其经济状况逐渐从原先的"贫穷者"脱贫而发展到略有温饱的状态。并且随着城市化进程的推进，"贫穷者"在脱贫之后在城市现代生活中不断历练，社会意识不断增强，最终，此前被官方—产业利益集团设置为需要经济救助的"贫穷者"变成了具有较强经济独立性的现代"市民"。对作为"市民"的遗产持有者而言，良好的社会认同氛围是首要需求，经济上的救助则退居次要地位，政府单向施政的合法性遭遇巨大挑战。

在此情形之下，政府行政开始从单向施政向公共施政转化，即从原先的"经济申遗"转向"社会申遗"。2003 年，知名独立刊物《南风窗》对中国申遗现状作深度采访，其中一名地方官员这样披露地方申遗观念的新变化："政府如何选择一个带动性最强的项目来推进整个地方经济社会的全面发展

① 刘阳. 申遗生意经[J]. 南风窗，2003(11)：22.

呢？我们选择了申遗。……就申报过程来看，这本身就是一个地区梳理、完善、健全、提升自身形象的过程，也是自觉接受国际规则的规范和制约的过程。”①1999年山西五台山提出申遗，2006年地方政府为申遗对五台山核心景区内的旅馆、餐饮以及其他经营类设施进行大规模拆迁，使景区旅游收入大幅减少，在全国第一次在申遗产业上“做减法”，还原了五台山清净佛国的本来面目。此外，在福建土楼遗产申报、云南丽江古城遗产保护中，产业上“做减法”、社会层面上“做加法”的做法已渐成风气。当政府行政不再将救苦救贫视为唯一目的，而将引导社会良性发展视为重要目的时，行政的公共性就获得了体现。

要之，我们看到，在当代中国，遗产的公共性实践已然发生：遗产的公共话语涵括了官方、产业、精英以及民众的众语喧哗；遗产的公共表演使人们从对遗产对象的“观赏者”转向在遗产现场的“表演者”；遗产的公共资源转向标志着产业主体在竞争独占方面的自我抑制；而遗产的公共行政则是官方执政从以救苦救贫的单向施政转向服务社会的公共施政的标志。特别值得指出的是，在遗产的公共性转向中，遗产产业化的确起到了客观上的先行牵引意义，过度的行政独占意识与精英批判激情使其所包含的公共性发萌意义被遮盖。

## 三、“后申遗”时代遗产的文化再生产

遗产公共性已然在实践中发生，“后申遗”时代的遗产发展该往何处去？

要实现“后申遗”时代遗产公共性的发展，首先应对遗产保护主义的批判激情保持足够警惕。遗产保护主义，其文化意愿往往是好的，而其文化实践往往是失败的。在中国，遗产保护主义产生于对遗产产业化的批判之中，其可取之处，在于唤醒了人们对官方—产业利益群体的警惕；而其重大失误，则在于对遗产文化觉醒的忽视与临终关怀意欲。在遗产保护主义的理解视野中，遗产文化的弥留性使其被取消了发生公共性的任何可能。实践证明，遗产保护主义对遗产文化的曲解，实际上正为遗产产业化提供了

---

① 刘阳. 申遗生意经[J]. 南风窗，2003(11)：20.

辩护。

“后申遗”时代遗产公共性的发展之道,遗产的文化再生产应是落脚点。“文化再生产”的提出者是法国社会学家布迪厄。文化再生产理论确认:文化与人类其他社会活动的本质区别在于其自我超越、自我生产的活态创生功能,但文化的活态创生只是文化再生理论的起点。文化的活态创生无法凭虚而行,它产生于文化群体(个体)凭借象征符号而发生的社会实践行为。文化群体的社会实践形成了不同权力群体间的社会差异空间,即“场域”,“场域”引发“区分”。所谓“区分”,作为布迪厄思想的关键术语,即不同文化群体(个体)在场域中与其他文化群体(个体)因构成差异而形成自我认同的过程。在差异性场域中形成的自我认同,相较于差异未呈现之前的认同即是“文化再生产”。可以看出,在布迪厄的文化再生产理论中,使各文化群体(个体)发生关联、相互通约的象征符号的出现是文化再生产得以完成的关键,而文化公共性的指向正是确认具有沟通、关联意义的媒介符号。因此,遗产公共性,即以遗产文化为媒介符号的遗产发展观念,其必然归宿将是遗产的文化再生产。

当下中国申遗实践中文化公共性实践的发生,引导了遗产文化场域的形成,为遗产的文化再生产提供了基础。以遗产公共性为形成场域的文化媒介,“后申遗”时代的遗产文化场域可划分为三个层次:第一个层次,以遗产公共性为中介,发生在官方、产业、精英、大众(“游客”)以及遗产持有者之间的场域。在此场域中,官方、产业、精英及作为“游客”的大众作为现代潮流的体现,对前现代特征凸显的遗产文化形成差异性格局,在此差异格局中,遗产持有者的文化自觉性得以发生。第二个层次,以遗产公共性为中介,在文化自觉既已发生的遗产持有者内部,差异性场域将再次发生。这种差异性主要是遗产社会性自身差异的呈现;对于遗产持有群体而言,遗产自身差异性特征的呈现才是真正意义上的传统再生。第三个层次,同样以遗产公共性为中介,再生的遗产传统与作为“游客”的大众形成了新的差异性场域。这里的差异不再是单纯观光“猎奇”,而是把握到自身传统笃实性的遗产传统,以其前现代光辉对现代大众产生的历史“启示”和“参与”吁求。在上述三层遗产文化场域中,遗产文化再生产两度发生:在现代浪潮冲击下回归传统,重新发现遗产社会传统,这是一度再生产;在获取自身传统后朝向现代人群的历史“启示”与“参与”吁求，使现代人群领受启示并在参与中承继遗产传统，这是二度再生产。

以遗产文化再生产为目的，遗产展演应实现从“舞台展演”向“社会展演”的转向。

遗产展演在遗产发展中的重要性日益凸显。在世界范围内，遗产展演的两种主流形态为博物馆展演与旅游观光展演，两者虽有差异，但在展演本质上都是将遗产对象视为弥留符号，引导参观者进行猎奇观赏，从表演传统来看，这是典型的“舞台展演”。但在当下的遗产展演实践中，随着遗产产业化将越来越多的人群带到遗产展演现场，人群遮盖了对象，游客在遗产现场发生了自身作为“观光客”与“表演者”的重合，导致了遗产展演场所的下移，表演的中心从舞台上移到观众席，生活现场成了舞台本身，而这从表演传统来看，则是欧文·戈夫曼所说的“日常社会中的展演”即“社会展演”①。

“社会展演”转向的最大意义，在于改变了遗产展演现场的场域属性，使遗产文化再生产得以发生。在“舞台展演”的展演场所中，遗产对象是弥留符号，观众对其进行被动观看，场所中的文化差异性几乎是不存在的；在“社会展演”的展演现场，遗产对象在“游客”成为“表演者”的行为下，从弥留符号变成公共符号，游客借助遗产对象而展开自我表演，表演的对象指向两类群体：一类是同在展演场所的其他游客或未能亲自到展演场所但通过影像而观看的“缺席游客”，另一类则是同在展演场所的遗产持有群体。“游客”与“游客”之间，以及“游客”与“遗产持有者”之间，因其各自携带的文化背景不同而形成了遗产展演场所的差异性场域。在此场域化的遗产展演场所，“区分”发生，遗产持有者的文化传统在与“游客”群体的文化差异中显身；遗产表演场域中“区分”发生的关键，在于“表演者”与“观赏者”的两者合一，这样才能在“表演”与“观赏”的双重行为中发现自己。

但从当下中国遗产展演实践来看，“舞台展演”仍是主流，不平等的“表

---

① 戈夫曼说：“展演(performance)可以定义为，特定的参与者在特定的场合，以任何方式影响其他任何参与者的活动。”戈夫曼认为“展演”在日常生活中随时都在发生，与通常日常生活行为的不同之处在于，作为社会展演的行为是充满“参与”、相互“影响”的。戈夫曼. 日常生活中的自我呈现[M]. 冯钢，译. 北京：北京大学出版社，2008：12.

演"与"观赏"关系在引导遗产持有者发现差异的同时也失去了自我。2001年4月，广西艺术学院教授一行人去广西那坡采风，首先"发现"了黑衣壮音乐，这是黑衣壮山歌走出大山、走向展演的开始。至今，黑衣壮山歌仍在各种场合演出，影响越来越大。从黑衣壮山歌展演的"场所"来看，主要有这样几种样式：媒介平台、调研现场、娱乐舞台、产业平台，比之传统的剧场舞台似乎更加多样和更有社会延展性①，但就其展演过程中欣赏与演出之间的表演关系而言，其实它还是在"舞台展演"的漩涡中打转。"舞台展演"使"遗产持有者"与"游客"之间出现差异，促使其在此差异中文化觉醒，希冀发现自身遗产传统。然而，对于黑衣壮山歌持有群体而言，这种返回遗产传统的意欲却始终无法满足，因为他们在"政府""媒体""游客""专家"的合力"挽留"下，始终停留在作为"演员"周旋在"舞台"上，无法作为"观众"回顾自身的"遗产表演"，这使其返归自身的意欲变成了认同的焦虑。正如这一现象的观察者所指出的："他们改变自己命运的激情往往是盲目的……他们先是寄希望于学术话语的力量，后来又寄希望于商人的经济力量，但最终都归于失败。"②这种"盲目"的实质，应是处于舞台中心的"表演者"的盲目，他们被"观众"的目光所定义，却无法在"观众"与"表演者"的位置转换中看清自己。因此，黑衣壮山歌的"社会展演"，势在必行。

以遗产文化再生产为目的，遗产产业应实现从"社会产业化"向"产业社会化"的转变。

遗产产业化是遗产发展的焦点问题。单就纯粹的产业发展逻辑而言，遗产产业化无可评论，因为这是遗产文化与现代产业的历史性遭遇。然而，问题在于，在当代中国，遗产产业化是与官方执政相联系的产业行为。真正意义上的遗产产业化，其积极意义在于通过现代产业逻辑的突出引带使封闭的遗产传统置身于开放语境中，唤醒其文化自觉；但对掺杂其中的官方意志而言，产业展开中遗产持有者的文化自觉是无益甚至是有害的：对已然发生的文化自觉，官方使之湮没的通常方式，是以救苦救贫的"经济自觉"来置

---

① 王杰. 地方性审美经验中的认同危机——以广西那坡县黑衣壮民歌在南宁国际民歌艺术节上的呈现为例[J]. 文艺研究，2010(9)：73－74.

② 王杰. 地方性审美经验中的认同危机——以广西那坡县黑衣壮民歌在南宁国际民歌艺术节上的呈现为例[J]. 文艺研究，2010(9)：77.

换“文化自觉”。对于官方—产业利益集团而言,遗产产业化的最终目的,即是以产业化的唯一逻辑覆盖遗产传统社会,这可被称为“社会产业化”。

与“社会产业化”相对的,是遗产产业的“产业社会化”。所谓“产业社会化”,即立足于真正意义上的现代产业逻辑,关注并撷取遗产传统在现代产业漩涡中遗产持有群体的文化自觉,并以之作为遗产产业发展的真正基石;以此基石,实现对现代社会的历史“启示”与“参与”吁求,构建多元社会形态,启示多元人生需求;多元社会形态与人生需求唤起人们多样化的产业消费,从而带动多元化的产业发展。如果说,“社会产业化”的遗产产业是以“社会”换“产业”的话,那么“产业社会化”则是以“产业”换“社会”,在“社会”新生的意义上再发展其他“产业”。在“产业社会化”的遗产产业发展模式中,遗产产业成为社会整体发展的中介,它的指向是“社会”与“产业”的共荣。

以“遗产产业成为社会发展的中介”这一要求来看,遗产产业发展不应排斥当前大量出现的前现代产业形态。在当前,中国遗产产业发展中出现了大量前现代性、以小农经济或手工生产为经济属性的遗产产业形态,比如在手工艺领域大量兴起的手工作坊、口头表演中兴起的茶馆小剧场,等等。这些前现代生产方式,流传千年,一直到“文革”都是中国丰富遗产文化的真正产业土壤。“文革”之后,改革开放,前现代产业在现代产业的大潮中逐渐湮没,几乎在同时,发生了中国遗产文化保护的危机问题。在今天,这些前现代产业方形态,就其产业属性而言似乎是与这个时代相脱节的,然其重要意义在于:前现代产业方式因其生产资料的分散以及弹性生产模式,带有较强的产业自制性与社会独立意识,它们的存在虽然对社会产业的直接贡献率不是最大,但它们提供了社会多元的产业基础。遗产产业的前现代性生产同样具有此意义:星星点点的手工作坊、茶馆剧场,若考量其产业贡献率,它们是无足轻重的,但正因为有它们的存在,才会出现包含多样消费需求的多元社会;唯有消费多样化,才会有遗产产业的春潮如期而至。

(原文发表于《江苏行政学院学报》2012 年第 2 期,有改动)

叁

# 地方与遗产:非物质文化遗产的地方性与当代问题

## 一、非物质文化遗产在古典文化体系中的位置

非遗保护运动是传统现代化的重要契机。它以跨国家、主流化、焦点性的形态呈现,引动社会各层次人群的参与。然而,非遗保护运动所引发的问题与争议从来就没有中断过。纵观非遗保护在当代社会中所面临的种种问题,似乎都可聚焦于一个困境之上:在资本化的当代社会,非遗保护推行的现实合理性何在?

### (一)非物质文化遗产应向古典[①]传统的回溯定位

在资本社会,非遗保护运动推行"非物质文化遗产保护",要确认其合理性基础,应从资本社会本身的检讨说起。资本的逻辑是以资本的洪流将一

---

① 本文所用"古典传统""古典社会""古典文化"等词汇中的"古典"含义,脱胎于中国古典学对"古典"的使用。古典学是对古代文明的知识呈现与价值观确认。西方古典学正式确立于18世纪,以对古希腊罗马历史、语言、思想与文化的研究为目的,确立了以人为中心的人文主义价值观。中国古典学则主要以汉学、宋学为依据,以对先秦文明的知识呈现与价值确认为目的;其所建构的先秦文明以群体伦理为核心价值,并认为这构成了中国古代社会传承的主要传统。因此,本文所谓"古典"的含义,乃是先秦伦理传统的社会与文化传承所形成的文明体系。
李吟咏.国学与西学:中西古典学的人文价值反思[J].厦门大学学报,2006(5).
日知.中西古典文明千年史[M].长春:吉林文史出版社,1997.

切价值通过使用价值而将其抹平，但资本逻辑并非要建构一种均等价值体系，它对价值等级的构建异常精密，它总是要确立以自己为主位的言说体系，即资本的“规训”。规训作为一种权力机制，其特别之处在于，它通过自己所营造的体系而实现了被规训者的自我规训。

非物质文化遗产的当前呈现，带有明显的资本规训特征。在近现代西方文明发展历程中，资本扩张所导致的文明传统的“遗产化”是一出永恒的戏剧。自19世纪中叶起，伴随资本扩张产生了西方文明对其他文明传统的挤压，或者西方文明传统自身的层次离析，那些在资本高速运转中而被抛离的文明传统或层次，被称为“残留物”。“文化遗产”的观念即来自文明“残留物”理论。“文化遗产”作为一个指称，本身乃是从资本本位而提出的规训化观念。非物质文化遗产保护在资本格局中的自我规训，正是其在资本社会无法获得其合理性前提的症结所在。正所谓“寄人篱下”，怎么能“出人头地”？非物质文化遗产保护如想获得其在当下时代的合理性基础，必先脱离资本引导下的自我规训逻辑，为“非物质文化遗产”正名。

**（二）非物质文化遗产是古典传统中的“地方性知识”**

那么，这种非遗“传统”在古典传统中有没有自身位置？它又处于什么位置？

与以资本流动为特征的现代社会相比，古典传统的关键特征在于它的地方性与自我封闭特征。古典传统是典型的植物性文明，不管是何种样态，古典传统都与特定的“地方”生态相联系。然而，古典传统的“地方”性又可分为两种类型：一种类型，是立足于“地方”却已从“地方”的生态性中抽离出来，升华为一种在“地方”却“无地方”的文化结构，比如古典社会中的官方与精英文化，官方文化所形成的集权“制度”自我论证，精英文化则以“文本”形成了自足的圆满幻象，两者都是在“地方”却“无地方”。另一种类型，则是立足于“地方”并在与“地方”的生态关联中形成文化传统，比如民俗文化。在“地方”却“无地方”的文化传统，以“地方”为其载器，通过“形而上者谓之道，形而下者谓之器”的构建，使已失去生态性的“地方”成为其彰显其形而上地位的象征体，“地方”在抽象的意义上得以凸显，展现了文化传统的物质层面，这可称之为“物质文化”。相反，在“地方”并在与“地方”的生态关联中形成的文化传统，由“地方”的生态性而发展出了丰富多样的生存差异性，这些差异化的生存个体从“地方”中获得激励并围绕“地方”展开交往，“地方”被裹纳于人们的现实交往中，隐而不彰，反倒呈现出去物质化的形态，这可被称为“非物质文化”。

因此，非物质文化遗产在古典体系中的位置，其实是忠诚于“地方”的“地方性知识”的。试想：上天生民，不择地而生，人们从满足自己的生存需要出发，必然地要向“地方”探索求食，展开基本的生存活动；在生存活动的展开中，丰富多彩的生存差异便拉开帷幕，而解决此差异与冲突，人与人之间的“协商”由此展开。有的“协商”依据“制度”与“文字”的自上而下之规定展开，而有的协商则是“自下而上”的“约定俗成”。前者的“协商”其实是被协商，“地方”成为锁牢人们的营盘并得到凸显；后者的“协商”引带开了丰富的社会交往，这些社会交往不离“地方”，“地方”成为人们通过协商而凝聚“差异”实现“聚合”的“地方”，然而，“地方”却裹纳入“差异的聚合”中而不显。前者是物质文化，后者则是非物质文化。

**（三）非遗作为“地方性知识”的核心问题是通过“地方”认同实现价值升华**

在古典传统体系中，非物质文化遗产乃是不同个体在“地点”中发生的“差异的聚合”，这种“差异的聚合”使人“能栖居”而产生“地方”认同。然而，现实中的非遗“地方”认同却存有极大隐忧。

非物质文化遗产是不同个体的“差异的聚合”，这种“聚合”的意义在于其“整体性”的庇护意义。但是，通常会发生的情形是：“差异”中所包含的功利性欲望是如此强大，以至于“整体性”变成了一种“私”欲的共谋体；由“私”欲顺着“亲缘”关系推广开去的“网络”，包含着“整体性”的公共意义，但同时也包含着亲亲同谋、家族独大的隐患。这在中国传统村落中是常见的，村落中的宗族势力几乎把持了全部的资源，造成了“地方”认同的失落。

我们再从另一个层面对此问题展开论述。非物质文化遗产的显著特征是文化生态特征，非遗的产生与发展被认为与周围自然、社会环境变化密切相关，非遗在根本上乃是环境的产物，这是对非遗文化生态性特征的确认，这一结论在世界范围内的非遗保护观念与实践中获得了认同。

但从此观念产生出了一个问题：在将非遗视为生态性造物的前提下，它的“传统性”从何而来？从文化学来看，文化的生态性是将文化视为在具体环境中，按照生物体的应激原则与环境相往还而产生的文化形态；由于文化的生态性局限于具体环境，因此创生与变动是其显著形态特征，但文化传统的核心特征则是稳定与连续性，唯有如此才能将人们的文化认同赋予形式，形成价值，形成跨越时空的传统。这样就产生了一个深化的思路：环境应激产生的文化生态到唤起人们认同的文化传统，是一个顺向发生的过程，但这却是一个需要获得价值赋予和形式呈现的升华过程。

国际非遗公约中所提出的“非物质文化遗产”定义的问题在于，它将非遗文化的“生态性”与“传统性”混为一体，却并没有指明非遗文化从“生态性”向“传统性”升华的契机。它的后果是，遵此定义所进行的非遗保护常常是按需取舍，或者是强调非遗保护的生态属性与文化自觉，或者是强调非遗传统的稳固属性与象征内涵，总的来说，当前非遗保护观念与实践是自相矛盾的。

非遗传统，应是在具体环境中应激产生的生态文化，在特定价值框架中获得正当性确认，由此而获得稳固群体认同的文化传统，文化应激与价值约束的相互激荡、动态共存是非遗传统的典型形态。以非遗文化传统的核心内容和民俗文化而论：民俗形成于约定俗成，约定俗成的起因无疑是环境变动所提出的现实问题，因此，约定俗成的第一层含义是约其同心、共成事业，这是其文化生态层次；但在具体环境中所形成的约定俗成要成为承载不同个体共同认同的传统，“约定俗成”却需要第二层含义，那就是对民俗本身之传统性的再约定，这一层次的“约定”与前一层次的“约定”不同，不再是针对具体现实，而是要在群体中追绎价值认同，以此价值认同实现民俗文化从“生态性”向“传统性”的升华。民俗文化如果仅仅强调其第一层约定，那么，民俗行为将只是人们随机缘发、无始无终的偶发行为，它无法承载稳定的文化认同，也形成不了传统。非遗传统的形成应是文化应激与价值约束相互激荡的产物。非遗作为“地方性知识”，其生态应激性产生于“地方”，而其价值约束同样来自“地方”。

## 二、古典传统中非物质文化遗产的"地方"认同

在古典传统中,非物质文化遗产传统是围绕"地点"而产生的"差异的聚合",在"差异的聚合"所呈现的"整体性"中,人们实现了"可栖居",产生了"地方"认同。在此意义上,非物质文化遗产传统形成了人与人之社会关系的构建。在非物质文化遗产实现的社会建构中,"地方"既是促生人与人之间"差异"的生态要素,同时又是将"差异的聚合"即"整体性"锚定于现实的关键。

下面将结合非物质文化遗产的五大类分别考察其实现"地方"认同的内在逻辑。

### (一)口头传说和表述中的"地方"认同

口头传说和表述缘何产生?口头传说与表述,在内容上有较大的共通性,即基本都是对"本地"口口相传的故事、传说的转述,或者是对"本地"风土人物的故事性、传说性的讲述。

这些故事、传说和讲述中的"本土"之事,我们肯定无法追究其真实与否,但讲述者却言之凿凿地将其当作"真事"来讲,并"口头"保证其真实性。在对"本土"的谈论中,人们凭着自己的理解和想象,添油加醋。然而,这看似夸夸其谈、师心自用的关于"本土"之讲述,其中实则包含一种超越"私"欲之上的"公"性,即在口头传说与表述的个体之"差异"中包含着"聚合"。

本雅明分析了口头传说和表述的重要形式——故事。他认为:"口口相传的经验是所有讲故事者都从中汲取灵思的源泉。"①本雅明认为,只有亲历的"经验"是讲故事的前提;但他特别指出,亲历的"经验"还不够,必须是"口口相传"的经验才行。什么是"口口相传"的经验?本雅明所谓的"口口相传"的经验并非是自己全部的"亲历"经验,而是"亲历"经验经过公众道德体系过滤后的"经验",也就是那些包含着世俗劝喻义的"老生常谈"②。这些"老生常谈"是大众的道德共识,在它们的引带之下,个体在对"本土"讲

---

①② 本雅明.讲故事的人[M]//阿伦特.启迪.张旭东,王斑,译.北京:生活·读书·新知三联书店,2008:98.

述中的“私”欲得到了“聚合”，“讲故事者越是自然地放弃心理层面的幽冥，故事就越能占据听者的记忆，越能充分与听者的经验融为一体，听者也越是愿意日后某时向别人重述这故事。这个融合过程在深层发生”。①

这种“差异”的“聚合”形成了一种“整体”性，使讲故事的人和听故事的人在其中获得了“能栖居”的指向，“地方”认同于此产生。本雅明描述道：“听故事时，人们不再罗织细节，增奇附丽。听者越是忘怀于己，故事内容就越能深深地在记忆上打下印记。故事的韵律攫住他，听着听着，重述故事的才具便会自动化为他自身的资禀。这就是讲故事的艺术得以哺育的网络的情状。这就是之所以当今之世，这网络在最古老的工艺氛围内编织了数千年之后已开始分崩离析。”②故事的讲述构成了“网络”，讲的人和听的人在“口口相传的经验”的认同中连接于更大的共同体中，实现了“整体”性所在。这种由故事讲述所产生的“整体”性认同引向了人们的“能栖居”倾向，由此产生了故事讲述中的“地方”叙事。

**（二）表演艺术中的“地方”认同**

“非遗公约”所说的“表演艺术”应是古典传统中的表演艺术，与现代表演体系有别。在古典传统中，表演艺术形形色色，千差万别，但与现代表演艺术相比，它们有一个共同特点，即都是以“身体”为主要载体的艺术表演。

“身体”本身就是“地方”性的。梅洛－庞蒂认为，身体并非是单面单向的肉质载体，而是一种“空间”。身体“空间”不同于外部“空间”：“身体空间有别于外部空间，它能包住它的各个部分，而不是展现它的各个部分。”③但“身体”在现实中常常遭遇种种遮蔽，而古典表演艺术的主要意义，就在于通过“舞台”将一个能够充分带来“地方”认同的身体呈现出来。可以说，古典表演艺术就是“身体”的解蔽。

以京剧表演艺术为例。京剧表演的舞台极其简单：一桌一椅即是华堂，举手投足行走万里，整个舞台上，“身体”是绝对的焦点。现实行为中的“身体”因为被明确的目标所牵拽，只是不断地呈现一种朝向、一种面相，“身体”

①② 本雅明. 讲故事的人[M]//阿伦特. 启迪. 张旭东，王斑，译. 北京：生活·读书·新知三联书店，2008：102.

③ 梅洛－庞蒂. 知觉现象学[M]. 姜志辉，译. 北京：商务印书馆，2001：138.

本身被简化为同质的肉质载体。但在京剧舞台上,“身体”及由身体运动所呈现出的“行为”不是简单的呈现,而是通过精妙的戏剧动作,不断调整,使现实中同质的“身体”呈现出丰富差异性的“身体”,有举手必有投足,有前必有后。“身体”凸显出的“差异”在戏剧中又不是朝向涣散与分裂,而是要在“差异”中体现“聚合”。这种舞台上“身体”的“差异的聚合”最终形成了其在舞台上的完美形态,即“圆”。“身体”在戏曲舞台上呈现出的“圆”实质上是一种“整体”性,在这种“整体”性的实现中,“能栖居”的“地方”认同油然而生。这是以京剧表演为例来说明。在古典表演艺术中,因为“身体”是绝对的中心,所以舞台上的“圆”及“整体”性同样能够呈现。

**(三)社会风俗、礼仪、节庆等活动中的“地方”认同**

“非遗公约”中的第三项是“社会风俗、礼仪、节庆”。社会风俗即所谓的“风土人情”,它的“地方”认同自不待言;礼仪与节庆,其中体现的“地方”认同则较为模糊,在此给予重点剖析。

礼仪的本质是仪式,而仪式的核心是人类学家特纳所说的“阈限”。日常生活中发生的仪式,通过仪式的“阈限”性而实现了“差异的聚合”,即多种社会关系的聚合。特纳的仪式观中的“阈限”作为一种“通过”,它并不是一种平行的“通过”,而是在世俗与神圣间的“通过”,本质上是上下聚合,即在世俗与神圣之间的聚合。在“世俗与神圣”通过“阈限”而实现的“整体”中,上与下、神圣与世俗、神与人都得其位;于人而言,则是他在此结构体系中实现了“能栖居”,获得了“地方”认同。

节日在本质上也是一种仪式,但节日所实现的“差异的聚合”之整体性意味更加丰富:节日是使时间整体性得以形式化呈现的节点时刻。那么,什么使得节日中的时间整体性得以呈现?答曰:身体。节日样式多种多样,但所有的节日都有一个共同点,即亲身参与,也就是身体在场。在节日场所中现身的身体是一种特殊的载体,其特殊性是指人们通过节日中的身体所获取的不仅仅是感官现实,而且包含了更深刻层次的体验。身体感觉世界的方式是独特的,即“此地此时”,也就是说,身体在空间中的存在必然是连续性的,它不能忽略或省掉某一段空间而活动,而“时间”与“空间”是等位的,不存在没有“空间”的“时间”,反之亦如此。所以,身体在空间中的连续性体验必然成了时间上的连续体验性，但在通常生活中，这种体验的连续性因主体过强的功利指向而常常处于断裂的状态。而在节日时刻，身体获得了从功利目的指向中抽身出来的机会，获得了专门掇拾、连接时间体验“碎片”而使之“整体化”的契机。种种节日符号、仪式以及象征行为，其目的则在于“点醒”人们向自己的身体体验上寻找时间的整体体验，并借助符号等象征行为，使时间整体性（同时也是空间整体性、社会整体性等诸种整体内涵）得以形式化显身，最终呈现节日时刻的神圣世界。因此，节日是一种提醒，是对人们因功利目的而遗忘的自身身体整体体验的提醒，而在此过程中，身体是载体，也是唯一可能的发生。

### （四）有关自然界和宇宙的知识与实践中的“地方”认同

所谓“有关自然界和宇宙的知识与实践”，指的是在现代科学发生之前，人们用以解释世界的“科学与自然观”，也就是说是一种“前科学”。

“有关自然界和宇宙的知识与实践”作为一种现代科学之前的“前科学”，虽与现代科学背道而驰，但它与现代科学相同的地方在于：它同样需要“观测”及“观测”发生的前提基础。现代科学的观测基础是时间与空间的定位。在“前科学”那里，观测的基础是古人世界中被视为最稳固的两个要素：天与地。老子说：“人法地，地法天，天法道，道法自然”（《道德经》第二十章）。在古人眼中，什么东西都在变动，但只有天与地是永恒稳定的，他们就在天、地永恒的框架下建构了自己的“科学”。所以，“有关自然界和宇宙的知识与实践”都是从“天”“地”中而来。

那么，通行于“天”“地”“人”间的规则是什么呢？这种规则既不是“天”的规则，也不是“地”的规则，而是两者交融形成的一体化，就是中国传统哲学的“阴阳法则”。“阴”是“地”的法则，“阳”是“天”的法则，阴阳互动，形成了富有张力的“整体”。阴阳法则作为“天”与“地”法则的抽象，以富有张力的形式混融为一个“整体”，所有的“有关自然界和宇宙的知识与实践”都在这个阴阳整体中找到自己的通则和位置。正是在这样一个由阴阳互动所形成的天地“整体”中，所有的“有关自然界和宇宙的知识与实践”获取在其中的位置，在此意义上，“有关自然界和宇宙的知识与实践”其实是人类“栖居”的知识与实践。同时，这种“栖居”在幕“天”席“地”的永恒构建中被牢牢地

"锚住",其中所包含的"地方"认同得以完整实现。

### (五)手工技艺中的"地方"认同

手工艺操作最大的情态在于熟练,在手工艺人所进行的操作中,仿佛无须经过思考,便可以完成一个物件。他们在这种玩弄中,感到一切都是熟稔的,身体通过这种熟稔的玩弄,实现了其本身与周围世界的接洽,包括与周围空间世界及承载传统的时间的接洽。

然而,仅仅情态熟稔并非手工艺人的全部特点,它仅仅是表层的体现,更深层的特点在于:手工艺人在熟练把玩物件的过程中,他们的身体实现了自我控制。手工艺人在制作的过程中,在与周身世界接洽的过程中获取抵抗时间的力量。手工艺人之所以在都市的节奏之中依旧暂且保存着内心的安然与平静,原因就在于他们获取了这样一种力量。

技艺本身是生产物件的,满足人类日常的生活需求。然而,手工艺人手中的物件有别于资本主义大生产中批量复制的"大"的物件,它是小、少、独特的:理发师手头只有一把剃刀和几缕头发;面包师手中仅有几个面团;裁缝手里只有一把剪刀和几片布料;补鞋匠指尖只有几块皮革;杂货店店主也只是摆弄几件小货品……手工艺人所制作的都仅仅是"小"东西。而这种有别于资本主义成批量大生产而言的"小"东西意味着什么呢?以理发师为例,理发师生活在城镇中,生活在一个庞大的系统之中,他所有的日常工作与生活都只能被这座城市的节奏所摆布。他无法自由决定住在哪里,无法决定这座城市的管理系统,无法决定自己的生意好坏,无法决定自己的服务对象是怎样的人。他整个人都是被安置在其中的。手工艺人正是通过摆弄这些小东西,找到一些自己所能控制的物体,这就是他们处身"大世界"中的小乐趣。这种乐趣正是在"地方"中的乐趣。在手工艺人那里,正因为他们摆弄的是被"大世界"所忽略的"小"东西,他们就在一个大得无法控制的世界中,在摆弄的过程中构建出他们自己的独特世界,即自己的"地方"。

## 三、"地方"认同的失去与当代非物质文化遗产运动

在古典传统中,非物质文化遗产产生于"地方"并锚住于"地方"。在古

典时代,人们重栖居也“能栖居”,封闭的生活世界为他们的“能栖居”提供了“锚住”性,因此“地方”认同具有了意义,变成了一种价值观。

**(一)资本造成了游荡的“差异的聚合”即“游荡的地方”**

在资本时代,资本的空间扩张及对生活世界的殖民构成了资本发展永恒的历史。与古典时代注重安居的传统正相反,资本的发展要求高度流动性,因为唯有流动才能为资本主义的生产体系提供剩余利润转化的契机。通常认为,资本的空间扩张与殖民如刀刈草,其实不然。资本的空间扩张与殖民,其目的在于扩大市场,促进消费,而人们的消费行为必须与人们的生活认同相关联。

因此,资本的扩张与殖民其实要同时完成两个要求:一方面,它们要将古典传统从其封闭性地方的“锚住”性连根拔起,另一方面又要维持人们的“地方”认同,使人们的“生活世界”照常运行。也就是说,它需要维持一个架空了现实基础的“地方”,一个游荡的“地方”。唯有如此,资本的扩张与殖民才能真正达到它们的消费倾销的目的。

在资本的扩张中,这种在资本规训逻辑下产生的“游荡的地方”异常丰富。当代非物质文化保护运动的发生,究其实质,乃是资本对“游荡的地方”营构的一种策略。

**(二)“非遗公约”的制定及其去“地方”化**

当代非物质文化遗产保护运动的兴起,以联合国教科文组织制定的“非遗公约”为促动力与起点。详细梳理“非遗公约”的出台过程,并对此结约过程中出现的冲突、矛盾进行分析,可对当代非遗保护运动的去“地方化”有明晰的认识[①]。

巴莫曲布姆在梳理“非遗公约”的出台过程中,注意到了在此过程中发生的一个争论,即“非遗物质文化遗产”概念与“民俗”概念的竞争问题。她注意到,在“非物质文化遗产”概念及保护体系被提出时,就有多国代表指出:“非物质文化遗产”概念所涵括的主要内容,其实就是传统的“民俗”,但

① 巴莫曲布姆在《非物质文化遗产:从概念到实践》的文章中,详细梳理了“非物质文化遗产保护公约”出台的前前后后,并对其中包含的冲突进行展示。在此主要依据这篇文章展开考察。

“民俗”在本质上是一国或一个社会集体的“本土”知识资源，而“非物质文化遗产”则通过概念的改变使之轻易地从“本土”知识资源变成了“国际”共享资源，这违背了同样作为国际规则的知识产权体系，因此要求“非物质文化遗产保护”体系将“非物质文化遗产”的知识版权问题写入“公约”。这一声音在后来“非遗公约”的制定中被充分考虑，并在“非遗公约”中形成了完整的体系。

仔细分析这一论争：“非物质文化遗产保护”在其制定之初，固然违反了版权法，但是，在听取反对声音并将之写入最后的“公约”，使“非物质文化遗产”作为本土知识产权资源的特征得以确定，这就合理了吗？这里边隐藏着更深的隐忧。正如民俗学家们所一再确认的，“民俗”乃是一个国家或一个群体的本土知识，是从本土“地方”中产生并锚住于“地方”的，“非遗公约”若肯定其作为知识产权资源的身份，表面上是尊重，其实是在剥夺其“地方”特征，而将之转化为“资源”。这种从“地方”认同向“资源”禀赋的转化，正是以形式上的公正实现了实质上的不公正。

事实上，在非物质文化遗产保护运动的实践中，各国代表对非遗的“地方”性特征总是一次次强调。到 1999 年，也就是《建议案》通过 10 年之后，联合国教科文组织与长期致力于保护民间文化而在国际社会享有盛誉的美国史密森尼学会（Smithsonian Institution）在华盛顿特区联合组织召开了以“全面评估《保护民间创作建议案》：在地赋权与国际合作”为主题的国际会议，来自 27 个国家的 37 位代表包括专家、政府官员和传统文化的实践者与 40 位观察员参加了会议。来自厄瓜多尔的代表发难：“‘没有土地的人就是没有文化的人。’如果教科文组织不能改变什么，那么我们一定要改变教科文组织。在西班牙占领之前，我们拥有纯净的文化；今天，则充斥着太多的混乱！文化，已经遭到污染。”他接着指出：“……《建议案》基本上把文化描述成了‘物品’！但文化也是人类有生命的。”①

### （三）非遗保护运动发生的实质是资本规训对“游荡的地方”的营构

非物质文化遗产保护运动的兴起，被普遍视为在物质主义泛滥时代文

---

① 巴莫曲布姆. 非物质文化遗产：从概念到实践[J]. 民族艺术，2008，90(1)：12－13.

化主义的胜利，然而，在当代资本主义的规训逻辑，即在营造为其倾销商品而建构游荡“地方”的谋略中，非物质文化遗产保护运动却必然地沦落。

这种沦落，突出体现在非物质文化遗产保护运动的文化主义定位上。非遗保护突出文化“优先”性，但这种文化“优先”在资本主义的政治经济总体结构中难免成为资本意志的“玩偶”。马克思主义城市学者大卫·哈维考察了全球资本主义的运作逻辑，揭示出全球资本实现自我增殖的重要方式之一，是通过空间垄断而创造空间资本增值的“垄断地租”①。对资本逻辑而言，非遗保护值得关注的地方在哪里？在于它所营构的“地方”认同幻象。在资本主义的宏大语境中，从古典时代而来的非物质文化遗产传统是被“移栽”而来的：资本为非遗保护划定一个“地方”（通常是以政府圈定、资本主体投资的方式），在这个被“划定”的“地方”，非遗互动中的“差异的聚合”得以维持，由此使得“能栖居”的“整体性”如常幻出，“地方”性认同自然产生。然而，由于这个“地方”本身乃是被划定的孤岛，在整体动荡不居的资本汪洋中，它本身就是变动不居的，因此，当代非遗保护运动“能”使动作主体产生“地方”认同，却无法在现实中“锚住”这种地方认同，从而使其所产生的“地方”认同永远只是一种游荡的“地方”之幻象。而这种在真实的“地方”与幻象的“地方”撕裂中产生的“地方”之焦虑，又被成功地转化为资本以“地方”之名唤起的消费激起。如此这般，非物质文化遗产保护运动最终成为资本机器获取利润的动力源。

总之，当代非物质文化遗产运动引导人们在游荡的“差异的聚合”中获取“地方”的幻象，这为政治集权集团的民众规制提供了绝佳的契机。当地非物质文化遗产保护运动，引导非遗主体关注“文化”，注目“地方”，这看上去体现了集权政治的包容。然而，在非遗主体缺乏现实权益保证的前提下，非遗的“文化”引导必然是反动的；在非遗主体无法获得现实空间中的主动权的前提下，非遗的“地方”认同只能是一种幻象。当代非物质文化遗产保护运动，营构了游荡的“差异的聚合”即“地方”，使非遗主体在“地方”幻象中安居，其实是引导其对现实“地方”的固守，进而削弱其现实的“地方”权利诉求，而这必然为政治集权的规制提供了极大的便利。因此，在资本主体和

① 哈维.资本的空间[M].王志弘，王玥民，译.台北：群学出版有限公司，2010：574.

集权主体的联姻中，当代非物质文化遗产保护运动便轰轰烈烈地展开了。

### （四）对当代非遗保护运动三原则的检讨

当代非物质文化遗产保护运动，从其发生而言便存在先天的观念错位，即它是在资本扩张所形成的规训逻辑中形成的，实质是通过非遗保护运动而形成“游荡的地方”。观念的先天错位，造成了在此基础上所提出的非遗保护运动之若干主导原则大可商榷。

#### 1. 非遗保护的主导原则之一——“保护为主”原则

保护为主，这是当代非遗保护的首要原则，它存在很大的问题。非遗保护“保护为主”原则的提出，从其提出的路径来看，是对国际非遗保护的主要实践模式——“日本模式”总结的结果。但非遗保护“保护为主”的主导理念，若将其放置于资本扩张所产生的驯化逻辑中，则可发现其实质乃是在此驯化逻辑中非遗保护的“自我驯化”。非遗公约“保护为主”的主导理念，将丰富多样的非遗传统视为僵化之“物”，剥除了它在古典传统中非遗本身所承载的丰富的“差异的聚合”之内涵，唯有如此，“理想”的保护才能进行。“保护为主”的原则，通过将非遗传统连根拔起，使之从其“地方”传统中脱离，而被放置于“博物馆化”的保护环境中，这样的“保护”实际上是典型的“临终关怀”。

#### 2. 非遗保护的主导原则之二——“文化多样性”原则

文化多样性是非遗保护提出的另一主导理念。非遗保护的“文化多样性”原则的提出，考察其发生路径，应是在联合国的跨国平台上，众多经济不发达的“第三世界”国家积极争取、呼吁的结果。因此，非遗保护的“文化多样性”原则的提出，本身即是国际权力秩序格局中博弈的结果，或者说，非遗保护的“文化多样性”原则并非是从传统本身发展出的“多样性”，而是政治权力博弈在文化中的投射。

这就产生了相应的问题。政治权力格局中的“文化多样性”指向的是以“文化”缓释政治对抗，就像劝架一样，是要双方相互承认对方的权利并在两者之间形成一条互不侵犯的文化缓冲带，这就造成非遗保护的“文化多样性”更多地是引导人们去“承认”非物质文化遗产的多样性，使他们之间免于产生文化歧视与侵略，其实就是使其闭锁在各自“游荡的地方”中相安无事。但文化传统中的“文化多样性”就其理想状态而言却并非如此。文化传统的“文化多样性”应当是总在冲突、越界中显身的多样文化。这种动态的、冲突的多样文化才是可实践的文化，与之相比，政治权力格局中的“文化多样性”仅是政治家口头上的措辞而已。因此，当代非遗公约的“文化多样性”其实是以政治权力格局中的“文化多样性”替换了文化传统中的“文化多样性”，这样的鼓吹最后造成的只能是抽象的、在实践中根本不可行的文化多样性，而这也正是其“保护为主”原则的衍生品。

### 3. 非遗保护的主导原则之三——“知识产权保护”原则

当代非遗保护运动提出的一个重要原则，就是非遗保护应当纳入国际知识产权保护法律体系。这一原则表面上保护了非遗传统的社会权益，但在实践中却困难重重。非遗文化主要是指那些“基于传统”而产生、创造、应用和传承的知识。而所谓的“基于传统”，根据世界知识产权组织（WIPO）的定义，则主要指代代相传的知识体系、创造、创新和文化表达，被认为属于特定人群或地区，自发演化，并根据变化的环境而改变。在一个为符合工业社会需求而产生的知识产权体系中，这类“知识”并没有适当位置，因为它们既不是个人创新的成果，也不具有所谓的新颖性，只能被归入公有领域，供人免费使用。知识产权法对之很难起到立法保护作用，因此也就无法保证遗产传承人的“所有权”。不仅如此，现代知识产权法在很多情况下还可能成为文化强权组织破坏权益公正的得利手段。

## 四、非物质文化遗产保护的“文化自觉”之困境

反观中国的非遗保护，可发现它逐渐形成了自己的特色，即从起初沿循国际通行的“保护为主”到发展出“兼有开发”的观念和实践。中国非遗保护最新的观念，是力求摆脱“临终保护”，主张应将非遗保护放回到其语境中去，“活鱼要在水中看”，认为非遗保护中非遗个体或群体的“文化自觉”是头等要义。然而，鼓吹非遗保护中的“文化自觉”，是否能使中国非遗保护真正

摆脱在“地方”认同上的“游荡”性，而获得在现实中的“锚住”地位呢？未必！

### （一）当代中国非遗“文化自觉”观念的提出及现实困境

早在20世纪八九十年代，与“经济搭台，文化唱戏”相对，由部分作家与人类学家发起的“文化寻根”运动，就已产生了不无浪漫倾向但却包含朴素民本主义的传统现代化导向。21世纪以来，随着中国非遗保护与世界接轨，非遗保护在当代中国变成了影响越来越大、利益牵涉越来越复杂的社会运动，加之在市场化已充分成熟的背景下，政府行政职能逐渐转变，促成了非遗保护从此前的专门事件变成了公共事件，民众广泛参与并在现代媒介支持下获得了表达自身诉求的平台，这为部分知识分子倡导非遗保护“文化自觉”观念提供了走向主流的社会前提。

非遗保护“文化自觉”的倡导，较明确的起点是2007年。2007年，文化部开展了国家级非物质文化遗产项目代表性传承人的认定与命名工作。“非遗传承人”制度的推出，在社会层面上的确造成了这样的推想，即政府用对非遗传承人的“经济补助”将非遗变成了“国家”的。正是针对这种非遗“国家”化的趋势，在学界应激性地出现了非遗民本主义的“文化自觉”倡导。与不加反思地认同政府—产业利益共同体对非遗的权益专享所有相比，非遗保护的“文化自觉”观念关注的是非遗的权益归属问题，这已是中国非遗保护的巨大进步。然而，从非遗保护的最终目的，即实现民众对非遗传统的真正认同而言，非遗保护“文化自觉”观念的提出是否已实现了问题的最终解决？事情似乎并没有这么简单。

“贵州六盘市六枝梭戛生态博物馆”项目为此提供了绝佳的观察个案。1998年，中国与挪威合作建设中国第一座生态博物馆——贵州六盘市六枝梭戛生态博物馆。此馆建设的指导思想即是在充分尊重地方文化持有者的文化自觉前提下的介入保护。为了更好地保证此一观念的落实，中国贵州六枝和挪威方面双方讨论制定了“六枝原则”，一共九条，第一条就是对村民文化所有权的确认：“村民是其文化的主人，他们有权认同与解释其文化。”“六枝原则”可以说是非遗文化保护自觉性观念的正面体现，但实践结果却出人意料。据观察，梭戛生态博物馆建成后，“生态博物馆社区”(即社区村民)和“生态博物馆资料信息中心”(即博物馆)成了“两张皮”,生态博物馆资料信息中心所在的中心寨的村民并不认为他们是生态博物馆的一员,而认为他们仍然是梭戛乡的一个村民。为解决“两张皮”的问题,组织方作出了不懈的努力,比如在2001年成立了12个村民组代表参加的“梭戛生态博物馆管理委员会”,并制定了一个管理委员会章程,该章程明确了由中心寨即陇戛寨的村主任为生态博物馆的副馆长。这样的结果好像即刻间解决了“两张皮”的问题,村民和博物馆融为了一体,但这仅仅是生态博物馆的一厢情愿。生态博物馆管委会的委员开了一次会之后便再也没有开第二次会,原因是他们来开会是无偿的,是博物馆组织他们来开的;会议讨论的是文化保护和传承,他们对此不感兴趣,他们关心的是生态博物馆给他们带来的好处是什么,如粮食、住房、孩子上学书学费等基本生计问题。① 在给予了村民充分文化自觉空间以后,为何非遗保护仍然没有引起他们真正的认同?非遗保护的文化自觉设计,还遗产于民,为何在现实中不能真正实现民众的文化认同?

### (二)当代中国非遗保护“文化自觉”的失败源自其在现实公权结构中的虚无

没有无缘无故的文化自觉。问题的解答应从检讨“文化自觉”可实现的前提条件入手。非遗保护的文化自觉设计,设想还遗产于民,使民众在非遗的文化自觉中实现文化认同。这一设计的问题,在于忽略了“文化自觉”就其可实现而言,并非是自我缘发、一无倚傍,而是有其先决条件的。

“文化自觉”的核心前提是个体自由。卢梭在《社会契约论》中独创性地提出了“个体自由”可实现的设计,即社会契约论。卢梭的社会契约思想以“权利让渡”为核心,它要求为实现个体自由,个体必须要服从公意并将自身的自由权利让渡给公权,唯有众人在对公权的绝对服从之下才能获得“个人自由”可实现的保障。按照卡西勒的解读,卢梭的社会契约论实际上建立在个体自由的“意愿”与“意志”区分之上:个体“意愿”是私意,虽然包含强烈的自由冲动,但其实仅仅是个人诉求的事实;而个体“意志”则是公意,是可实践的自由冲动。个体自由从“意愿”而成为“意志”,唯有在公权结构的确

---

① 胡朝相.六枝梭戛生态博物馆建馆十周年回眸[EB/OL].(2009-02-22)[2019-09-30].http://www.gzfefax.com/news/news/laigao/laigao_20090222001.html.

认中才能获得对大众表达的正当性形式;在此意义上,公权机构对个体自由的控制,其实是通过“正当性确认”使之获得可实现的形式。当“意愿”无法获得“正当性确认”而成为“意志”时,则将在自我封闭与怀疑中最终丧失。

个体“意愿”唯有在公权机构中被“正当性确认”成为“意志”才能实现其个体自由,以此反思非遗保护的文化自觉设计当前遭遇的困境,我们可发现问题所在。

在“贵州六盘市六枝梭戛生态博物馆”项目个案中,“六枝原则”承诺给予村民“文化所有权”,但首先,此“文化所有权”的颁权主体并非国家或其他公权机构,而是国际合作组织,实际上,这些组织并无真正的颁权资格;其次,村民被承诺给予的“文化所有权”其实仅仅是“文化解释权”。这就造成了村民在此项目推动之下也许的确产生了文化自觉冲动,但此文化自觉却在根本上缺乏公权机构的“正当性确认”,文化自觉从“意愿”向“意志”的升华不能真正完成,导致了尴尬收场。“鞭炮燃放解禁”遭遇的困境也可做如此反思:鞭炮解禁表面上给予了民众以文化自觉的空间,但“限时限地”的追加条件则使民众的鞭炮燃放行为与公权机关之间的契约关系变得脆弱,这造成了民众的鞭炮燃放在当下公权体系中无法获得充足的正当性形式,所以才有了民众的主动退场。

### (三)中国遗产保护之“游荡的地方”:文化生态保护(馆)区

从“地方”认同的角度而言,非遗保护之“文化自觉”因缺失在国家公权机构中的正当性确认而成为表面风光、实则无用的文化游戏,根本原因就在于这种在现实中失权的“文化自觉”其实就是一种被产业—国家利益共同体营构出的“游荡”的“地方”认同。

当前中国各地大量出现的文化生态保护(馆)区就是典型的“游荡”之“地方”。

文化生态保护(馆)区,可分为文化生态博物馆与文化生态保护区两种类型。文化生态保护(馆)区的设立,意图在于能使非遗传承主体自觉、自愿地进行文化传承,但实践效果却并不尽如人意。

当前文化生态保护(馆)区存在的问题:对于知识分子群体和政府而言,文化生态保护(馆)区设定的初衷是民众非遗传统的文化自觉,但于民众而言,真正觉醒的却是其物质欲望与产业开发意识。问题出在什么地方?为什么设立文化生态保护(馆)区释放出的却是民众的物质欲望?这其实是由文化生态保护(馆)区自身的属性特征所决定的。

首先,文化生态保护(馆)区缺乏确定的空间实体组织,这使其在城市化的空间竞争中缺乏赋予空间中个体以独特身份的能力。文化生态保护(馆)区以"(馆)区"命名,其空间边界却是模糊的。考察已建构的各类文化生态保护(馆)区,可发现,这些保护(馆)区在城乡空间格局中基本是悬空而立,也就是说,没有一块独立的空间被划定为文化生态保护(馆)区。它们不像行政区划、经济区划一样有自己明确的实体空间形态,生态保护空间区划不具备使此空间与其他空间组织体形成张力的实体界线。

其次,文化生态保护(馆)区缺乏确定的法律保障体系,这使其无法给予(馆)区内个体以相应的权益保障。文化生态保护(馆)区悬空而立,缺乏实体组织,固然存在着由政府推动的跨区域与部门之间的协作条例,而协作条例不同于法律体系:法律体系能够给予文化生态保护(馆)区内个体以明确的权益,但协作条例却只是执政部门之间的工作协议,无法让民众产生认同。因为缺乏明确的法律保障体系,使得当文化生态保护(馆)区中的非遗保护与传承行为遭遇权益矛盾时,无法可依,无据可查,最终文化生态保护(馆)区保护变成了一张空头支票。

最后,文化生态保护(馆)区缺乏配套的产业开发模式,这使其在应对现代产业化浪潮冲击时容易失陷。在资本全球化的大背景下,文化生态保护(馆)区的产业化不可避免,非遗传统的"资源化"不仅是资本主体的目标,同时也是保护(馆)区内大众的自然意愿;然而,文化生态保护(馆)区的产业发展应有自己的模式,这种产业模式应实现产业开发与传统传承之间的平衡。当前文化生态保护(馆)区的产业开发,基本上是因循现代产业开发模式,这就造成了保护(馆)区内个体产业行为的高度物质化,最终导致产业发展对传统传承的破坏。

因此,在缺乏空间实体组织、法律保障体系与相应产业发展模式的前提下,文化生态保护(馆)区实际上是设立了一个文化的"乌托邦"——一个"游荡的地方"!这个"乌托邦"是精英群体与政府的良好愿景,他们希望借此能重新唤起民众的"文化自觉",却忽视了没有无缘无故的"文化自觉"的现实,在缺乏身份认同、体制保障的前提下,“文化自觉”纯然就是一团欲望,是处在十字路口上的群氓意愿。落实到中国文化生态保护(馆)区及保护(馆)区的民众身上,“乌托邦”变成了其生态欲望的合法释放,这种欲望又在资本主体的外诱之下彻底被表达出来,造成了文化生态保护(馆)区中民众文化自觉缺乏、物质欲望膨胀的现状。

(原文发表于《民族艺术》2015 年第 3 期,有改动)

肆

# “文化遗产保护北京学派”的理论与现实实践

## 一、梁思成的文化遗产保护思想

围绕北京文化遗产保护的深入争辩与思考,自新中国建立就开始了。这一争辩围绕着众所周知的“梁陈方案”展开,在当时即产生了轰动性的社会效果。然而,“梁陈方案”之争的意义,还在于通过这场争论,将为数众多的学者吸引到对北京文化遗产保护的深入思考中,并在学脉传承中形成了具有明确保护宗旨、价值取向及学术传承群体的“文化遗产保护北京学派”。

“文化遗产保护北京学派”的学术传承谱系,应以梁思成、陈占祥所提“梁陈方案”中的北京遗产保护观念为宗旨,以梁思成助手吴良镛教授、学生罗哲文教授及晚辈朋友侯仁之教授的北京遗产保护实践为学派的发展,形成了以清华大学、北京大学、北京联合大学为学术传承基地的学术传统。“文化遗产保护北京学派”从北京文化遗产的传统与特点出发,对北京文化遗产保护提出了明确的文化遗产价值观、文化遗产学核心范畴及文化遗产保护路径。现在距离“梁陈方案”的提出已有半个多世纪,但他们所提出的遗产保护之路在实践中不断被证实切实有效,而他们所倡导的文化遗产价值观在北京城市建设中则不断被证明其前瞻性,并对全国以至世界范围内的遗产保护产生了越来越大的影响。

“文化遗产保护北京学派”的肇始在梁思成。梁思成的学术专治在建筑，其北京城市文化遗产保护观念的形成，同样来自其对中国传统建筑文化的关注。梁思成的建筑思想，突出贡献在于将一般的"建筑单体"扩展到了"体形环境"（即"物质环境"，physical environment）。他说："建筑物在一个城市之中是不能'独善其身'的，它必须与环境配合调和。我们的新建筑，因为根本上生活需要和材料技术与古代不同，其形体必然与古文物建筑极不相同。"①他认为，在西方古典建筑观念中，建筑自成体系，是作为单体与周围环境分隔开来的，或者是以侵占的形式与其环境以冲突形式存在。与之相比，中国传统建筑哲学则高度强调建筑与周围环境的共生关系。梁思成即以中国传统建筑哲学为出发点，形成了对于文化遗产的独特看法。在梁思成看来，文化遗产，正如中国古典建筑的生存状态一样，缘于环境而生同时又在与环境的共生中作用于环境，最终形成了由遗产辐射而产生的整体环境。因此，文化遗产的存在形态，不是单一的文化单元而是整体的文化构建，不是僵化的形式而是包含自身创生活力的生态活体。这是梁思成对文化遗产的基本定位。

梁思成文化遗产保护观念形成的第二个思想来源，是对西方现代城市发展经验与理论的汲取。梁思成长期留学欧美，对19世纪以来西方城市发展的弊端深有体会，在他看来，西方城市发展因过于注重经济目的，无序扩张，造成了城市拥堵、环境恶化的多种恶果。在此批判视野下，他同时也注意到了西方城市理论界的反思成果，在这些成果中，芬兰城市规划学家沙里宁的《城市：它的生长、衰退和未来》（*The City: Its Growth, Its Decay, Its Future*）对梁思成的影响尤大。这部著作针对19世纪以来西方城市的无序扩张，提出了"有机疏散"的主张。这种主张认为，当时在西方出现的大量卫星城，仅仅承担了居住功能，造成了城市生活中就业与生活的不平衡，进而引发了城市交通及其他一系列问题，因此在城市扩张中，应建设能够承载居民生活、工作及其他多方面需要的"半独立城镇"，使城市向郊区的扩张具有人本性、有机性。

沙里宁的"有机疏散"理论意义重大。城市扩张是19世纪以来世界城

① 梁思成，陈占祥. 关于中央人民政府行政中心区位置的建议[M]//梁思成全集：第5卷. 北京：中国建筑工业出版社，2001：81.

市化进程中的普遍问题,在西方,“卫星城建设”“郊区化运动”持续了将近半个世纪,由此带来的消极后果使人们饱受城市化之苦。反思西方都市化扩张的漫长历程,可以发现其根本问题在于忽视了城市并非单一经济功能单元而是多种社会功能综合整体这一基本事实。沙里宁的“有机疏散”理论之所以会引起梁思成的高度认同,就在于“有机疏散”的城市扩张观念是在尊重城市整体性前提下的生态扩张,这与梁思成本人从中国古典建筑而领悟的文化整体观正相符契。从思想形成而言,沙里宁的城市“有机疏散”理论为梁思成的文化遗产整体性保护观念提供了城市基础构架;借助沙里宁的“有机疏散”理论及其他城市反思成果,比如埃比尼泽·霍华德的“田园城市(Garden City)”理论,梁思成实现了其建筑文化保护观念向城市遗产保护观念的提升,并最终形成了城市文化遗产保护的整体生态思想。

从城市文化遗产的整体生态思想出发,梁思成对北京文化遗产保护确立了三条原则:

### (一)北京文化遗产保护的“慎始”原则——主张规划要先于实践

在1949年开国大典前夕,梁思成在给当时北京市市长聂荣臻的信中写道:“我们人民的首都在开始建设的时候必须‘慎始’。在‘都市计划法规’未颁布之先,我恳求你以市长兼市划会主委的名义布告所有各级公私机关团体和私人,除了重修重建的建筑外,凡是新的建筑,尤其是现有空地上新建的建筑,无论大小久暂,必须事先征询市划会的意见,然后开始设计制图。”①梁思成清醒地认识到,城市营造不是修修补补的事情,如他所言:“建筑物建造之后,假使有了错误,是不能任意拆改,是数十年乃至数百年难以矫正的,所以我呼吁我们必须‘慎始’。”②梁思成的“慎始”观念具有重要意义,在此观念提出的原初语境中,他虽然主要还是从城市建筑遗产保护角度出发,但因城市建筑几乎是一切城市文化遗产的载体,所以,主张城市建筑保护“慎始”,其实就是对城市文化遗产保护的总体提醒。

---

① 梁思成.致聂荣臻信[M]//梁思成全集·第5卷.北京:中国建筑工业出版社,2001:43.

② 梁思成.致聂荣臻信[M]//梁思成全集·第5卷.北京:中国建筑工业出版社,2001:44.

### (二)北京文化遗产保护的“修旧如旧”原则——主张城市规划应合“为文化及习惯的需要”

梁思成对于北京文化遗产的定位极其重要。在他看来,北京文化遗产并非是一个或几个单项遗产,而是“整个北京”。在《关于中央人民政府行政中心区位置的建议》(即“梁陈方案”)中,梁思成与陈占祥写道:“北京为故都及历史名城,许多旧日的建筑已为今日有纪念性的文物,不但它们的形体美丽,不允许伤毁,它们的位置部署上的秩序和整个文物环境,正是这名城壮美特点之一,也必须在保护之列,不允许随意掺杂不调和的形体,加以破坏。”①在该建议的其他部分对北京文化遗产的整体性也是不厌其烦地一再强调,比如“北京城之所以为艺术文物而著名,就是因为它原是有计划的壮美城市,而到现在仍然很完整地保存着。除却历史价值外,北京的建筑形体同它的街道区域的秩序都有极大的艺术价值,非常完美”②。梁思成进一步解释,北京文化遗产的整体格局之所以能保护下来的原因是传统北京的城市定位有其特点:“北京在平面上及立体上的秩序尚完善的大体保存,未受半殖民地时代作风的割裂破坏,是幸而得免的。因为北京过去幸而不是工商业发展的城市,所以密集的、西化恶化的杂式洋楼的体形尚未大量地侵入城内庄严美丽的布局中间。今后我们则应有自觉的责任,有原则性地来保护它,永远为人民保护这有历史艺术价值的文物环境。今日新材料结构所产生的民族形式的新建筑,确是不适宜于掺杂到这个区域中的。”③

从北京文化遗产的整体性出发,梁思成提出的保护建议是“修旧如旧”。“修旧如旧”的文化遗产保护思想,就其文化实践目的而言,是对以城市为单项经济功能实现需要的抵制,而偏向于对城市发展中文化传统与认同需要的满足,即梁思成所谓要适应“为文化及习惯的需要”。梁思成说:“现在我们实际上的问题也是必须为人民的便利、人民的经济和美感的条件,和习惯

---

① 梁思成,陈占祥.关于中央人民政府行政中心区位置的建议[M]//梁思成全集:第5卷.北京:中国建筑工业出版社,2001:61.

② 梁思成,陈占祥.关于中央人民政府行政中心区位置的建议[M]//梁思成全集:第5卷.北京:中国建筑工业出版社,2001:65.

③ 梁思成,陈占祥.关于中央人民政府行政中心区位置的建议[M]//梁思成全集:第5卷.北京:中国建筑工业出版社,2001:66.

的、文化的需要，而计划能与生活的进步一同生长发展的北京市。”①梁思成并没有全部否认北京城市发展的经济导向，但他认为，同时更要满足人民多方面的权益需要，而“习惯的、文化的需要”，即人民大众对习以为常、以此实现价值与信仰寄托的城市文化传统的需要，是城市民众多方面权益需要中至关重要的。

以北京城墙为例。新中国成立之初，拆除象征封建集权的北京城墙的呼声甚高，但在梁思成看来，北京城墙是负载着北京文化传统与丰富认同的文化遗产：“它不只是一堆平凡叠积的砖堆，它是举世无匹的大胆的建筑纪念物，磊拓嵯峨，意味深厚的艺术创造。无论是它壮硕的品质，或是它轩昂的外像，或是那样年年历尽风雨甘辛，同北京人民共甘苦的象征意味，总都要引起后人复杂的情感的。”②这是产生于文化透视视野中的卓越判断。城墙这一表面上的城市障碍，正因为它的阻隔，在满足人本身的需要上却产生了积极作用，消极的障碍成为积极的隔离，因积极隔离所产生的城市民众活动的层次性则使城市本身立体起来。

梁思成对北京城墙的“修旧如旧”做过更浪漫化的设想，他说：“将来引导永定河水一部分流入护城河的计划成功之后，河内可以放舟钓鱼，冬天又是一个很好的溜冰场。不唯如此，城墙上面，平均宽度约十米以上，可以砌花池，栽植丁香、蔷薇一类的灌木，或铺些草地，种植草花，再安放些园椅。夏季黄昏，可供数十万人的纳凉游息。秋高气爽的时节，登高远眺，俯视全城，西北苍苍的西山，东南无际的平原，居住于城市的人民可以这样接近大自然，胸襟壮阔。还有城楼角楼等可以辟为陈列馆、阅览室、茶点铺。这样一带环城的文娱圈，环城立体公园，是全世界独一无二的。”③可以设想，一旦梁思成的设想成真，北京城将是何等的风光旖旎、惊奇无限。

---

① 梁思成，陈占祥. 关于中央人民政府行政中心区位置的建议[M]//梁思成全集：第5卷. 北京：中国建筑工业出版社，2001：63.

② 梁思成. 关于北京城墙存废问题的讨论[M]//梁思成全集：第5卷. 北京：中国建筑工业出版社，2001：88.

③ 梁思成. 关于北京城墙存废问题的讨论[M]//梁思成全集：第5卷. 北京：中国建筑工业出版社，2001：86.

### （三）北京文化遗产保护的“有机疏散”原则——主张规划应建立在建设“大北京”的背景基础之上

北京文化遗产是“整个北京”，因此梁思成认为，北京文化遗产保护应建立在建设“大北京”的背景基础之上，北京的城市建设是北京文化遗产保护的核心内容。在梁、陈的设想中，新中国成立后北京城的发展，最好是采取沙里宁所提出的“有机分散”原则，另建新城，将有可能对旧城整体体制造成破坏的中央人民政府机关等新兴单位别处安置。在两人的设想中，新、旧两城并非截然分开，而是通过设立新的城市中轴线，使新、旧北京连成一体，构建“大北京”格局，在此格局中促进城市社会发展需求与文化遗产保护需求两种需求的实现：“我们希望能遵循苏联最近重修历史名城的原则对文物及社会新发展两方面的顾全。一面注重文物及历史传统，一面估计社会的发展方向。”①

“大北京”城市格局的提出，是梁、陈两位在北京城市发展与城市文化遗产保护上的杰出建构，展现了城市发展与遗产保护相得益彰的可能性。梁、陈两位所提出的“大北京”不是城市的无序扩展，而是建立在对城市整体性与生态性认识基础上的城市扩张规划。“大北京”的城市格局为北京城市文化遗产的保护提供了独立的空间，使文化传统得以保育，具有重要的现实意义；反过来，城市文化遗产作为“大北京”中的主要内容，将使北京建设避免滑入经济单体化的歧途，实现城市发展中现代与传统、经济与文化的平衡格局。

## 二、“文化遗产保护北京学派”的传承群体与主张

梁思成的文化遗产保护思想后继有人，其弟子吴良镛、罗哲文等在北京文化遗产保护上的实践与理论创新，形成了“文化遗产保护北京学派”在学术传承上的第二次高峰。

“文化遗产保护北京学派”的再次亮相，在时代背景上已从新中国成立

① 梁思成，陈占祥. 关于中央人民政府行政中心区位置的建议[M]//梁思成全集：第5卷. 北京：中国建筑工业出版社，2001：69.

之初的意识形态专权转向了20世纪80年代以来的经济霸权。在经济霸权背景下,新中国成立之初北京城市文化遗产所面临的现实困境进一步深化。自20世纪80年代以来,如全国大部分城市一样,北京城市发展的经济单体化特征日益凸显,梁思成在“梁陈方案”中所做出的种种预言几乎全部变成现实:交通拥堵、遗产遭劫,人们在城市中无法获得身体与心灵的休憩,如此等等。在此背景下,吴良镛、罗哲文等人的城市文化遗产保护不自觉带有了“知其不可为而为之”的文化悲情成分;同时,在新的时代语境中,“文化遗产保护北京学派”第二代学人的文化遗产保护观念也在自我调适,在梁思成等人始创的城市文化遗产保护观念上提出了不少改良与创新之处。

吴良镛是梁思成的工作助手与晚辈弟子。1947年,正在美国访学的梁思成拜访了心仪已久的沙里宁,并说服其接受中国留学生,将其城市思想传播到中国。回国后,梁思成即将自己的助手吴良镛派到沙里宁门下受教。作为梁思成城市遗产保护思想的嫡系传承者,吴良镛是梁思成城市遗产保护思想继承与捍卫的最有力人物;但在思想传承的意义上,吴良镛的重要成就不仅仅在于忠实传承,更在于理论创新与实践落实。

梁思成去世之后,吴良镛在新的背景下对梁思成城市遗产保护思想进行了积极创新与改进,这主要包括三个方面:

### (一)在“有机疏散”的基础上提出了“有机更新”的城市规划观念

“有机疏散”是沙里宁城市规划思想的主旨,也是梁思成等提出“梁陈方案”的理论基础。但“有机疏散”思想有比较明确的产生语境,即产生于对西方近代工业城市的反思,所要解决的是在工业生产无限膨胀的前提下,城市如何实现良性扩张的问题,这其实与新中国成立之初至20世纪90年代左右中国的城市化现状有诸多差异之处。新中国成立以来,中国城市的经济桥头堡的功能固然在逐渐加强、显现,但中国城市,尤其是像北京这样的古城,所面临的更大问题却是“城内”问题,即中国城市一般历史悠久,自身城市肌理深厚,在实现城市发展的同时如何保护好城市肌理,这是关键,而这与西方现代城市一般缺乏较长历史传统、肌理不显的状况并不相似。因此,吴良镛针对解决“城内”问题,提出了“有机更新”的城市发展理论。该理论的要旨在于将城市视为在长期发展中已形成了自我动态整体性的系统,具有绵远的“城市肌理”,这些“城市肌理”本身也在新陈代新,而“有机更新”就是要剔除城市的代谢产物,而使其肌理显豁,以此作为城市发展与扩张的前提基础。

这一对城市的看法是对沙里宁“有机疏散”观念的深化,同时也是对梁思成城市理解的有益校正。梁思成深受“有机疏散”城市发展观念的影响,认为城市本身所形成的有机秩序是严格不能改动的,并在此理解的基础上提出了另辟新城、为城市遗产让道的思路。以城市发展的眼光来看,梁思成的思路固然包含文化整体观但失之于拘泥,没有看到城市秩序本身的代谢,即城市本身不仅是一个秩序整体,而且是在秩序破坏与重建冲突中存身的整体。吴良镛的城市观念则正确地对梁思成的观念进行了补瑕,将城市有机秩序细化为“动态整体性”(Growing Wholeness),并在此基础上提出了“有机更新”论。从理论产生的现实语境看,比之“有机疏散”,“有机更新”理论专注于“城市内部”的规划,其实是在北京城市大局已定(政府机关已设置于城内)的前提下的以退为进。梁思成城市遗产保护思想的前提是对城市的定位,吴良镛的“有机更新”城市观为其发展梁思成城市遗产保护思想确立了前提。

### (二)对中国城市的“城市肌理”进行了系统总结

梁思成在其著述中对北京城市中的中轴线、城墙、城市格局等肌理要素进行了详细指点①。吴良镛则将中国城市肌理的考察扩展到整个中国城市,他指出,中国传统城市以其独特的地理水文、居民生活习惯与文化观念,形成了具有稳定历史传承性的“合院系统”。在《北京旧城与菊儿胡同》中,吴良镛指出:“中国建筑的构成特点,简言之,是以大小不同的合院建筑群。相

---

① 在梁思成的城市观念中,其实他早已提出中国传统城市的基本单位就是“街坊—合院”。在《关于中央人民政府行政中心区位置的建议》中,他说:“在平面的部署上,我们有特殊的民族传统。中国的房屋由极南至极北,由极东到极西,都是由许多座建筑物,四面围绕着一个院子而部署起来的。它最初的起源无疑是生活的需要所形成。形成之后,它就影响到生活的习惯,成为一个传统。陈占祥先生分析中国建筑的部署时说,每一所宅子都是一个小城,每一个城市都是一个大宅子。因为每一所宅子都是多数单座建筑配合组成的,四周绕以墙垣,是一个小规模的城市,而一个城市也是用同一原则组成的。这种平面部署就是我们基本民族形式之一重要成分。”梁思成,陈占祥.关于中央人民政府行政中心区位置的建议[M]//梁思成全集:第5卷.北京:中国建筑工业出版社,2001:59.

互叠构,形成庞大的建筑群体系。紫禁城内的建筑群可以这样分析,整个北京旧城大小建筑群都可这样理解。”①并指出,“合院系统”这种具有鲜明中华文化特征的聚落形式在今天仍具有强大的生命活力,应成为城市规划的基本单位:“建立在封建礼教等级社会制度下的‘旧式四合院’形式,由于时代变化,经济、社会、技术、材料的差异,已失去它成长的基础,一成不变的旧四合院的确只是历史样式。但这不等于‘合院’建筑模式或合院概念(courtyard house concept)已全然失去意义,在某些地区或就其通用程度来说,它仍然可以称之为有活力的建筑(living architecture),仍然有再研究再创造的价值。”②

### (三)发展了梁思成的“大北京”思想,正式提出北京城市发展的区域化问题

梁思成在“梁陈方案”中设想北京发展的“大北京”趋向,这引领了北京城市发展的区域发展走向,而其真正以规划的形式被提出来,则是在吴良镛那里完成的。1999 年 6 月,在国际建筑师协会(UIA)第 20 次大会于北京召开之际,吴良镛领导的一个研究小组提出了一份《大北京地区概念性规划研究报告》,这份报告建立在吴良镛及其团队已进行了将近十年的京津冀区域发展调研的基础之上。该报告提出应从区域视野通过京津冀区域的整体协调发展,合理规划北京这座特大城市的未来发展需求,从而更加精心有效地保护北京旧城。“大北京”的发展设想起自于“梁陈方案”,而在吴良镛提出以京津冀为整体构建区域发展规划的设想中,“大北京”的设想才真正从想法变成了规划,而这一规划思想也正在成为当代北京发展的主要依据。

与吴良镛作为同代学人的罗哲文、侯仁之也可看作是梁思成思想谱系中的代表人物。罗哲文是梁思成的授业弟子,1940 年即跟随梁思成加入中国营造社,在清华大学期间,师从梁思成、刘敦桢等建筑大师。与梁思成、吴良镛等有所不同,从 20 世纪 50 年代起,罗哲文在中国文化遗产保护决策体制中有一席之地,因此罗哲文对梁思成城市文化遗产思想的继承,偏向于对其所提出的遗产价值观念的落实与呼吁。在北京文化遗产方面,他为长城遗产保护、京杭大运河申请世界文化遗产等做了大量工作,使梁思成的遗产

---

① 吴良镛. 北京旧城与菊儿胡同[M]. 北京:中国建筑工业出版社,1994:85.
② 吴良镛. 北京旧城与菊儿胡同[M]. 北京:中国建筑工业出版社,1994:94.

保护思想在国家文化决策层面始终占有一席之地。

梁思成的清华同事郑孝燮,也可看作是梁思成北京文化遗产思想的传承者。1946年梁思成在清华大学创立建筑系,他邀请郑孝燮到清华任教,当年33岁的郑孝燮决定放弃在武汉的城市规划工作,携全家北上。在清华建筑系教书期间,梁思成先生非常重视建筑历史和建筑艺术理论的教学,这对郑孝燮产生了很深的影响。郑孝燮亲眼看到了梁思成夫妇为保护古建筑所做的许多工作和遭受的种种磨难;新中国成立后,尤其是20世纪80年代以来,在多个有关北京文化遗产保护的争执中,比如德胜门城楼保护、四合院保护,郑孝燮都是循着梁思成的遗产保护思想行动,并产生了积极的社会影响。

与吴良镛、罗哲文及郑孝燮相比,侯仁之对梁思成遗产保护思想的传承则是间接绵密的。梁思成思想的初浸对侯仁之,是林徽因在燕京大学的一次演讲。此次演讲给侯仁之留下了深刻印象,尤其是林徽因所提出的“无论哪一个巍峨的古城楼,或一角倾颓的殿基的灵魂里,无形中都在诉说,乃至于歌唱,时间上漫不可信的变迁”①,给予了侯仁之以深刻的领悟。1949年,国外留学回来的侯仁之去拜访梁、林两位,并于1949年至1952年担任清华大学营建系教授。在担任教授期间,侯仁之在梁思成的建议下开设了课程“市镇地理基础”,并在50年代初经梁思成推荐作为“北京市都市计划委员会”的委员,参与了一些具体工作。侯仁之与梁思成的交往不仅限于同事关系,两人在北京城市文化遗产上的思想也具有诸多相印之处,梁思成在写作《北京——都市计划的无比杰作》一文时就采纳了侯仁之的大量意见,并在文章正式发表时在文中特别注明“本节的主要资料是根据燕大侯仁之教授在清华的讲演‘北京的地理背景’写成的”②。

侯仁之与梁思成的个人交往是确凿的,但两人之间的学术思想关联却是隐含的。侯仁之在北京文化遗产方面的研究,主要是从文化地理学角度对北京城市起源、水系遗产与四合院遗产进行的专题研究。侯仁之的北京

① 林徽因. 平郊建筑杂录[J]. 房地产导刊,2010(9):96.

② 梁思成. 北京——都市计划的无比杰作[M]//梁思成全集:第5卷. 北京:中国建筑工业出版社,2001:102.

文化地理研究，主要的学术创新是注重城市地理的文化传承特征，不是将城市地理视为空间碎片，而是着重呈现地理变迁所产生的文化传承意义。在一篇追忆文章中，侯仁之追溯了自己学术思想发生的途径："我大学毕业，作为顾颉刚老师的助教，协助开设'古迹古物调查实习'一课，到这时，我才真正考虑到古代建筑在印证'时间上漫不可信的变迁'中的重要意义。在北平这座文化古城，虽一砖一瓦之细，亦多渲染鲜明浓厚的历史色彩，引人遐思，更不必说什么巨大的古代建筑以至颓败中的遗址废墟了。……这门课的开设，与其说是对当时的学生倒不如说是对我这个青年教师产生了更大的影响，而饮水思源，除颉刚师外，我是更加受益于思成先生和徽因先生的。"①这段表明心迹的话其实也是侯仁之自身学术精髓所在，所谓以遗产文化为"时间上漫不可信的变迁"的见证并以此建立一种文化传统与认同感，正是梁思成遗产保护思想的核心，而这也是侯仁之在北京起源考察时特别注重北京城市传统具有承续、传递性要素的原因，北京水系遗产、四合院遗产等研究都贯彻了侯仁之在当初的学术信念。1985 年，侯仁之与阳含熙、郑孝燮、罗哲文三位政协委员联合签名，建议中国尽早加入《保护世界文化和自然遗产公约》，并准备争取参加世界遗产委员会，最终获得通过。这是我国遗产文化发展的一个里程碑事件。20 世纪 80 年代，北京经典遗产文化——卢沟桥危机重重，侯仁之当即写出了《保护卢沟桥刻不容缓》，要求对卢沟桥遗产进行专项保护。1985 年 8 月，媒体公布了北京市政府决定，自 8 月 24 日开始，卢沟桥禁止机动车与兽力车通行；在 2002 年 9 月公布的《北京历史文化名城保护规划》中，卢沟桥与宛平城同时被列为旧城外的 10 片历史文化保护区之一。另外，侯仁之在莲花池保护、四合院保护方面也是多方奔走，通过其鼓呼影响，挽救了无数北京文化遗产。

1952 年，燕京大学并入北京大学，侯仁之成为北京大学教授，并被任命为北京大学副教务长兼地质地理系主任。在侯仁之的影响之下，北京大学地质地理系的学术传统在不同层次体现着梁思成的思想影响。当代著名旅游地理学学者陈传康的旅游地理研究就是显著的例证。陈传康于 1950 年考入刚刚成立的清华大学地质系，1952 年院校合并时被并入北京大学地质地

① 吴剑平. 清华名师谈治学育人[M]. 北京：清华大学出版社，2003：423.

理系,后留校任教,当时的侯仁之是其主任同事。陈传康的地理学研究,其特点在于突出人文性与区域性,这其实与梁思成的“有机疏散”论和“大北京”论有异曲同工之妙。陈传康对北京旅游规划和理论创建的贡献甚大,他所提出的“大北京旅游格局”其实是旅游行为在“大北京”格局观念中的落实。其“大北京旅游格局”的构造,和梁思成等人的思路一样,注重区域格局中人文与文化传统的传承与接续,将旅游行为定位为人以旅游形式来实现人的不同层次要求的行为,这从学术观念上而言是与梁思成的学术思想相通的。①

## 三、“菊儿胡同项目”:“文化遗产保护北京学派”的成功实践

作为“文化遗产保护北京学派”的中坚,与其在理论上的创新相比,吴良镛的遗产保护实践尤其值得关注。自20世纪80年代开始,在吴良镛的主持下进行的“北京西城区菊儿胡同住房改造工程”(简称“菊儿胡同项目”)是“文化遗产保护北京学派”思想的真正体现,同时也是当前中国文化遗产保护的标志性实绩之一。

“菊儿胡同项目”开始于20世纪80年代初。20世纪70年代,吴良镛带领清华大学城市规划教研组对后海等老城区进行了详细勘测。1987年,他们将北京旧城整治及新四合院等研究成果提交伦敦“城市规划与文物保护”国际学术会议,图版及模型先后在英国、联邦德国、加拿大展出。同年,在北京市住房体制改革办公室的协助下,他们选定菊儿胡同作为住宅调查及居民参与改建研究的试点。由此开始进入建设实践与研究相结合的新阶段。

菊儿胡同工程是吴良镛“有机更新”理论的出色实践。吴良镛是这样概述“菊儿胡同项目”规划理念的:“南锣鼓巷好像是积满尘土、已经破碎的文物,但是只要交到‘文物修理艺匠’之手,就能拂垢生辉,关键在于寻找一种合理的运行机制和有效的保护与发展途径,能使古老的四合院得到适当的再利用(adaptive reuse),并赋予新的内容,以发掘出其潜在的价值。”②吴良

① 陈传康.陈传康旅游文集[M].青岛:青岛出版社,2003.

② 吴良镛.北京旧城与菊儿胡同[M].北京:中国建筑工业出版社,1994:174.

镛的“拂垢生辉”思路在规划实施上,包含这样几点:

### (一)将“合院系统”的传统保持与提升作为该项目规划的核心

中国建筑传统中的“合院系统”,在以梁思成为代表的“文化遗产保护北京学派”中占有非常重要的位置,梁思成、吴良镛、侯仁之、罗哲文等人都对之有过专门的考察与保护意见。吴良镛在“菊儿胡同项目”中,以“合院系统”为基本规划单位对项目进行了重大改进,他将之称为“新四合院”(又称为“类四合院”)。“新四合院”比之传统民居四合院有重要改变。首先,“新四合院”不再是孤立的院落,而是效法传统王公四合院的做法,将一组四合院组合在一起,以“夹道”(王宫中称为“永巷”)串联在一起,形成了相互关联在一起的四合院群落;其次,“新四合院”不限于一层,而是可以高至三层,通过不同的坡面组合形成丰富的天际线与眺望平台。“新四合院”的标准院落,通过合理规划与居住合作社等形式,将更多属于个体家庭占有的空间合理公共化,实际上,不用高层、不用扩张,却实现了较好的容积率(菊儿胡同的容积率达1:1.3)。

### (二)对中国传统城市“院—巷体系”进行继承和发扬

“院—巷体系”是中国“合院体系”必然产生的社区构建,因为院落本身的围合结构,就在不同院落之间形成了若干“夹巷”。吴良镛这样介绍由此形成的“院—巷空间”:“以新的里巷将‘新四合院’串通起来,串联成组。这些里巷作为人流、消防、服务等路线的进出口,而构成新的里巷(胡同)体系。新的里巷可有不同形式的坊门,以增加认同感与可识别性,里巷的环境亲切宜人。这是基本院落之间联系方式的进一步发展,即将联系通道从院内移至院落外,各院落可以借助里巷串联起来,里巷从合院间穿行,对院落减少干扰。”①就像是围绕不同院落“高地”的流水,徐徐流动,自由活动,形成了社区活的交通体系。

### (三)在社区交通体系上,形成独具特色的空间勾画

交通对于社区的意义,正如交通对于城市的意义,它是社区聚落中保持

---

① 吴良镛.北京旧城与菊儿胡同[M].北京:中国建筑工业出版社,1994:126.

良好生态的关键。“菊儿胡同项目”为了更好地沟通新旧建筑群，在街坊内增加了一条与原有胡同平行的道路，形成了新的鱼骨式交通体，在整个社区聚落中形成了“双鱼骨交通体系”。这种“双鱼骨交通体系”从某种程度而言，其实是当年“梁陈方案”中京城双轴设计的遗意；为了深入体现“双鱼骨交通体系”，“菊儿胡同项目”更将此交通骨架通过里巷毛细交通串联在一起，用以沟通各个院落，形成“里巷—院落体系”。实践证明，这种交通格局极其有效，而整个北京的城市交通是完全可以参照这一模式进行交通优化的。

**（四）通过营造“空闲”地、打造“眺望”平台，提高社区聚落的宜居品质**

吴良镛引用作家老舍的话说：“作家老舍说：‘北平的好处不在处处设备得完全，而在它处处有空儿，可以使人自由地喘气；不在有许多美丽的建筑，而在建筑四围都有空闲的地方，使它们成为美景。’（《乡风市声》）在现在拥挤的城市中，这种闲空地早已不可多得，这些‘空闲’的美已经难以寻觅了。但从城市设计的角度，仍然可以利用一切机会，作一番追求，取得相对的空闲感。例如，利用住宅的里巷、大门围墙、乔灌木、铺地……以至一些细致、朴素的建筑处理，用以丰富胡同的空间环境，使孩子们有嬉戏之地，青老年们有驻足寒暄之所，取得相对的空闲感。这些并非绝对做不到的。”①正是抱着这样的观念，“菊儿胡同项目”寻找各种途径营造出了各色空地。不仅如此，“眺望”平台也是菊儿胡同实施宜居目的的重要手段，“用坡顶修建楼阁与平台，它的好处是在有限的建筑高度内，争取最大可能的建筑空间和室外空间，使住在二楼的居民能享受到两层别墅式楼房的生活；从平台上还可以远眺景山、北海、白塔、钟楼；楼阁的变化可以增加建筑群轮廓线的变化，从整体上构成屋顶的韵律美”②。另外，“菊儿胡同项目”还通过社区聚落的其他细节，比如砖雕、街头小品进行创意设置，增加了社区的认同与亲切感。

“菊儿胡同项目”通过以上四个方面有效实现了吴良镛“有机更新”的规划理念，将“文化遗产保护北京学派”的构想真正首次落地。

---

①② 吴良镛. 北京旧城与菊儿胡同[M]. 北京：中国建筑工业出版社，1994：128.

然而,吴良镛的“菊儿胡同项目”还应值得特别关注的地方,在于对工程实施中所引带出的城市文化遗产保护与政府意志、产业意志及居民生活改善需求之间各种冲突的有效解决。“文化遗产保护北京学派”的核心主张,即认为文化遗产保护的实质是对城市整体生态的保护,而在20世纪80年代以来的当代中国城市发展中,多方利益的需求冲突已成为影响城市整体生态的主要因素,因此,如何协调各方冲突、实现文化遗产保护,是“文化遗产保护北京学派”的当代命题,吴良镛在“菊儿胡同项目”上的成功尝试,具有极好的典范意义。

“菊儿胡同项目”是吴良镛领导的清华大学规划组与北京市住房体制改革办公室合作进行的,因此,该项目规划除了要满足文化遗产保护的需求之外,还必须达到北京市官方的要求。当时官方对“菊儿胡同项目”的要求是“四结合”:“与新区建设相结合、与住房制度改革相结合、与房地产经营相结合、与发展古都新貌相结合。”“四结合”其实是包含多种需求的表达:首先,通过这一规划项目构建能够与北京首都城市定位、市政总体规划相适应,并且具有典范性、推广性的标准社区模式,这是官方需求的主要内容;其次,通过这一规划项目推进城市地产经济,发展多样第三产业,增加城市GDP和政府收入,这是官方需求的重要内容;最后,通过这一规划项目改善民生、提升居住质量,获取更高的民生支持率,这同样是官方需求的重要内容。在官方需求的框架下,产业主体(主要是房地产业、旅游业等)与民生民意需求异常凸显,这样,在“菊儿胡同项目”中其实出现了遗产传承需求、利润获取需求与民生民意需求这样至少三种需求的撞击。

在三种需求的多元撞击中,文化传承需求与利润获取需求之间的冲突尤为突出,比如住宅的“容积率”之争就是当时“菊儿胡同项目”规划中的争论焦点。所谓“容积率”是指建筑每平方公里适合容载的人口数目。在城市地产经济中,追求高容积率是产业需求常常祭出的法宝,有人指出,与现代化高层建筑相比,城市传统街区,尤其是像菊儿胡同这样的以四合院为主体的街区形态,其低容积率将对城市经济造成极大的浪费。以此为立论前提,他们经常能够说动城市规划决策层大幅度拆迁历史街区,将大量的“混凝土丛林”堆砌在城市之中。吴良镛对此给予驳斥:“有些建筑师也以乐于招揽到肥大的任务而不加抵制,不管任务是否合理,不计后果,似乎什么高容积率的设计都干得出来。谁都抱着各自不同的目的,玩弄着容积率这张牌。”①

吴良镛不仅对以所谓高容积率为大棒对历史传统大肆棒杀的做法给予痛斥,而且他还以其中的规划实践尝试证明,传统建筑的容积率并非如人们所认为的那样是障碍、瓶颈,通过改善创新,传统街区的容积率同样是非常可观的。吴良镛说:“这些年来,不少建设者确定从自身利益出发,在有限地段内,以建高层的办法,争取高容积率。其实就旧城整体来说,提高全城的容积率并非唯有高层一途,低层高密度、多层高密度也能争取较高的容积率,取得较好的环境质量,并足以维护旧城之风貌。”②“菊儿胡同项目”以“新四合院”为单位,将原先为每户独享的空间共享出来实现资源的最大公共化,适当提高建筑层数至2—3层,整体错落有致,将该规划项目的容积率提高到1:1.3,与高层建筑的理想容积率(1:1.5)相差无几,但却成功地实现了遗产保护与产业利润的双赢。

文化遗产保护与民生质量之间的冲突关系也是“菊儿胡同项目”的关键焦点。早在“梁陈方案”提出之际,对此方案诸多攻讦中的一种意见,就是认为旧城区遗产保护代价过高,忽视了民生现实需求。这种意见无疑有很大的现实说服力,即传统历史街区的保护如何解决社区居民的当下民生需求?比如,如何以较低的房产投入获取较高的居住质量?在此问题上,“菊儿胡同项目”进行了更加广深的规划,这一层次的规划已超出了建筑或社区的技术工程规划范围,而上升到社会规划层面。在“菊儿胡同一期工程”即对菊儿胡同41号院的改造中,吴良镛采取的是“住宅合作社”的形式,即当时在房价方面,每平方米建筑面积的造价,由住户筹措交纳350元,工作单位补贴250元,其余由国家扶持;如果没有单位补贴,采用低息贷款的办法,购得房屋后房产使用权为住户所有,5年后可以转让。这种“住宅合作社”形式意在调动社区居民的民主参与意愿,使之以集体的力量解决资金短缺问题。二期建设则以“开发征地”形式为主,因为第一期已在建设,居民有目共睹,因而有条件克服因房产等问题造成的种种拆迁阻力。不管是“住宅合作社”还

① 吴良镛.北京旧城与菊儿胡同[M].北京:中国建筑工业出版社,1994:129.

② 吴良镛.北京旧城与菊儿胡同[M].北京:中国建筑工业出版社,1994:133.

是“开发征地”，都已超出了普通的技术工程规划范围，也超出了文化遗产保护的预设命题，而是通过构建多样的社会组织形式，使社区居民可以调动更多、更丰富的社会资源来实现自我的社会公正权益，从文化保护升华到了社会建构。

（原文发表于《民族艺术》2013 年第 5 期，有改动）

# 第二编

# 民俗的城市化语境

伍

# 当代艺术民俗学发展的城市化语境与契机

## 一、民俗学的乡土本位与语境转换

民俗学从诞生之日起，在一百多年的发展历史中，虽然因为流派的不同而在基本观念体系上存在着巨大的差别，但其对于“民间”立场的强调是一以贯之的。1846年，英国人汤姆斯（W. J. Thoms）提出了“Folklore”的名词，以指称“民众的知识”或“民间的智慧”。在汤姆斯之后，西方民俗学的发展出现了“英法学派”和“德日学派”之分，与汤姆斯的民俗学观念一样，这两个学派的民间立场是非常鲜明的。“英法学派”的民俗学研究有着浓重的殖民文化味道，其代表人物弗雷泽、山狄夫等人将民俗看作是“在别的事情已经升到较高的平面的民族，那里所见到的较原始的观念和举动的遗留物”。“民俗学是文明国家的民间文化传承的科学。”从他们的论述中，我们可以得出这样的认识：民俗的视角是较高程度的文明对于较低程度文明的一种俯视，民俗学研究从本质上来说是开化的文明人在落后文明中的探幽访奇。在这种有着鲜明文化等级观念的民俗学观念中，“民间”的立场作为文明程度较低的历程成了民俗发生的场所。

与“英法学派”不同，稍后在民俗学史上大放异彩的“德日学派”不再以对外殖民的眼光看待民俗的性质，而是更多地将民俗研究看作是重建国民性的一项任务。正像德国“民俗学之父”黎尔所说的，“如果不能在那散乱的中心看出国民的理念，就完全不能看作是科学。”日本民俗学研究的开创者柳田国男则说：“民俗学是通过民间的传承，寻检生活变迁的踪迹，以明确民族文化的方向。”民俗学的任务在于重建国民性、民族性，而国民性和民族性的承载者无疑就是与统治者和文化精英相对的广大国民。因此，也可以说，“德日学派”与“英法学派”在观念上虽然有所不同，但在“眼光向下”，共同注目与上层文化相对的“民间”立场方面是一致的。

正如我国民俗学学科的建立者钟敬文在对西方民俗学发展史考察后得出的结论：“几十年来，世界学界民俗学的范围在不断扩大，以至于将民间文化的全部事象包括在内了。”那么，在钟敬文的理解中，“民间文化”的含义又是什么呢？钟敬文理解“民间文化”的思路具有鲜明的时代特征。他首先将一个民族的文化传统划分为“上层文化”、“中层文化”与“下层文化”的层次结构，又将这种文化上的层次结构与阶级划分上的层次结构相勾连，然后在这种三层文化结构中为民间文化寻找位置。他说：“文化的范围很广泛，层次也不单一。它是一个庞大的复杂综合体。我向来认为中国传统文化有三个主流。首先是上层文化，从阶级上说，即封建地主阶级所创造和享有的文化；其次，是中层社会文化，即城市人民的文化，主要是商业市民所有的文化；最后，是底层社会的文化，即广大农民所创造和传承的文化。”[①]而“下层文化”就是“民间文化”[②]，因此钟敬文理解的“民间文化”其实是以“广大农民”为主体的文化，而以“民间文化”为指向的民俗学学科对象不言而喻就是广大的乡土社会、农村世界，至于城市社会则是被排斥在外的。

关于民俗学的乡土本位和对城市社会的疏远，钟敬文在1983年5月中国民俗学会成立大会上的演讲中说得更明白了：“搞民俗学当然重在广大农村，这在许多国家都是一样的，因为农村里保存着更多的传统文化、风俗。我国现代有许多旧式的小城市，但有不少城市是‘欧化’（或‘半欧化’）的。我们的民俗学研究重视传统的、民族固有的文化，因而重视农村（包括旧式

① 钟敬文. 话说民间文化 · 自序［M］. 北京：人民日报出版社，1990：3.

② 钟先生说：“在文化比较发达的国家中，大都存在着两种文化，一种是上层文化，一种是下层文化。后者即‘民间文化’。”钟敬文. 话说民间文化［M］. 北京：人民日报出版社，1990：10.

小城镇）这方面的情况。”[①]其实，民俗学的乡土本位和疏远城市不仅仅是钟敬文一个人的主张，这可以说是中国现代民俗学的一个传统。另一位民俗学大师费孝通先生在其学术生涯中始终坚持以乡土村落为基本单元的研究方法，认为单元性的乡土村落是中国社会研究最恰切的对象，其社会学名著《江村经济：中国农民的生活》就是这一观念得以贯彻的范本。

现代中国民俗学肇始于1918年2月1日新文学运动干将刘半农在《北京大学日刊》上发表的《北京大学征集全国近世歌谣简章》。这场意在响应陈独秀提出的“文学革命”观的民间歌谣运动，引导着“五四”新文化运动走向了乡土社会的广阔天地。此后，民间歌谣运动因为顾颉刚、容肇祖、董作宾、钟敬文等人的推动而在广州中山大学、杭州等全国各地推广开来。这一时期的民俗学活动规模庞大，头绪众多，研究成果形式也是丰富多样，从城乡两分的角度来看，虽然不乏以城市社会中民间文化为研究对象而产生的学术成果，比如郑祖荫、刘天华对于北京“叫卖声”的记录、研究，对于苏州、北京之婚丧音乐的研究等，但在总体上，此时代表性的研究成果，还是主要集中于对远离中原文化中心的少数民族之民俗世界的考察、研究，暗合着钟敬文所指出的“重乡土，轻城市”的路向。

新中国成立之后一直到“文革”结束，中国民俗学的发展和其他社会科学一样被整合到了意识形态逻辑中，民俗学之“民”的含义具体化为具有浓重政治意味的“人民”。“人民”在当时的政治语境中主要包括“工人”和“农民”，而“工人”文化按照传统民俗学的眼光来看其实是不具备研究之必然价值的，因此，新中国成立后现代中国民俗学之以“人民”为民俗学研究对象的思路，在根本上还是以“农民”为真实指向的，“农村”还是新中国成立后一代民俗学家心目中真正的研究乐园[②]。

---

① 该讲话录音经刘铁梁、李稚田整理，作为《民俗学的历史问题和今后的工作》一文，被收录于《钟敬文学术论著自选集》（首都师范大学出版社1994年版）一书中。

② 值得注意的是，现代中国民俗学的杰出开拓者杨成志先生与其他两位合作者潘光旦、吴文藻，在《中国民俗学远景规划二十年》（1956年）一书中曾经反思了西方民俗学传统中以“农民”为民俗主体的传统，并指出新中国成立前现代中国民俗学受这一传统的影响很深（王文宝. 中国民俗学发展史[M]. 沈阳：辽宁大学出版社，1987：125－126.）。然而，对于西方民俗学与中国现代民俗学这一传统的反思，在此后相当长的时间内并未引起学界对于民俗学乡土本位的超越或面向所谓“都市民俗学”的转变。

总之,在现代中国民俗学传统中,的确是像钟敬文所说的那样,有一个比较明确的"乡土"本位。造成这种以农民、农村为研究对象的乡土本位的原因可以从多个方面来探讨,但从目前学界研究的现状来看,从启蒙思想的角度对之进行的解读体现了比较深刻的思考向度。

不能否认,中国现代民俗以"乡土"为本位在现代中国的文化语境中首先体现了一种富有抗争性的人文关怀,但正如有的学者指出的:"我们更应该认识到,中国的民间文化研究在其开始的时候,是在'五四'、'民主'与'科学'的精神下发展起来的一种现代学术运动,是作为启蒙的话语而出现的,是一种现代性的派生范畴。"①启蒙思想源起于西方18世纪,它指的是随着人类征服自然力量的增强而出现的对于自我超越性的体认。在中国,"五四"新文化运动鲜明地体现了西方启蒙思想在现代中国知识分子群体中的迸发。在启蒙思想语境中,文明程度相对较低的乡土社会有着特殊的意义,它就像一面合适的镜子,能够复现出启蒙者在城市社会中逐渐丧失的超越的姿态,在自我封闭的意义上实现主体超越价值的重建,而这种自我封闭的文化心态在较早已经遭到了许多人的指责。②

"文革"结束之后的20世纪80年代,中国政治日渐昌明,国家经济与文化日益繁荣,同时面向广大农村的改革持续而深入地绵延至今。表现在思想文化领域,与民族救亡密切相关的政治启蒙主义思潮逐渐退场,其他意义上的启蒙思想如科技启蒙、文化启蒙等被着重加以强调并时起波澜,这在某种意义上导致了中国民俗学的乡土本位在20世纪80年代以后的顽强存在。同时,20世纪80年代之后中国民俗学乡土本位的凸显,也是在中国面临全球经济一体化的浪潮面前,广大民俗学者所做出的适应性选择策略。1978

① 刘晓春.一个人的民间视野[M].武汉:湖北人民出版社,2006:3.

② 新中国成立后,有的研究者对于新中国成立前的民俗学研究发出了这样的批评:"当时的民俗学运动还没有和真正的民间文学的创造者——劳动人民的革命运动结合起来,他们的活动范围只是在城市和知识分子圈子之内,而且只局限于西学活动范围,所起的社会作用并不显著。甚至在《民俗》季刊复刊时,复刊词是用英文写的,不仅'民众'看不懂,除了大学教授和专家们,连一般知识分子也看不懂,可见脱离群众到什么地步。"这一批评虽然有偏狭之处,但也确实说出了现代中国民俗学在文化心态上的自我封闭。
汪玢玲.民俗学运动的性质和它的历史作用[J].民间文学,1979(5).转引自王文宝.中国民俗学发展史[M].沈阳:辽宁大学出版社,1987:122.

年十一届三中全会以后，中国原有的计划经济体制开始走向全面改革，自由市场经济的实行不仅活跃了国内经济，更重要的是实现了中国面向世界的真正开放。随着市场经济的逐渐深入，20 世纪 80 年代后的中国越来越被纳入世界一体化的开放体系中。以此为背景，中国文化也产生了纳入世界文化体系的迫切需要，而这除了在工具性话语方面的大致“接轨”之外，还必须在这一体系之中找准自己的位置，于是，在全球世界体系中的“民族特色”的凸显，或者说在普适化的全球性逻辑中以“地方性知识”之特异吸引别人的眼光，就成为一种必要的选择①。显然，在凸显“地方性”的意义上，20 世纪 80 年代中国的城市肯定比不上当时相对落后、封闭的农村，于是我们看到，在这样一种比较奇怪的逻辑的支配下，20 世纪 80 年代之后中国民俗学的发展又一次选择了农村。

20 世纪 90 年代以至 21 世纪以来，这种立足于乡土本位的“民俗热”不仅未见消歇，反而不断升温。就这一热潮的主体而言，可谓是绵延数千载的民间文化真力显现、精神弥满的必然结果；从我国这样一个现代民族国家的文化自觉的角度而言，它是“五四”知识分子勠力掀起的“眼光向下的革命”的强力延续，与 20 世纪 80 年代初开始的“文化寻根热”的自然指归。此外，世界文化一体化进程的加速，加剧了散布各地的部族与村落的整体性消减与区域性根绝，而以之为载体的人类文化形式正逐渐地边缘化甚至消亡。人们已经清醒地认识到，人类文化多样性的保持，是人类社会和谐相处与稳定持续发展的必备因素之一，这也是联合国设立“人类口述和非物质遗产代表作名录”的初衷所在。② 以我国非物质文化保护四级制度的建立为标志，高温不退的“民俗热”其实与现代社会中这种日渐鲜明的文化意识有关。扎根乡土，实际上是上述“民俗热”在学术界走向深化的必然结果，也是中国民俗学出于发展壮大的需要而作出的理性选择。

---

① 张艺谋的系列民俗电影《红高粱》《大红灯笼高高挂》《菊豆》之所以在西方世界赢得认可，在很大程度上就是以中国民俗的“地方性”之展示换来的。

② 联合国设立的“人类口述和非物质遗产代表作名录”，又称“无形遗产”，是相对于有形文化遗产概念而言的。它包括各种类型的民间传统和民间知识、各种语言、口头文学、风俗习惯、民间音乐、民族舞蹈、礼仪、手工艺、传统医学、建筑及其他文化艺术。联合国教科文组织自 2001 年 5 月至今先后分两批公布了“人类口述和非物质遗产代表作”，我国的昆曲和古琴艺术相继被授予这一称号。迄今，联合国教科文组织已公布该项目两批，共计 46 个艺术表现形式。

总之,中国民俗学研究中所坚持的乡土本位,究其原因不外乎两个方面:第一,民族救亡的启蒙观念所导致的趋向封闭的文化心态,要在对乡土社会的俯视中印证其主体的超越;第二,在全球经济浪潮的冲击下,以乡土社会为代表的地方性特征出于适应经济社会的策略,凸显为一种文化资源。如果说前者是以现代民族国家在危难之际动员与吸纳全体民众力量的需要为背景,表现为知识分子对于现代民族国家建构的积极参与;那么,后者则是在"经济—国家"的社会语境中,民俗学者面对文化多元态势对于自身传统优势的合理运用。

从以上分析可以看出,现代中国民俗学以乡土社会为本位并非天经地义,而是有特殊时代造成的特殊原因。在今天,中国社会的发展在逐步向传统的乡土社会告别,走上了城市化进程的道路,那么在这一城市化进程中,中国民俗学的研究要想实现研究本位的转换,不仅仅要在传统乡土社会的语境中解释民俗现象,更要以发展的眼光回答在城市化的新语境中,传统民俗现象所表现出的新变是什么。

城市社会是与乡土社会有着巨大差异的社会组织形态,但两者在整个人类历史发展过程中又是相伴相生的。在西方,于公元前7世纪左右形成的古希腊城邦已经以其特殊的社会组织形式和生活形态与周围的村庄构成了差别,并且产生了古希腊戏剧这样只能在城市中产生的艺术形式。从古希腊城邦一直到19世纪上半期出现的工业化城市,西方社会的城市化过程阶段分明,层次清楚,并且在19世纪最终成为西方社会主要的组织形态。中国的城市化进程开始得也很早,可以一直上溯到周代,东周的王城洛邑(今河南洛阳)已经具有了完整的城墙作为防御工事,并且形成了内城外郭的基本格局。自东周、春秋之后,一直到20世纪上半叶,中国封建社会由于根深蒂固的重农主义,城市的发展一直没有得到充分展开。然而,从南宋开始,随着封建纲常的解体和商业贸易的发达,一批相对成熟的城市形态开始出现,如苏州、杭州、洛阳等,形成于传统乡土社会的民俗在这些城市中经历了有趣的历险,但也只是星火点点,始终没有形成燎原之势。20世纪上半叶,上海的城市化程度得到了迅猛的提升,形成了高度发达的都市文化,可惜也只是一枝独秀。中国城市化进程真正的开始是在20世纪80年代初实行改革开放政策之后。经济上的改革使更加先进的现代大工业生产浮出水面,而大工业生产方式是与城市社会形式相适应的；国门的开放使中国走向世界，而此时的西方世界已是城市社会非常发达的世界，因此中国的城市化过程必然地展开了。正是在这一时期，对于中国民俗学而言，从乡土向城市语境的转换才真正作为一个问题被提出。其实，这一问题早已存在于从南宋以来城市与乡土构成紧张关系的每一次冲突中。

在从乡土社会向城市社会的语境转换中，诞生于乡土社会的民俗传统应该何去何从，这不仅是当代中国民俗学的新课题，也是艺术民俗学应该与时俱进思考的新方向。在这个问题上，我们应该始终坚持“语境(context)”的观念。首先，转变因为居高临下的启蒙视角而形成的封闭的文化心态，不能将民俗看作是一种静态的物象，一个抽象的符号，而应将之看作是在具体的“语境”中能够适应环境、构建自己、表达自己的“活的民俗(living folklore)”。其次，从这种“活的民俗”的观念出发，我们应该在城/乡语境转换中坚持以下两个方向：

第一，在还原艺术民俗与村落语境之内，在关联的意义上坚持艺术民俗学研究的乡土本位。传统的艺术民俗学在根本上与乡土社会不可分离，后者是前者的原初语境，在从乡土社会向城市社会变迁的过程中，我们完全可以选择站在乡土本位对艺术民俗进行解读，关键在于要“对艺术活动与民俗社会之间的关系进行双向的动态研究”。刘铁梁指出：“因为乡民艺术的展演活动，是离不开乡土社会的具体生活环境与整体文化模式的，所以乡民艺术的意义就需要在这种生活中去解读。因此，如果说民俗学能够对艺术有所借鉴的话，那么重要的一点应该是对社区文化进行整体解读的方法。”①的确如此，艺术民俗学的最新研究已经勾画出了这一方向得以展开的巨大潜力。

第二，以发展的眼光考察传统艺术民俗现象在城市语境中的新变。我们将艺术民俗视为“活的民俗”，因此，我们就要考察在语境变迁中艺术民俗所表现出的积极的、自我建构的因素，而不是走与之背离的道路。比如，面对新时期汹涌而来的经济大潮，在艺术民俗领域出现了“文化搭台，经济唱

---

① 刘铁梁. 作为村落生活与文化体系中的乡民艺术[M]//张士闪. 乡民文化的文化解读. 济南：山东人民出版社，2006：3.

戏"的提法,这是艺术民俗在新语境中所表现出的新变。有的学者从否定的方面指出了这一观念中所包含的对于乡民艺术之乡土村落语境的脱离,变成了一个抽象的经济符号,这是非常敏锐的观察①,可是却忽略了这一艺术民俗的新变中所包含的积极内涵:这其实是艺术民俗自我调适、融入全球化体系的第一步。艺术民俗在城市新语境中的新变,从乡土社会的角度看是一种去语境,但从城市社会的角度看,它是朝向新语境的自我建构。②

## 二、艺术民俗与都市公共领域

从价值角度看,乡土社会是以永恒价值为统摄的神圣空间,而城市社会则是以多元价值为核心的公共领域,传统艺术民俗在从神圣空间向公共领域的变迁中呈现出艺术新貌。

什么是乡土社会的神圣空间?

"神圣空间(sanctify space)"这一概念来自宗教神学,本义是指与凡人所在的"世俗空间(secularity space)"构成对立的、永恒神灵所在的超验空间。乡土社会价值世界的建立始自神灵崇拜,这主要是因为乡土社会与城市社会相比,生产力水平始终相对较低,因此,当面对现实问题时,在树立价值标准方面,始终不能完全超越几千年来遗留下来的原始鬼神崇拜。随着人类生产力水平的整体提高,乡土社会价值世界中的鬼神崇拜逐渐淡化,但在传统社会中,鬼神崇拜又从来没有从乡土社会的价值世界中退场,而是以世俗化的形式渗透到乡土社会的道德体系、行为准则以及思想信仰等各个方面,形成了另一种意义上的"神圣空间"。与以显性的鬼神崇拜为特征的、狭义的"神圣空间"相比,鬼神崇拜隐入世俗世界并且成为实际价值基点的"神圣空间"是一种广义的"神圣空间",我们这里所说的就是这种广义上的"神圣空间"。

---

① 刘晓春.一个人的民间视野[M].武汉:湖北人民出版社,2006:113.

② 笔者在考察了中国乡民艺术近百年的"去语境"历史之后,认为:"去语境何尝又不是一种重新赋予语境化呢?!……中国乡民艺术在现代性和后现代的浪潮中其实是被赋予了新的不可选择的人生境遇,民族—国家的话语建构、理论话语的膨胀、经济国家的建构、传播文化、消费文化、城市化以及全球化,如此等等,这都是中国乡民艺术在新时代的'天命',中国乡民艺术在此新的存在境遇中开始了新的建构。"耿波.从现代性到后现代:中国乡民艺术的"去语境化"[J].齐鲁艺苑,2006(4):86.

在乡土社会的神圣空间中，艺术民俗的功能体现在娱神、娱人以及个体在神圣空间中的自我定位三个方面。

### （一）娱神

产生于乡土社会的艺术民俗在一开始呈现的功能就是取悦鬼神，以求鬼神佑护。比如在各地原始文化中普遍存在的“傩舞”，就是从原始人在特定时刻举行的“驱傩”仪式中发展出来的艺术民俗。“驱傩”是一种驱赶厉鬼的仪式。原始民族征服自然的能力较低，因此只能借助想象中的神灵来实现驱赶厉鬼，而傩舞就是与鬼神相通的娱神仪式。“傩舞”的情形大体是这样的：“傩舞或由主角四人表演，表演者头戴面具和冠，金色四目，身穿熊皮，手执戈，一手扬盾，口中发出‘傩傩’之声；或由十二兽（又尊称‘十二神’），披毛顶角，朱发画衣，执数尺长麻鞭，甩动作响，并高呼各种专吃恶鬼、猛兽之神名，称做十二神舞，舞时以音乐伴奏。”[①]自周至汉，“傩舞”被官方和文化精英改造成宫廷仪式；宋代之后，傩舞开始演变成迎神赛会中娱神和人们自娱的文艺活动了。可以说，在各类流传于乡土社会的艺术民俗中，都或多或少地保留有娱神通神的功能，只不过有显著和隐蔽之分而已。

### （二）娱人

神圣空间中艺术民俗的娱神功能是其显性功能，但在许多娱神的艺术民俗中遇到的矛盾在于：艺术民俗的娱神功能指向的却是“缺席”在场的神灵，因为没有一个现实中的人看到过真实的神灵。因此，其实神圣空间中的艺术民俗所“娱”的是乡民们自己心目中想象出的“神灵”，在本质上“娱”的还是现实的人。比如张士闪在分析流传于潍坊井塘村一带的“上梁歌”时所指出的：“在井塘村村民的心中，唱上梁歌是整个建房活动中不可或缺的一个组成部分，一连几天来所有的疲劳困顿都在抑扬顿挫的上梁歌声中得以缓解与释放，留下的是加把劲早早完工喝上梁酒的兴奋期待。相形之下，对上梁歌中祈福求吉祥之类祷词能否发挥切实效用，几乎无人在意。”[②]神圣空间中的艺术民俗正是因为具有了娱神之外的娱人功能，才吸引着乡民的积

---

① 王毅. 中国民间艺术论［M］. 太原：山西教育出版社，2000：65.

② 张士闪. 乡民艺术的文化解读［M］. 济南：山东人民出版社，2006：130.

极参与,在其中释放和表达自己,迥然不同于完全取消了个体存在的宗教仪式。然而,发生于神圣空间的艺术活动在处理娱神和娱人两种功能的关系上还是非常微妙的,一般而言,娱神的功能是被张扬的,而娱人的功能则是被压抑的,而这种被压抑的现实乡民个体的快乐,构成了艺术民俗实际上得以展开、继承的基础因素。

### (三)自我定位

神圣空间的艺术民俗实现了乡民个体在神圣空间中的自我定位。对于积极参与艺术民俗活动的乡民而言,发生于神圣空间中的艺术民俗所具有的娱神和娱人功能是他们在意识层面上能够感觉得到并刻意追求的,而在此有意识的目的之外,参与艺术民俗活动的个体以此来实现在神圣空间中的自我定位则是更加深层的、常常不能被意识到的追求。

乡民个体通过艺术民俗在神圣空间中的自我定位又分为"世俗定位"和"神圣定位"两种形式:

#### 1. 世俗定位

世俗定位,是指通过艺术民俗活动获得与他人的关联,实现与他人在世俗世界的共同在场。比如,对流行于江南农村地区的迎赛剧演,有人这样分析:"显而易见,在全民狂欢式的迎赛活动中,人与神的关系被放大和强化了,而人间尊卑贵贱的界限和伦理准则却被淡化和搁置了;不同社会阶层的人士,在神灵面前,皆被置于'凡人'的地位,以至颇有些'平等共处'的味道。"①这是在人神相通的超越中,人和人自然关系的实现。但是,有时通过艺术民俗,人和人之间的世俗关系则并不这样自然美好,而是充满政治张力,具有示威的意思。②

---

① 陈江. 明代中后期的江南社会与社会生活[M]. 上海:上海社会科学院出版社,2006(4):276.

② 比如田仲一成分析了江南宗族的大宗祠里的祖先祭祀、内神祭祀的演剧现象,指出在这种演剧的动机中包含着这样的一种外部因素:"应当注意,作为外部因素,以大宗祠为中心而统合起来的宗族,有不断向外界显示自己势力的迫切需要。通过演剧,招集宾客,向周边的演出者夸耀财力,宣传科举合格者辈出,显示自己和官界的联系。"田仲一成. 明清的戏曲——江南宗族社会的表象[M]. 云贵彬,王文勋,译. 北京:北京广播学院出版社,2004:163.

2. 神圣定位

神圣定位,指的是通过艺术民俗获得、强化自身在乡土社会神圣体系中的位置,实现自身对于祖先崇拜的参与。比如日本学者田仲一成分析了江南宗族的大宗祠里的祖先祭祀、内神祭祀的演剧现象,指出在其动机因素中,除了赢得自身在世俗世界中的世俗定位的外部动机之外,还包括"内部动机":"作为内部因素,在宗族通过总谱统合支派,扩大成员,试图实现由大宗祠的祭祀来统制的清代,成员间的血缘意识变得淡薄,历来以血缘为前提形成的传统性儒教礼仪,其基盘已经动摇。在这里,娱乐要素强烈的通俗演剧,对于血缘意识薄弱的成员的团结,不用说是有效的。"[①]这种借助艺术民俗活动的娱乐性重新找回的血缘位置与世俗位置是不一样的,它因其先天具有的性质而具备神圣性,重叙血缘关系其实就是重写乡土社会的神圣谱系。

总之,发生于神圣空间中的艺术民俗活动在"神圣"的语境中发展出娱神、娱人以及自我在神圣空间中的定位这三种功能。那么,在从乡土社会向城市社会的变迁中,城市社会的公共领域取代神圣空间之后,置身于公共空间语境中的艺术民俗在功能形式上又发生了什么样的新变呢?

"公共领域(public realm)"作为一个政治哲学术语,其含义本身并不是特别明确,但通过这个术语所引人深思的问题是比较明确的:国家与社会之间的权力关系。在西方政治哲学史上,从18世纪一直到20世纪中期,国家与社会的关系一直被学者进行着深入的思考。1961年法兰克福思想家哈贝马斯(J. Habermas)出版了《公共领域的结构转型》,书中提出了较为成熟的"公共领域"概念。哈贝马斯的"公共领域"包含这样两个要点:第一,"私人"的出现成为公共领域产生的前提和主体。"私人"作为公共领域出现的首要前提有其特殊含义:"随着市场领域的扩展和解放,商品所有者获得了私人自律;'私人'一词的肯定意义正是依据以资本主义方式自由支配财产的权力概念而产生的。"[②]因此,哈贝马斯所说的"私人"其实指的是拥有自主经济权力的个体,

① 田仲一成. 明清的戏曲——江南宗族社会的表象[M]. 云贵彬,王文勋,译. 北京:北京广播学院出版社,2004:163.

② 哈贝马斯. 公共领域的结构转型[M]. 曹卫东,等译. 上海:学林出版社,1999:85.

在此意义上,“公共领域”产生的首要前提是人类经济必须发达到一定程度。从社会组织形态上来说,这些经济上自主的“私人”在社会身份上就是城市的“市民”,与乡土社会的“乡民”有别。“市民”生活在城市中,因此,城市社会的出现是公共领域出现的首要前提,公共领域只能产生于城市化的社会中。第二,由“私人(市民)”组成的公共领域具有明确的政治意向,它始终坚持面向公共权力机构(国家),保持与之讨论、对之批判的立场。①

总之,公共领域是人类社会进入经济自主时代的产物,它从经济上的自主产生出政治上的独立与批判精神,那么在城市社会的公共领域中,传统的艺术民俗又将如何呢?

### (一)商业性

公共领域是经济自主的产物,因此进入公共领域中的艺术民俗首先被打上了商业逻辑的印记。在神圣空间中,一切的艺术民俗都是“非卖品”;但在公共领域中,艺术民俗作品要想在其中立足,必须具备“可以买卖”的品质。比如20世纪90年代,在中国民俗界出现了“文化搭台,经济唱戏”现象,就是把传统意义上被看作是不能卖,也无人卖的民俗(其中包括大量的艺术民俗)推到商品经济的前台,使之进入商品流通的舞台中去。这一做法在当时颇受推崇,因为在经济创收的意义上,艺术民俗表现非常不俗。但好景不长,这一做法产生的弊端逐渐明显,比如出现了大量的伪民俗、民俗现象与其乡土语境之间的生态关系被切断,等等,于是在学界出现了对这一做法的严厉批评,这种批评最后发展到对“文化搭台,经济唱戏”现象的全盘否定②。那么,我们如何来理解这一现象呢?首先,我们得承认“文化搭台,经济唱戏”是对艺术民俗的乡土文化语境的脱离,这种语境的脱离对于艺术民俗和乡土社会造成了双重的冲击;其次,我们应该认识到,产生于乡土社会语境中的艺术现象从一产生就具有了文化上的独立性,确切地说,艺术民俗虽然产生于乡土社会,但却是一种“活的民俗”,它完全有能力在脱离了乡土

① 哈贝马斯:“资产阶级的公共领域首先可以理解为一个由私人集合而成的公共的领域;但私人随即就要求这一受上层控制的公共领域反对公共权力机关自身,以便就基本上已经属于私人,但仍然具有公共性质的商品交换和社会劳动领域中的一般交换规则等问题通过公共权力机关展开讨论。”哈贝马斯.公共领域的结构转型[M].曹卫东,等译.上海:学林出版社,1999:32.

② 刘晓春.一个人的民间视野[M].武汉:湖北人民出版社,2006.

语境之后来表达自己、实现自己。这要求我们换一种立场去看待“文化搭台，经济唱戏”的艺术民俗现象。从新的语境来看，“文化搭台，经济唱戏”应该是传统民俗从神圣空间向公共领域融入后，适应公共领域的经济属性而表现出的新的文化属性，是其自身“活的民俗”属性的表达，是应该被肯定的。而在此转换过程中所表现出的种种不合人意之处，应该被视为调整期的震荡，我们不应该因噎废食，全盘否定。

我国著名评书大师连阔如在《江湖丛谈》中曾专门就天桥说书艺人上天桥“撂地”（指街头演出）发过议论：“今年夏天天桥的评书场儿要比往年多得很哪！有些说书的艺人还想不开，认为在天桥上地是寒碜，还不肯去上明地。其实，早年的评书演员都是在大街的路旁拉场子，露天讲演，在天桥上明地何足为辱？挣钱养家便算好手，何分彼此？我很希望说书的艺人迎合听主，往天桥上地。”①这正是对城市语境中艺术民俗必然要走向商业化的洞识。反过来，适应公共领域之商业逻辑的艺术民俗又对于公共领域的繁荣起到推动作用，比如连阔如先生曾说：“江湖中的艺人，无论练好了哪种艺术，都有了百观不厌的长处。他们在哪里做艺，游逛的闲散人就追到哪里游逛。不怕某处是个极冷静的地方，素日没有人到的，只要将江湖中生意人约了去，在那个冷静的地方敲打锣鼓表演艺术，管保几天就能热闹起来。”②这是艺术民俗与公共领域之间的良性互动。

**（二）政治性**

公共领域的显著特质就是经济上自主的“私人”聚合起来与公共权力机关进行商讨、对之批判，政治性是很强烈的，因此公共领域中的艺术民俗必然要实现向其政治属性的转变，成为一种城市社会中的艺术政治。

那么，如何理解艺术在公共领域中的政治性呢？我们可以德国思想家本雅明（Walter Benjamin，1892～1940）对于艺术复制品的分析来理解。艺术品的复制，在传统艺术观念的维护者看来是对于艺术品原作的亵渎，艺术复制品在艺术性上不管如何总是不能与原作相提并论的。但本雅明的理解则是，艺术复制品虽然失去了原作的神圣性（即“灵韵”），但却使艺术品以复制

---

① 连阔如. 江湖丛谈[M]. 北京：当代中国出版社，2005：271.

② 连阔如. 江湖丛谈[M]. 北京：当代中国出版社，2005：19.

的形式走出了精英文化对于艺术的垄断,下放到了一般民众手中,而一般民众也因此获得了与精英文化及其所代表的国家权力机关在平等位置上解读艺术的同等权利,从而实现了自身的政治表达。

其实,正如前面已经说过的,在乡土社会的神圣空间中,艺术民俗同样具有政治属性的一面。在神圣空间中,人们通过艺术民俗而实现与“他人”同在,达成人和人之间的世俗关联,这一过程其实就是一个充满政治张力的过程。然而,在神圣空间中艺术民俗的政治属性与公共领域中艺术民俗的政治属性是有区别的。神圣空间因为是超越价值统摄的社会空间,这种神圣价值具有不可侵犯的性质,所以发生在神圣空间中的政治行为只能是在世俗个体之间平面展开的,而不可能对超越价值的神圣性提出质疑,世俗个体之间政治活动的最终目的是指向对超越价值的论证,这就是中国先秦文化所追求的“和”的艺术风格。在公共领域中,经济上的自主消解了一切神圣的价值,因此通过艺术民俗发生在公共领域中的政治,不仅仅是平面地发生于“私人”与“私人”之间,而且是立体地发生在“私人”与公共权力机关之间。如果说通过艺术民俗发生在神圣空间中的政治是二维政治的话,那么发生在公共领域中的政治则是三维的。

### (三)娱乐性

城市公共领域是去除了神圣性、完全以世俗价值为核心的社会组织形态,因此发生在公共领域中的艺术民俗必然是以人中心的艺术形态,满足人们的想象,表达人们的欲望。然而,同样是发生在公共领域之中,同样是以人为中心的艺术创造,作为民俗形态的艺术与精英艺术又不相同。后者是个体独立性的表达,满足的是个体通过艺术形式进行的自我印证;而艺术民俗则偏向于实现公共领域中群体性的共感互通。孔子曾说过:“《诗》可以兴,可以观,可以群,可以怨”,如果说精英艺术是“兴”“观”“怨”的艺术的话,那么,作为民俗形态的艺术就是一种“群”的艺术。

精英艺术因为凸显的是个体精神,所以偏向于庄严的悲剧风格;艺术民俗因为追求的是群体的融合,所以通常以容易引发共鸣的喜剧风格为主,这就造成了公共领域中艺术民俗的娱乐性异常突出。的确,在乡土社会的神圣空间中,艺术民俗在娱神的同时也有娱人的属性,但其娱人的属性常常是被压抑的，在公共领域中艺术民俗的娱乐性则获得了畅快的表达。比如，《江湖丛谈》中就多处记载了在曲艺表演现场，城市民众积极参与的狂热，那真是如痴如醉，体现了城市个体从城市统治逻辑中解放的喜悦①。曲艺所引发的城市个体狂欢还体现在它使整个城市生活变成了一出喜剧。曲艺表演传统始终坚持让观众“笑”起来的表演效果，连阔如就这样总结道：“电影的片子，还是笑片能引人入胜；戏台上还有丑角儿，才能热闹。唱大鼓的，亦有老倭瓜、架冬瓜的滑稽大板；单弦里，亦有群信臣的滑稽单弦；说评书的能有叫座的魔力的双厚坪、品正三、刘继业、袁杰英、海文泉等，亦是以把人逗笑为拿手。”②曲艺所引起的观众的“笑”不仅仅是“为笑而笑”（当然，绝不否认有“为笑而笑”者！），其中还包含着从曲艺表演中所获得的精神放松。

总之，传统艺术民俗在城市公共领域的新语境中体现出商业性、政治性以及娱乐性三种属性，发生了艺术上的新变。

## 三、艺术民俗与城市传播

艺术民俗在从乡土社会向城市社会的语境转换中，乡土社会与城市社会之媒介文化的差异造成了艺术民俗的变化。

什么是媒介文化？

通常人们认为媒介只是一种传播载体和工具，在价值观和文化立场上是中性的，因此在研究时，人们常常关注的是对象的内容和内涵，却很少对将对象呈现在我们面前的媒介形式予以关注。事实上，正像一件艺术作品，其艺术性不仅仅体现在艺术内容和艺术主题上，更重要的是体现在艺术形式上，任何对象得以呈现在我们眼前并被我们所感知，首先是特定的传播形式在起作用。传播形式具有载体的功能，但它是一个有价值和文化倾向性的载体。

最为显豁地揭示这一媒介文化内涵的是美国学者马歇尔·麦克卢汉

---

① 连阔如：“奎胜城学有八手钩，故说伍殿章在小月屯大战康茂才时，比仿几手钩，极为精彩。他叫座的魔力，较比乃师有过之无不及，自称为净街奎。”连阔如. 江湖丛谈[M]. 北京：当代中国出版社，2005：261.

② 连阔如. 江湖丛谈[M]. 北京：当代中国出版社，2005：79.

(Marshall Mcluhan,1911~1980),他在《理解媒介》(1964)一书中提出了“媒介即讯息”的媒介文化观念。“媒介即讯息”可以这样理解:媒介是一种语言形式,语言本身的体态、语气等都包含着超越于语言内容之外的更多意义;媒介也是如此,媒介的意义不仅仅是媒介所传达的内容,更取决于媒介所处的文化语境,是这种文化语境构成了媒介超越于内容之外的信息内涵,此即“媒介即讯息”的内涵。人们通过一种媒介来接受媒介所传达的内容,从根本上来说是接受了媒介形式所得以形成的文化语境,是对于这种文化语境的参与、在场。麦克卢汉之后,另一位美国学者尼尔·波兹曼(Neil Postman,1931~2003)修正了“媒介即讯息”的观念,他将文化语境对于媒介文化的隐蔽定位成为一种文化的“隐喻”,提出了“媒介即隐喻”的观念。他说:“不管我们是通过语言还是印刷的文字或者是电视摄影机来感受这个世界,这种媒介—隐喻的关系为我们将这个世界进行着分类、排序、构建、放大、缩小、着色,并且证明一切存在的理由。……媒介的独特之处在于,虽然它在指导我们看待和了解事物的方式,但它的这种介入却往往不为人所注意。”①

总之,媒介是具有价值独立性的文化形式,它所隐含的价值观念取决于它所处的文化语境,乡土社会与城市社会的差异形成了有着不同价值观念的媒介形式,而不同的媒介形式又以文化隐喻的方式介入了我们对于艺术民俗的接受。

首先来看乡土社会中艺术民俗与媒介的关系。

从传播的角度看,乡土社会中艺术民俗的媒介形式颇难定义,因为乡土社会中的艺术民俗在传播形式上差不多都是口耳相传、不落文字的,这一点已为许多艺术人类学的研究所揭示。然而,乡土社会中艺术民俗的媒介形式的隐蔽性,在根本上是因为我们忽视了我们自身“身体”的媒介意义。身体文化可以说是人类文化中最古老的文化形式了,人类学家弗雷泽在其名著《金枝》中所揭示的原始文化思维中的“接触律”就包含着身体文化的因素。发生于乡土社会的艺术民俗在艺术效果上往往能引起观众的身体共鸣,使人几欲与之共舞,这在根本上就是因为身体是乡土社会中艺术民俗之媒介形式的原因。

艺术民俗以身体为媒介,那么在乡土文化语境中,身体媒介被赋予的价

① 波兹曼.娱乐至死[M].桂林:广西师范大学出版社,2004:12-13.

值内涵又是什么呢？在前面，我们已经指出乡土社会是一神圣空间，在这一神圣空间中，“身体”的意义是独特的。现象学家梅洛－庞蒂专门分析了“身体”的本质，他认为，身体的独特之处在于它是一个“原始的存在”，它使我们“无须利用(我们的)‘符号的’或‘客观化的’功能”，就可以当下把握和直接移动它。正是从那内在的身体感觉“这种直接被给予的恒定”中心出发，我们的身份和世界观得以构建起来①。也就是说，身体具有一种无须任何悬设、直接参与的性质；在乡土社会的神圣空间中，身体的直接参与性则具体化为对于乡土社会之神圣价值体系的直接参与，因此，身体媒介在乡土文化语境中因为对于神圣空间的直接参与能力而具有了神圣的意味。超验的神圣价值，这就是隐藏在身体媒介中的文化隐喻②。

以神圣的身体为媒介，发生在乡土社会中的艺术民俗的传播，不管其内容如何形而下，最终在身体媒介的介入之下，它都会指向对超验的神圣价值的认同。晚清学者黄遵宪在《日本国志・礼俗志》中说：“风俗之端，始于至微，抟之而无物，察之而无形，听之而无声；然一二人倡之，千百人和之，人与人相接，人与人相续，又踵而行之；极其既成，随其极陋甚弊者，举国之人，习以为然；上智所不能察，大力所不能挽，严刑峻法所不能变。夫事有是有非，有美有恶，旁观者或一览而知之，而彼国称之为礼，沿之为俗，乃至举国之人，辗转沈锢于其中，而莫能少越，则习之囿人也大矣。”风俗之“囿人”的力量来自于人们在身体参与中所感受到的神圣的升华力量。

进入城市时代，艺术民俗的媒介形式发生了巨大的变化，媒介中所包含的文化隐喻也发生了很大变化，大体来说，这种变化可以概括为从神圣价值向世俗价值的转变。

---

① MERLEAU－PONTY M. The phenomenology of preception[M]. London：Routledge，2012：99，94，140－141.

② 巴赫金分析了拉伯雷名著《巨人传》中与现代规范性的人体形成对立的“怪诞人体”的神圣意义。在巴赫金看来，现代规范性的人体是单一的、封闭的、与世界隔绝的身体，而在《巨人传》中的怪诞身体则是一种“双体性”身体，这是一种向他人、向世界开放的身体。巴赫金指出“双体性”同时包含着生育与死亡，处在人类历史前进的未完成状态之中，因此具有一种人类历史前进的神圣意义：“由此可见，在拉伯雷笔下，生育人体主题是与人民历史不朽主题及其生动感受融合在一起的。众所周知，人民对其历史不朽性的生动感受乃是所有民间节庆体系的核心。”巴赫金. 拉伯雷研究[M]. 李兆林，夏忠宪，等译. 石家庄：河北教育出版社，1998：376.

城市社会的产生并不意味着身体媒介的立刻消亡，在城市的节日时刻和空间中，身体媒介仍然顽强地存在着；但是，不可否认的是，城市社会从本质上是与真正意义上的身体文化对立的。真正的身体文化是面向他人、面向世界、积极参与的共同在场的文化，而城市社会的生活方式则在根本上趋向于人际关系的后退、封闭、冷漠。[①] 因此在城市社会中，开放的身体遭到压抑，或被修改为"规范的身体"（巴赫金语）。

城市社会压抑了身体，但却为另一种文化敞开了怀抱，这就是科学技术。科学技术是人类认识自然和探索自然的成果，同时又是人类征服自然、确立自我在宇宙之中独立价值的最重要的方式。科学技术证明了上帝和神的世界的不可能，因此科学技术的发展所产生的是一种与神圣价值相对的世俗价值。从某种意义上说，城市社会的产生和发展是人类科学技术发展的必然趋势，因为城市社会拔起于大地之上，将乡土社会所供奉的众神抛到一边，在一个封闭的空间之中建立起了完全由人自己做主的世俗世界，这种能力和信心没有科学技术的发展是不可能的。反过来，城市社会作为科学技术的产物，也为科学技术的发展提供了合适的包容空间。纵观人类科技发展史，科学技术发展的轨迹与人类城市发展的轨迹是逐渐靠近并最终融合在一起的。

城市社会以科学技术压抑了身体，从媒介形式上来说，身体的媒介就逐渐被以科技发展为基础的媒介形式所替代。我们看到，在身体媒介逐渐消亡的过程中，先后产生了印刷、无线电、电话、广播、电视、网络等媒介形式，这些媒介新形式的每一次产生都标志着人类科学技术的进步，体现着人类征服自然能力的增强。因此，印刻在城市新媒介中的文化隐喻就不再是一种神圣价值，而是一种日益膨胀的世俗价值。以世俗价值为文化隐喻的城市新媒介就在人们对于艺术民俗的接受过程中隐蔽介入，引导着人们在传播过程中对于艺术民俗的重建、定位。

---

① 西美尔："都市通常都被认为是金融中心，在此，经济交换的多样性、集中性赋予乡村贸易所不允许的交换方式以重要意义。货币经济与理性操控一切被内在地联结在一起。在对人对事的态度上，它们都显得务实。而且，这种务实态度把一种形式上的公正与冷酷无情结合。理智上世故的人对所有的真正个性都漠不关心。"西美尔. 时尚的哲学[M]. 费勇，等译. 北京：文化艺术出版社，2001：187 - 188.

当代学者傅谨在对浙江温州的地方戏瓯剧的考察中,充分揭示了在从乡土社会的身体媒介向城市时代的新媒介转变过程中,艺术民俗因传播语境的变迁而面临的危机。傅谨指出了以跨国传媒为代表的当代城市新媒介的三个特点:超距传播、普世化冲动以及媒体文化中既定价值的潜移默化。其实,傅谨在此所指出的三个特点可以归结到城市新媒介的一个价值基础之上,即都是世俗价值的分化。城市媒介的超距传播体现着世俗个体的空间扩张意志,普世化冲动体现着世俗个体的资本攫取欲望,而他所说的"媒体文化中既定价值的潜移默化",其中"既定价值"的内涵,则是由当代科技进步和资本膨胀所激起的媒体对于全球的征服霸权。傅谨指出:

> 非身体性的超距传播已经逐渐成为人类知识、信息、经验、感受传播与交流的主渠道,这样的传播与交流,它们特有的方式必然从根本上改变人们的精神世界。这一改变的结果就是,知识因其剧本的地方性而拥有的价值的传统格局遭到致命破坏,基于人际交往的可能性和频率,以地域区隔为保障,保证某个空间的公众拥有同样的知识与经验,因而能够分享同一价值的历史已经彻底终结。
>
> ……
>
> 一方面是那些被媒体认为是更具备普世价值的资讯与内容在这种传播机制中获得优先选择;另一方面,即使是地方性的资讯与内容,也会被媒体按照普世性的价值与视角处理。正是这样一些大众传媒,令温州人和浙江其他地、市的民众与中国其他省份的民众,甚至与世界其他国度的民众接受同样的信息,在接受具有普世性的信息的同时,人们对地方性知识、艺术和信息的兴趣却在下降。
>
> ……
>
> 在这个人们对艺术的欣赏与判断如此受大众传媒影响的时代,跨国传媒公司的商业化选择很自然地构成这样一种强有力的暗示:越是受到跨国传媒公司青睐而被选中、因此得以越广泛传播的艺术品,就受到越多公众关注,同时就意味着在公众日常精神生

活中占据着越重要的位置,得到公众无保留的价值认同。正是由于全球化时代跨国传媒的商业化传播影响越来越大,各地民众原有的、由地方性艺术培养出来的各具特色的美学取向渐渐被这种由跨国传媒虚构出的、似乎更普泛化的传媒所替代。①

我们得承认,傅谨的论述是对艺术民俗在城乡传播语境变迁中所面临的危机的有力揭示。这种危机的真实含义是:城市社会的新媒介以其所包含的世俗价值的文化隐喻介入了我们对于艺术民俗的接受,使在乡土社会的身体媒介中被赋予神圣性的艺术民俗变成了一个世俗价值的载体。所以,艺术民俗的危机判断是站在乡土社会的立场上得出的结论。我们应该坚持辩证的、发展的态度来面对艺术民俗城乡传播语境的变迁,我们应该尝试站在城市社会的立场上,重新发现艺术民俗在城市新媒介语境中的新生意义。

下面我们以相声艺术之媒介语境的变迁为例,来具体分析艺术民俗与媒介语境关系的变迁。

相声艺术的源头可以追溯到中国古老的戏谑艺术,是产生于民间带有浓郁乡土文化色彩的艺术民俗。从媒介文化的角度看,相声的媒介形式经历了三个阶段。第一个阶段,相声主要以"撂地(摆地摊)"、茶馆、堂会等形式演出,是与观众面对面地进行交流,即我们所指出的身体媒介形式。人与人通过身体媒介的共同在场,所产生的是对于日常伦理价值的神圣认同。第二个阶段,相声逐渐从街头巷尾的流动演出走入了新的媒介空间,比如体育馆、舞台、春节晚会、广播、电视等,在时间上是从新中国成立之初到20世纪80年代。这些媒介形式与现场演出不同,它们在不同程度上削弱了观众的在场性,因此通过身体媒介参与进来的日常伦理价值的神圣性在这些媒介空间中逐步被削弱。但是,这一时期产生于中国特殊文化语境中的这些媒介形式又不是通常的世俗价值的载体,它们因为这一时期中国特殊的国情而被赋予了另一种神圣价值隐喻:因为上述这些媒体形式的产生与存在本身即是新中国逐渐强大繁荣的产物,所以这些媒介形式中所包含的文化

---

① 傅谨.我们如何失去了瓯剧[J].读书,2004(9):63-65.

隐喻就是国家伦理的神圣在场。这些媒体形式携带着国家伦理的神圣价值观塑造着人们对于相声艺术的接受和定位。

因为上述两个阶段有媒介形式本身所包含的神圣价值观的文化隐喻的介入,所以我们发现在这两个时期,新中国成立前和新中国成立后到20世纪80年代,相声虽然经历了历史巨变,但在艺术风格上还是比较一致的,都充满了一种现实人间的温情,这种温情来自对于神圣价值的信赖和皈依。但进入90年代之后,相声艺术的发展出现了危机,尽管风格还是那种风格,演员还是同样的演员,但观众就是不认可了。究其原因,是因为在这一时期相声艺术又一次经历了媒介语境的变迁。这一次出场的媒介形式是电视。20世纪90年代,中国经济搞活之后,作为一种高档消费品,电视所包含的价值隐喻逐渐从国家强盛的象征变为个人消费品味的象征;也正是从这个时期开始,相声表演的空间越来越向电视集中,它逐渐成为一种电视艺术。电视媒介所包含的个人消费品味是典型的世俗价值的表现,因此,在此时人们通过电视看相声,就是在一个世俗价值的媒介语境中去定位相声,而这时的相声在内容和形式上还没有从日常伦理以及国家伦理的神圣价值认同中走出来,这种错位直接导致20世纪90年代以来相声艺术出现了危机。

电视之后,相声艺术又遭遇到网络媒介——一种更加不可能有任何神圣价值意味的媒介形式。这一切都要求相声艺术自身必须在内容和形式上做出调整以适应非神圣化的媒介语境。事实上,相声艺术也的确在做着自我调整。1992年出现的120集电视情景喜剧《我爱我家》,曾风靡整个中国。情景喜剧虽然是电视剧的体裁,但从结构、节奏、形式、情节等各个方面来看,其实它是由无数个微型相声组合在一起而成的。《我爱我家》从相声艺术的角度来看,在内容主题上有了重大改变,不再歌颂神圣,而是嬉笑怒骂,人人都是一副顽主的派头,这与电视这种媒介形式的世俗化隐喻正好符合,因此它获得了人们的认可。这是相声艺术在新的城市媒介时代适应新变的成功例子。还有近来的相声演员郭德纲,其相声表演也获得了人们的认可,原因当然很复杂,但其中非常重要的一点就是,他抓住了在这样一个电视、网络时代相声艺术的要义:脱去神圣的外衣,更多地表达普通人的世俗欲望。通过以上两个例子我们可以认识到,艺术民俗在城乡传播语境的变迁中,在拨离于乡土社会语境之后,必然有能力在新的语境中自我调整,重获新生。

## 四、艺术民俗与城市消费

经济学家向我们指出，人类的生产活动可以分为生产、流通和消费三个环节，这是对任何一个社会形态中生产规律之普遍性的总结。但是，生产活动三个环节中的生产与消费两个环节，在不同的社会组织中，侧重点又是不同的，大体而言有三种情况：生产与消费持平；偏向于生产；偏向于消费。对应于具体的社会组织形态，可以这样划分：乡土社会的生产形态是生产与消费持平；工业化城市阶段偏向于生产；消费化城市阶段则以消费为主。马克思政治经济学的研究表明，经济基础决定上层建筑，因此在不同社会形态中，生产与消费虽然只是侧重点不同，但由此造成的文化差异却是巨大的。艺术民俗作为文化形式的一种，必然受生产与消费不同关系的影响，这一部分我们重点将讨论艺术民俗在不同生产语境中的不同艺术形态。

乡土社会中生产与消费保持平衡状态，所生产的产品刚好能够满足所需，这与乡土社会处于适中的生产力水平相适应。先秦思想家墨子的思想就是对于这种生产与消费平衡状态的维护，他说："古之民未知为宫室时，就陵阜而居，穴而处，下润湿伤民，故圣王作为宫室。为宫室之法，曰：'室高足以辟润湿，边足以圉风寒，上足以待雪霜雨露，宫墙之高足以别男女之礼。'谨此则止，凡费财劳力，不加利者，不为也。役，修其城郭，则民劳而不伤；以其常正，收其租税，则民费而不病。民所苦者非此也，苦于厚作敛于百姓。是故圣王作为宫室，便于生，不以为观乐也；作为衣服带履，便于身，不以为辟怪也。故节于身，诲于民，是以天下之民可得而治，财用可得而足。"也就是说，生产出来的东西够基本所需就可以了，再多了就是浪费，甚至有悖天理。

生产与消费平衡的生产模式使生产个体与大自然达成了一种和谐相处的关系，生产个体在大自然的怀抱中身心健康，自由自在。伟大诗人陶渊明的《归园田居》(其三)："种豆南山下，草盛豆苗稀。晨兴理荒秽，戴月荷锄归。道狭草木长，夕露沾我衣。衣沾不足惜，但使愿无违。"正是描绘了这种自由的心态。生产个体与大自然的和谐相处使得乡土社会的文化体现出稳定性、实用理性以及反形式化三个特点。

第一，稳定性。乡土社会中生产个体与大自然之间取与予的平衡关系使人们无须流动迁徙就可以满足需要，空间上的稳固带来的是社会组织形式上的稳定以及价值传统上的连续性。

第二，实用理性。在乡土社会中，生产与消费的平衡性使得乡民个体不必向日常生活世界之外寻求超越的神的保护，在其所处身的现实世界中，个体的生产活动提供了所需的一切，因此，乡土社会的价值世界就是建立在现实的生产活动之上的，由此发展出的理性内涵也是一种实用理性。

第三，反形式化。形式化冲动来自于个体休闲观赏的需要，个体也只有在休闲的生活状态中，才能将形式化创造看作是一种富有意义的创造活动。在乡土社会中，乡土社会的卫道者对于形式创造坚持压制的立场，因为在他们看来，对于形式化的过度追求对生产活动的神圣性造成了冲击。

在乡土社会特有的生产模式中，艺术民俗也体现出如下特点：

第一，在以生产为核心的乡土世界中，艺术民俗在题材上多取材于生产活动，在节奏上遵循着生产活动的节奏，不强调自身的独立性。乡土社会中的艺术民俗充满了浓重的山野气息，在乡土社会中随处取材，将乡土社会的生活内容巧妙化入，点缀成为具有韵味的艺术形式。如甘肃陇东有一种"草贴"艺术，所用的材料就是田野里随处可取的草杆、叶、花以及瓜子，将其巧妙拼贴，制成孩子玩耍以及窑洞装饰之物。凡此种种，数不胜数。不仅如此，乡土社会中的艺术民俗在基本节奏韵律上也遵循着生产活动的节奏韵律，作为生产活动的一部分存在而不强调其独立性。比如，流传各地比较广泛的劳动号子，古人记载"劳动必讴歌，举大木者必邪许"，这里的"邪许"就是在劳动过程中，人们为凝聚气力而发出的有节奏的简单的呼号声，从某种意义上讲，这种号子以其节奏可以称为"艺术"，但它其实又是"劳动"，很难分清。再比如形形色色的各地山歌，从艺术的标准来看，它们具备艺术的形式要素，但在乡土社会的语境中，它们更是劳动生活的一种，起着传承生产知识、协调生产团体、恢复生产活力的功能作用。

第二，艺术民俗是生产活动的一部分，不具有独立的意味，所以在乡土社会中，艺术民俗活动的表演者和观赏者因为共同的劳动者身份而难以明确区分，表演者即观赏者，观赏者即表演者。在我们对于艺术通常的认识中，艺术表演与艺术观赏的区分是比较明显的，但在乡土社会的艺术民俗互动中，两者常常混淆在一起，这是乡土社会语境中艺术民俗的独特之处。比如福建北部崇安一带，流传着一种独特的山歌演唱形式"刀花山歌"。"刀花"指用砍柴刀敲击竹木扁担发出的各种有节奏的声响。"刀花山歌"不是一个人在特定时刻演唱，众人倾听，而是当地群众在上山下山时敲击扁担，随口吟唱，试想山路空寂，唱山歌的人肯定既是演员又是观众。更有一些大型的民间舞蹈和戏曲艺术，在表演之初虽然有比较明晰的表演空间与观赏空间的区隔，但随着艺术高潮的逐渐到来，观众常常会自觉不自觉地融入其中，最终形成以天地为大舞台的民间狂欢。

第三，在艺术民俗所展开的全体参与的狂欢中，乡土社会自身内部的文化认同和意义升华得以实现。乡土社会的组织核心在于生产劳动，它所坚持的是一种遵循现存秩序的实践理性，但如果乡土社会仅仅停留在这一层面，那么它只是一种缺少凝聚力量的社会形态，即使是乡土社会中的礼法也只能起规范作用。事实上，乡土社会的社会凝聚力在很大程度上来自于艺术民俗活动。在艺术民俗活动所展开的众人参与的艺术世界中，参与者自由地宣泄在日常生活世界中被压抑的内在情感，在这种情感宣泄中，人们暂时超越了生活的日常性，而在更加深层的意义上相认，实现了乡土社会语境中集体性的文化认同。因此，在艺术民俗所展开的乡土世界中，虽然一切如旧，山还是山，水还是水，但在艺术民俗的形式召唤中，现实世界已经旧貌换新颜，获得了新的神圣意味①。

第四，乡土社会语境中的艺术民俗因为乡土文化对于形式创造的忽视，而在审美形式上偏向固陋。因为艺术民俗是生产活动的一部分，而过于精致的形式创造与生产本身并无裨益，所以发生在乡土社会语境中的艺术民俗在审美形式上因为缺乏创造的激情而呈现单调。比如前边我们所举例的

---

① 张士闪在分析山东小章竹马这种艺术民俗时说："像小章竹马这种广场式的艺术活动，更像是一种群体性的仪式活动。它导引人们实现对琐屑现实的解脱与超越，使在日常生活中受到压抑的个人精神世界与个人情感活动得以激活与直接呈现——这种情感体验并不导向人与人之间因个性差异而可能导致的离心力的膨胀。相反，由于展演者与观演者之间的默契协作而完成的对于该戏剧所反映的这段历史记忆的重温，他们所具有的共同的文化背景，使得他们的关系更加亲和——每个人似乎都从眼前的现实向历史深处退去，从而在一个更长的时段、更广阔的社会背景下体味人生，对于平日熟悉的一切感到了一种奇异的温馨。"张士闪. 乡民艺术的文化解读[M]. 济南：山东人民出版社，2006：96.

劳动号子、山歌，甚至包括一些规模较大的民间戏曲歌舞都缺乏成体系的形式技巧与体系，从现代艺术美学的角度来看是比较固陋的。艺术民俗形式上的单调性适应了生产劳动的目的，但就艺术本身来说却是一种比较致命的局限，在民间有许多艺术民俗形态因为审美形式的过于简陋，失去了通过形式唤起人心的力量而消亡①。

从乡土社会进入城市社会之后，生产与消费的平衡关系就被打破了，这是因为城市社会从根本上改变了人类与大自然的关系。从生产模式来说，城市社会分为工业化城市阶段和消费城市阶段。工业化城市阶段是以城市为超级工厂的时期，在这一时期，人类向大自然攫取的贪婪达到了顶点，城市被工业革命以来的资本家武装成了威力巨大的机器，夜以继日地进行生产活动，每一个被资本家夺取了土地的农民不得不成为一个城市居民，他从自然之子变成了资本家工厂里的工人。在工业化的城市中，不存在满足个体自由需要的真正的消费，所谓的"消费"正像马克思所指出的，只是生产个体为继续进行劳动、维持基本生命所需的生活资料的消费。工业化城市的目的只有一个：生产、积累和再生产。巴尔扎克（Honoré de Balzac）《欧也妮·葛朗台》中的守财奴葛朗台就是这种生产观念的最好代表，他最大的乐趣就是不停地积累财富，而哪怕一点点的消费都是要他的命。

然而，生产规律是不可违逆的，生产与消费是一个完整的生产环节，光生产不消费必然会导致生产活动整体的崩溃。因此从1788年英国发生世界上第一次经济危机以来，一直到20世纪30年代，经济危机不断光顾西方资本主义世界。经济危机的本质就是生产过度发达的生产模式的自我调整。经历了毁灭性的经济危机之后，西方资本家终于明白了消费的重要性，他们从一个极端走向了另一个极端，他们逐渐抛弃工业化的大生产，而将生产过程的中心转到消费环节上来，形成了消费型的生产模式，即通过种种形式刺激人们的消费意识和欲望，以消费促生产，逃避经济危机，赚取最大的生产

---

① 在此应该特别指出，乡土社会中艺术民俗形式上的单调性又不是绝对的，确切地说是那些与生产活动目的紧紧联系在一切的艺术民俗才会出现这种形式上的单调性。而在乡土社会中还有一些艺术民俗形态与生产活动目的并无直接关系，它们的出现纯粹是出于炫耀技巧、相互竞争、自我娱乐等心理，因此这些艺术民俗因为没有了生产目的的束缚而充分发展了艺术技巧形式。王毅. 中国民间艺术论[M]. 太原：山西教育出版社，2000.

利润。在这一生产模式的促动下,大约在20世纪60年代,西方世界的中心城市,如纽约、巴黎、伦敦,纷纷从工业化大生产阶段走出,转变成了消费性城市。在中国的城市化进程中,从乡土社会到消费性城市,中间缺少工业化城市这个阶段,却有一个体现统治阶级权威的象征性城市阶段。这一个时期发生在唐代以前;唐代之后,随着封建王权的逐渐衰落,城市中的自由贸易逐渐繁盛,北宋的都城汴京(今开封)和南宋首都临安(今杭州)商业尤其繁荣,城市生活日渐奢靡,消费惊人,南宋临安更是获得了"销金锅儿"的名号。宋代之后,元、明、清三代的城市形态虽然仍在维持权威象征的功能,但已基本上变成了消费性的城市。中国消费性城市的再次辉煌是在20世纪80年代之后,随着意识形态的解冻,"劳动最光荣"的观念被质疑,而城市消费逐渐成为新时代中国人重建社会身份、实现个体自由的重要方式。一个消费文化的时代到来了。

那么,消费社会的特质是什么?

第一,与乡土社会的稳定性相反,消费社会是永恒流动的。生产行为是多个人共同协作的行为,需要固定的空间、社会组织以及价值基础才能完成,但消费行为纯粹是个体性的行为,并且它满足的是消费者浅层的欲望。因此,消费行为是可以在流动中实现并且也只有在流动中才能获得最好的效果的行为,因为人的欲望本质上是以永远的新奇为价值标准的。正如鲍曼(Zygmunt Bauman)所指出的:"理想地说,任何东西都不值得消费者长期固守,任何承诺都不值得我们死抱一生,任何需要都不应被视为得到完全满足,任何欲望都不应该被看作是最终的欲望。"第二,与乡土社会的实用理性相反,消费社会是以超越于实用之上的审美精神为核心的。消费社会是永远流动的社会,"消费者是一个奔波不息的人,而且注定依然如此"①。因此,消费社会发展出的必然是置身事外、以观赏的态度面向消费对象的审美态度。第三,与乡土社会对于形式的压抑相反,消费社会推崇形式创造。消费社会是以审美旁观为核心的,形式创造是消费个体的激情的来源。

在城市消费时代,产生于生产与消费保持平衡时代的艺术民俗又将发生什么样的新变呢?

---

① 鲍曼.全球化:人类的后果[M].郭国良,徐建华,译.北京:商务印书馆,2001:78,82.

第一,在城市消费时代,艺术民俗从一种生产方式变成了一种商品。

在生产与消费相平衡的乡土时代,艺术民俗是整体生产活动的一部分,自身便是一种具有生产性的生产方式;但在城市消费时代,生产遭到了压抑,消费得以张扬,一切事物必须首先成为一件可以被消费的商品才能在城市消费社会中存在,因此,在城市消费社会中,艺术民俗必须作为商品而存在,必须面向市场而生存。比如中国的戏曲艺术,其源头可以追溯到原始文化时期的民间巫舞,在很长一段时间内,民间戏曲是求神祈雨,服务于现实的生产目的。后来随着民间庙会的兴起,民间戏曲逐渐摆脱了它的生产目的,迎合观众口味,成为谋生的一种方式,这是它的商品性的逐渐显露。到了唐代,民间戏曲演出的商业规模就已经相当可观了①;到了宋代,城市消费社会兴起,民间戏曲的商业性不仅非常显著,而且花样翻新。比如在宋代城市中,不仅仅有在"勾栏"中正规的商业戏曲表演,而且还有那些没有资格上勾栏而在街头流动演出的"打野呵",而流动演出的艺人则被称为"路歧人"②。在宋代城市中,除了上面所说的"勾栏"外,还有"瓦舍",都是在城市中为适应艺术民俗的商业性转变而出现的商业演出场所。宋代之后,随着城市消费化程度的发展,戏曲的商品性也越来越强。到了清代,京剧更是发展成了拥有巨大商机的艺术形式,当时一个京剧名角的收入非常惊人。在城市消费社会中,许多人投身京剧艺术并不是出自对艺术的热爱,而是将之当作一种谋生的手段。艺术民俗从自身作为一种生产方式到成为一种被消费的商品,在此已经很明显了。

第二,在城市消费时代,艺术民俗在成为被消费的商品的同时,也成为被观赏的对象,艺术的接受者与创造者都趋向于职业化。

在乡土社会中,艺术民俗作为生产方式的一种,艺术民俗的表演者和观众因为共同的生产者身份而融合在一起。当艺术民俗成为被消费的商品的时候,艺术民俗的消费者就不可能再以积极介入的方式参与艺术狂欢,而是

---

① 唐天宝年间,曾有诗人写过一首《咏谈容娘》的诗:"举手整花钿,翻身舞锦筵。马围行处匝,人压看场圆。歌要齐声和,情教细语传。不知心大小,容得许多怜。"其演出时的情态、场景和受观众欢迎的实况,从这首诗中都可看出。

② 宋代周密《武林旧事》卷六"瓦子伎艺"条记载:"或有路歧,不入勾栏,只在要闹宽阔之处做场者,谓之打野呵。"

从消费文化的旁观者出发，对艺术民俗进行细致的玩味、品鉴，从而呈现艺术民俗的美学意味。

评书大师连阔如先生充分肯定了消费文化对于艺术民俗的意义，他说："近几年来，闲散阶级的人日日见少，听评书必须有闲工夫，闲人少了，说书的座儿亦受影响。那位说，北平的闲人有的是。我说那不是闲人，那是失业的人，他们虽闲着，吃饭还困难哪，哪有钱去听评书；听评书的闲人，是有资格的闲散人物，不是没有钱的闲人。"①正是有钱的"闲人"才有"闲工夫"，超越功利目的之外，专注于艺术本身的兴趣意味，从而得到美的享受。有人这样总结道："民间艺术既是生存活动和劳动的产物，但在某种意义上又必然是与此相脱离的产物，它不仅是劳动人民维持生存的自然的产物，也是他们开始享受自己生命中那一部分闲暇的产物。当民众开始以一种观赏、欣赏的心态来面对原本与他们自身的生活和生命浑然一体的民间艺术时，当他们把它作为一种自己喜爱但并不参与进去而只是观赏的活动时，民间艺术母体中的这种分化就开始了。"②说得是很到位的。

在这种旁观式的鉴赏中，消费者在对于艺术民俗的审美中发展出了极其苛刻的批评眼光。比如新中国成立前京津地区的戏迷长期浸染于戏曲之中，审美感觉极其灵敏，对于演员的要求也特别高。民国刘炎臣谈到天津戏迷时曾这样描述："同时，在现在的天津的戏迷们，欣赏剧艺的能力，眼光已是特别地高，坐在台下对于台上的演员，每有公正的表示，就是对于唱作得好的角色，报以热烈的正好或是鼓掌，反过来说对于那些唱作欠妥或是出了大错的，亦就不客气地予以起哄式的倒好，而且由于卫里人的一腔满不在乎的热气儿，越是对名角，越有一番不客气的对付劲儿，谭富英因'叫小番'未嘎上去，及'八月十五月光明'未能拔高唱，马连良因演'断臂'摔错了胳臂，以及张君秋因演'别姬'而走错场子，前前后后，全得到起哄的倒好，使演者僵在台上引为是一件无可奈何的憾事。"③眼光之挑剔可见一斑。接受者眼光高了，创造者必须全力以赴才能被接受者认可，因此城市消费社会中艺术

---

① 连阔如. 江湖丛谈[M]. 北京：当代中国出版社，2007：271.

② 王毅. 中国民间文化论[M]. 太原：山西教育出版社，2000：287.

③ 刘炎臣. 津门杂谈[M]. 上海：三友美术出版社，1943：80.

民俗的创造者也出现了职业化的趋向。比如,新中国成立前戏曲演员在学艺过程中常常是受尽辛苦,成千上万遍地重复一个动作或唱腔,力求准确,这被称为"刻模子"。京剧武生泰斗杨小楼年轻时声音暗哑,一字不出,于是将自己关在房内百日不与人交往,独自揣摩发声技巧,终于百日之后破茧而出,于戏剧技艺上炉火纯青,大获成功。凡此种种,不胜枚举,足可以说明当时艺术民俗创作主体的职业化。

第三,在城市消费社会中,艺术民俗接受者和创造者的职业化使得艺术民俗在艺术形式上日益精巧、细致,获得了独特的审美意义。

在乡土社会中,艺术民俗的艺术形式是固陋的;消费文化对于形式创造的偏重则必然使进入城市消费社会的艺术民俗走向艺术形式的创新。著名京剧琴师李慕良曾经回忆他看过的裘盛荣先生的演出,对于其艺术形式上的精妙赞不绝口:"有一次在北京展览馆剧场看他(指裘)和高盛麟合演《坐寨偷马》,最后一句'洋洋自得我回转山岗'。他把'洋洋自得'后面加虚字'呃'处理得很好,从扬到抑轻轻这么一甩尾音,加以'连念带做'的综合效果,观众就想鼓掌了。但老观众深知在这里鼓掌会影响下面的欣赏,便憋足了劲儿往下听。紧接着'回'字一个好归音,'转'字一顿,'山'字便汹涌澎湃而出。本来,这已足够使观众满意了,谁料他在'山'字后虚字'勒'放足了后,紧接着却以更响亮、更饱满的声和气唱出了最后一个'岗'字。高峰之上又出现新的高峰。"①再比如民国学者齐如山先生总结了杨小楼的"亮相"身段:"又如亮相,别人都是照着锣击的四击头,硬砍实凿地交代,方显结实、有力量。而他前边稍微招呼,将到末一击之前,他已站好,俟鼓点到的时候,他把肩膀一动,靠旗子一晃,又美观,又省力,而交代得也很准确。"②可以看出,艺术形式已经非常成熟。

以上是戏曲,再看曲艺。据专家考证,中国曲艺的起源最早可追溯到战国时期思想家荀况所作、用以崇礼劝学的《成相》辞,这是一种劳动时的说唱形式③,在汉代的墓葬中也出土了展现说书艺人风采的"说书俑"。但

---

① 方荣翔. 裘盛戎艺术评论集[M]. 北京:中国戏剧出版社,1984:132.

② 戴淑娟,等. 杨小楼艺术评论集[M]. 北京:中国戏剧出版社,1990:31.

③ 王毅. 中国民间文化论[M]. 太原:山西教育出版社,2000:288.

是直到唐、五代以前,曲艺的生产目的性还是很浓重的。直到唐、五代,随着唐代城市手工业和商业的发展,消费文化出现,曲艺才呈现出超越功利的美的形式感。唐代产生在寺院庙会山的"变文""俗讲"已经注意情节的曲折和对人物形象的刻画。到宋代,在商业化的勾栏演出和流动性的"打野呵"中,曲艺艺术的形式性更加发达,多姿多彩。比如当时罗烨《醉翁谈录》中的《小说开辟》就总结了说话艺术的形式技巧:"讲论处不滞搭、不絮烦,敷演处有规模、有收拾,冷淡处提掇得有家数,热闹处敷演得越久长。"冷热松紧,已是处理得得心应手。到了明末清初时,江南说书艺术家柳敬亭以精湛的技艺风靡一时,明末大学者黄宗羲的《柳敬亭传》对于他的说书技艺给予了神乎其神的描绘。民国年间,更是出现了像评书大师连阔如、相声大师李德钖("万人迷")等一代大师级人物,他们以其精妙的艺术形式征服了观众。例如京剧名家王金璐这样描写连阔如的评书表演:"艺术上,我对连先生佩服得很,口齿清楚,无一字混乱,盔甲赞利索,刀枪架精神,人物交往、态度描述细腻、生动,看不见人,如见其人。那手一伸,就是瓦垄掌,一看就是学过、练过(武功)"①,给人以美的享受。可以说,曲艺艺术从最早劳动时的说唱发展到具有巨大艺术魔力的艺术形式,根本原因就在于城市消费文化所给予的形式化创造的动力。

总之,艺术民俗从生产与消费相平衡的乡土社会过渡至城市消费社会的新语境中,虽然没有了众人参与时的狂欢,但收获的是艺术形式上的日益精致、完善,成为一种美的艺术,与传统文人艺术具有深刻的关联,这绝对是艺术民俗的新的发展。

(原文发表于《民族艺术》2009 年第 2 期,有改动)

---

① 蓑笠翁.惊天醒木连阔如[M].北京:当代中国出版社,2005:220.

# 陆

# 城乡关系视野中的中国民俗传统与发展

## 一、中国民俗学研究的三重进境

在社会关系建构的意义上，民俗的意义在于缔结了一种社会关系。民俗作为约定俗成的社会认同，将有着不同诉求的各个阶层与不同人群被纳入共同认同的框架中，彼此订约，相互认同，自下而上形成一社会共同体。民俗活动的社会建构内涵，是当下民俗研究的最新认识，在形成此认识之前，中国民俗研究在对民俗传统的定位上已经历两重进境。

中国民俗研究对“民俗”定位的第一重进境，是在与政治集权相抗衡的语境中将其定位为“下层民众传统”。自 20 世纪二三十年代中国民俗学开山创派，一直到 90 年代末期，中国民俗学关于民俗的基本定位一直停留于“下层民众文化”，其间虽随着新中国建立广大民众“当家做主”之身份转变而略有调整，但其“眼光向下”的基本定位却一直未变。[①] 现代中国民俗学的“眼光向下”，表面上可理解为传统中国在实现现代化转型过程中的多元选择，其深层原因则是与政治集权相抗衡下的文化选择。在“五四”新文化运动中，现代中国民俗学的奠基者多是现代知识分子，这一点颇为值得关注。

① 赵世瑜. 眼光向下的革命：中国现代民俗学思想史论（1918—1937）［M］. 北京：北京师范大学出版社，1999.

事实上，就其根本而言，现代中国民俗学的创建是现代知识分子自由传统的体现。新中国建立之前，现代中国民俗学着意呈现的是中国民俗传统与封建集权的离心。新中国建立后的20世纪50年代至80年代初，主流意识形态对民俗传统进行了边缘化的规训，民俗传统与政治集权间的离心进一步强化。20世纪80年代之后，随着中国市场经济的兴起，民俗传统因其与当代社会生活形态间的明显差异而具有了强大的消费吸引力，因此，自20世纪80年代至今，当代中国民俗的产业化蒸蒸日上，民俗传承与国家导向在"发展经济"上似乎获得了高度统一，但究其实质，民俗"产业化"似乎更可视为民俗传统借经济同步而与政治集权的文化疏离。因此，可以说，自现代中国民俗学创建至今，民俗学的基本定位中一直存在着与政治集权离心的传统。

中国民俗研究对"民俗"定位的第二重境界，是在产业化推动下将"民俗"视为活态的文化生态活动。自20世纪80年代以来，民俗产业化日益强大，在此过程中，民俗传统在产业化运动中创造了可观的经济效益，同时也遭受了重创，民俗本身的割裂化、碎片化等现象引起了广泛的抨击，产业化促生的"民俗热"与知识界此起彼伏的民俗"危亡论"交织在一起，形成了20世纪八九十年代当代中国民俗发展的独特景观。不仅如此，这种交织与冲突还促进了学界对中国民俗发展可贵的反思：民俗产业化的最大意义在于对现代中国民俗学固有的抵抗思维造成了巨大冲击，使一贯作为相对主流意识形态、作为疏离者的民俗开始登上时代舞台，与国家发展形成了复杂关系。不仅如此，民俗产业化使"民俗"借助商品流通体系而进入民众日用世界，获得了"活"的形态。

然而，民俗的文化生态定位，将民俗视为一种文化生态行为，固然是民俗研究的可喜推进，但却忽视了一个问题：文化生态行为的发生多系于外在环境的刺激与文化本身的应激，对民俗传统而言，在此"刺激—应激"的生态活动中，其传承的稳固性如何得以保证呢？由此质疑可以提出当下中国民俗学对"民俗"定位的第三重进境，即将民俗活动视为人们借助民俗传统的当代传承而实现价值认同的载体形式。

费孝通先生曾就文化"生态性"与价值"规束性"之间的关系发表过颇具启发性的论述。以原始人的"生火"为例，他将"生火"的知识分为了两个层次：一个层次是生火的"自然知识"，即用什么东西，怎样摩擦，摩擦多久才能得到火等;另一个层次则是生火的"规范知识"。他说:"在人类生火中,我们并不是为生火而生火的。生火是为了要达到另外的目的:煮饭、取暖、照明、敬神——于是发生了另外一套问题:为了某种用处应当在什么时候、地点、场合、由谁去生怎么样的火?生火在这里已不是一件孤立的活动,而是整个社会制度中的一部分。在和生活的联系上,生火的活动有了价值规范,有着应当不应当的问题。……决定'应当这样不是那样'的是……规范知识,和技术所根据的自然知识性质上是不同的。"①费先生所说的"自然知识"就是人们对现实应激而产生的生态文化,但这种"自然知识"必须要在"规范知识"中才能得到正名,获得其引发普遍认同的合法性,其实就是生态文化在价值规束中才能得以升华。

以民俗传承而论:民俗形成于"约定俗成","约定俗成"的起因无疑是来自于环境变动提出的现实问题,因此,"约定俗成"的第一层含义是约其同心、共成事业,这是其文化生态层次;但在具体环境中所形成的"约定俗成"要成为承载不同个体之共同认同的传统,却还需要第二层含义,那就是对民俗本身之传统性的再约定,这一层次的"约定"与前一层次的"约定"不同,不再是针对具体现实,而是要在群体中追绎价值认同,以此价值认同实现民俗文化从"生态性"向"传统性"的升华。民俗文化如果仅仅强调其第一层约定,那么,民俗行为将只是人们随机缘发、无始无终的偶发行为,无法承载稳定的文化认同,也形成不了传统。因此,民俗传统之能传承,必然是现实应激所产生的文化生态与价值升华所产生的约束相互激荡的后果。

然而,在中国民俗传统中,实现民俗从文化"生态"向"价值"升华的契机何在呢?

## 二、"地方"认同作为中国民俗传统实现价值升华的契机

在中国民俗传统中,地方认同可看作是民俗之文化生态向价值升华的重大契机。关于"地方"与民俗活动之间的关系,自古代至今,人们对其高度肯定,普遍认为民俗在根本上乃是人们在现实的具体"地方"而发生的实践

---

① 费孝通,吴晗,等. 皇权与绅权[M]. 长沙:岳麓书社,2012:12 - 13.

行为,"地方"是民俗活动发生的前提与基础。在此共识前提下,人类学家格尔兹所提出的"地方性知识"概念很能概括人们对"地方"与"民俗"关系的普遍理解。

然而,仅仅将"地方"视为民俗发生的空间前提,这固然符合常识,但却忽视了"地方"之于民俗的价值升华意义,因此又是错误的。将民俗活动视为繇于地方之"刺激—应激"的结果,这是民俗生态论的认识层次。然而,如果"民俗"与"地方"之关系设定于此的话,却必将导致一个问题:"地方"就其作为具体的物质地点而言,本身是变动不居的,自然气候、地质变迁、物质流动以及在人与大自然互动过程中所形成的"人化自然"却时时刻刻充满变动性,如此一来,繇于"地方"的民俗活动本身必然地就失去其稳定意义,仅仅成为一些在"地方"之网上闪动的虚无主义"光点"而已。事实上,格尔兹的"地方性知识"观已体现出这样的虚无之主义倾向。在格尔兹看来,所谓"地方"并不具有约束的意义,"地方"只是相对的"地点"而已,无数相对的"地点"构成了变动不居的意义之网,而"地方性知识"所肯定的就是站在特定的立场上看问题的合法性,承认任何知识获取都必然是有局限的,整体的建构是不可能的,这就必然要求多种阐释的并存。这种"地方性知识"肯定了个体活动的碎片性,并以此为前提发出了多元阐释的呼吁,但问题在于:在这样的"地方性知识"中,因为在根本上缺乏共识性框架,所谓"多元阐释"最终也就成了各说各话的阐释的游戏而已,各成碎片,不成体系。

"地方"对于民俗活动更深刻的意义,在于其价值升华与规束意义。要揭示"地方"的此一层面内涵,我们需要深入探究"地方"认同发生的内在理路。

在西方现代思想中,对"地方"的探讨成果丰硕,而海德格尔的地方观被公认为是诸多地方思想的灵感渊薮。海德格尔哲学中的"地方"思想异常丰富,在《存在与时间》这部被冠以"时间"之名的著作中,他通过探讨此在的"时间"性存在而呈现出此在的"空间"性状态。在其他著作中,海德格尔更多的是通过讨论人的现实"栖居"而表达了自己的"地方"观念。下面试以海德格尔《筑·居·思》的演讲来把握其包含完整视野的"地方"观。他在《筑·居·思》中以其独特的思路向我们展示一座"桥"如何使一个"位置"变成了"场所",即"地方"。

首先,桥的"聚集"性是如何发生的?海德格尔认为,桥的聚集性来自于它在一个"位置"上,这个"位置"是怎么出现的?海德格尔说:"在桥出现之前,沿着河流已经有许多能够为某物所占据的地点了。其中有一个地点作为位置而出现,而且是通过桥而出现的。所以说到底,桥并非首先站到某个位置上,相反,从桥本身而来才首先产生了一个位置。"①"位置"必是一个"地点"(非地方),它存在于"桥"的出现之前,但通过"桥"的存在而显现自身;"位置"是一个独特的"地点",它的独特性在于,它是诸空间在此划定边界的边界集合处,是空间与空间之间差异性显露的"地点",唯其如此,"位置"才具有其他"地点"所不具有的统观"聚集"的特质;"桥"在此"位置"出现,"桥"将"位置"所具有的"聚集"义显露出来。

其次,桥的"聚集"性产生了什么?桥的"聚集"在根本上是一种"差异"的聚集,"差异"性使得客观的"地点"变成了"场所"。海德格尔说:"这些物乃是位置,它们为四重整体提供一个场所,这个场所一向设置出一个空间。在这些作为位置的物的本质中,包含着位置与空间的关联,但也包含着位置与在位置那里逗留的人的联系。"②桥作为一物实现了"聚集",这种"聚集"作为"差异"而开辟出了一个"场所"。"差异"为何能开辟出一个"场所"?海德格尔说:"桥是这样一种物。由于位置把一个场地安置在诸空间中,它便让天、地、神、人之纯一性进入这个场地中。位置在双重意义上为四重整体设置空间。位置允纳四重整体,位置安置四重整体。这两者,即作为允纳的设置空间和作为安置的设置空间,乃是共属一体的。作为这种双重的设置空间,位置乃是四重整体的一个庇护之所(Hut),或者如同一个词所说的那样,是一个 Huis,一座住房(Haus)。此类位置上的这样一种物为人的逗留提供住所。这种物乃是住所,但未必是狭义上的居家住房。"③"聚集"即"差异","差异"即"聚集",在"差异的聚集"中,一种"整体"被展示出来,这种"整体"形成了一种对人之存有的庇护,使人能够在此庇护中"栖居";在"能栖居"的意义上,"位置""地点"变成了"场所",即"地方"。

---

① 海德格尔. 演讲与论文集[M]. 孙周兴,译. 北京:生活·读书·新知三联书店,2005:162.
② 海德格尔. 演讲与论文集[M]. 孙周兴,译. 北京:生活·读书·新知三联书店,2005:164.
③ 海德格尔. 演讲与论文集[M]. 孙周兴,译. 北京:生活·读书·新知三联书店,2005:167.

海德格尔之"地方"观的核心大体俱见于此。归纳而言:"地方"发生的基础是"位置";"位置"本身乃是一独特的"地点",其独特性在于它是一诸空间在此划定边界的边界聚集处;"位置"所具有的边界聚集意义是隐在的,"物"在"位置"上使其隐在"聚集"性得以显示;"聚集"即"差异"的聚集,"聚集"实现了一种"整体"性,在此"整体"性的庇护中,人在"能栖居"的意义上而将"位置""地点"认同为"地方"。

落实到"地方"与民俗关系上而言,则可以获得这样的理解:

首先,在人们面向"地方"而进行的生存活动中,民俗的含义是人与人之间解决生存之"差异"的"协商"关系。上天生民,不择地而生,人们从满足自己的生存需要出发,必然地要向"地方"探索求食,展开基本的生存活动。在生存活动的展开中,丰富多彩的生存"差异"也由此展开。为解决此"差异",人们之间的"协商"由此展开。有的"协商"依据"制度"与"文字"的自上而下之规定展开,而有的协商则是沿着"自下而下"的"约定俗成"展开;前者所建构的关系是集权统治与精英引领,后者所筑构的则是民俗关系。

其次,在解决"差异"的"协商"中,民俗关系在神圣崇拜的时空架构实现了"差异的聚集"。民俗活动作为一种解决"差异"的"协商",又并非是通常意义上人与人之间为实现利益均衡而进行的目的交往式协商,即为了让"我"自己的目的达成,去协助达成"你"的目的,而是一种特殊的"协商"。民俗关系中进行的"协商"往往发生在特殊的时空之中,大体而言,神圣崇拜的时刻与空间往往是民俗关系展开"协商"的典型架构。在神圣崇拜的时空架构中,众生一体的隐在背景使得人们从"地方"生存而来的"差异"消除了功利性竞争关系,但神圣崇拜的世俗化场景又不可能将"差异"完全泯灭,因此造成了在此神圣架构中,人与人之间民俗关系的"差异的聚集"。

最后,在"差异的聚集"所唤起的"整体"性体验中,"能栖居"的"地方"认同得以产生,由此,民俗活动中的"地方"从民俗生态产生的前提升华为引导民俗生态实现升华的价值契机。在神圣时空中所达成的"差异的聚集"给予身在世俗活动中、被功利性活动撕裂化的人们一种"整体"性体验,这种"整体"性体验使人们产生了"能栖居"的"地方"认同,而这种"地方"认同,其实就是一种价值升华。人们在神圣时空中所产生的"地方"认同之价值升华,使"地方"从起初的民俗活动所产生的前提与基础提升为规束民俗之文化生态、使之具有稳定性而形成传统的保障。

总之,“地方”认同之于民俗的价值契机正在于其所含的“整体”性体认;“整体”性体认所产生的“能栖居”的地方认同,正是使“约定俗成”的民俗活动从偶然性关系升华成必然性的价值保障。

## 三、“村落中心”传统下的民俗研究与村落向城乡关系的开放

民俗传统的传承无法完全系于其生态性,由“整体”性体验而产生的“能栖居”之“地方”认同是引导其文化生态向价值层面升华的契机。从此角度来观照中国民俗传统的发展,可对中国民俗学研究传统中的“村落中心论”获得反思的角度,而发现城乡关系对于民俗传统传承的重要意义。

现当代中国民俗学研究的“村落中心论”自有其来源。新中国成立前,在现代中国民俗学的创建时期,在“眼光向下”之宗旨的引导下,大多数民俗学家就特别重视传统村落对民俗传统传承的意义,并在此领域产出了若干杰出成果,尤其是在少数民族的民俗研究方面成果丰硕。新中国成立后,在20世纪50年代左右,国家中心逐渐从农村转向城市,而民俗学传统出于其根深蒂固的、与专权集团离心的惯习,与国家的转向步伐相背而行,特别注重村落世界中的民俗传承,这种“固守村落”的民俗学趋向也与此时国家意识形态推动下的“民间采风”运动有关,当时的“民间采风”所设定的“民间”就是农村与少数民族边远地区。新中国成立后,中国民俗学研究的村落情结越来越深,20世纪80年代以来至今,中国民俗学的大批学者分赴广大村落进行了踏实、严肃的田野工作,以其卓越的村落研究在世界民俗学中享有一席之地。

然而,固守村落的民俗学研究却有自己的问题。在中国民俗学的村落本位研究中,“村落”往往被设定为一个独立的封闭空间,村落民俗则被认为是在此封闭空间中自足的事实。这种认识有其问题。一方面,“村落”作为生活聚落在根本上不可能是完全封闭的,从其生存世界的维持而言,它要与其所在的自然世界形成物质交换,形成村落与自然共在的生态平衡,因此,村落民俗必然是一种文化生态行为。另一方面,“村落”作为社会聚落,在根本上是不可能完全封闭的,村落中人与人之间的交往、村落与村落之间的交

往、村落与集镇之间的交往必然存在，这决定了村落必然是“区域中的村落”，因此，村落民俗必然是包含价值认同的关系建构。昧于对此两个层面的认识，相当数量的村落研究在人为设定的村落封闭中将村落民俗演绎成了静态的僵化幻象。

事实上，传统村落必然是开放的，就村落本身而言，村落与自然界的物质交换及与其他村落（集镇）间的社会关系交换构成了村落世界开放的双重内涵。在村落与自然界进行物质交换的层面上，村落民俗是一种文化生态行为，而在村落与其他村落（集镇）进行社会关系交换的层面上，村落民俗是一种价值认同行为。然而，村落世界的双重开放又不是相互分开的，村落世界与大自然间的物质交换即村落生存、生产活动关系，又必然要在村落与其他聚落单元（村落、集镇）间的社会关系交换中被赋予价值、获得行为合理化的论证。也就是说，发生在村落世界中的生存生产行为，本身一定要在一个超越村落的区域交往中获得其社会性，才能真正具有意义，否则将只是满足口腹之欲而已。先秦思想家孟子对此有这样的表述：“百工之事，固不可耕且为也。然则治天下独可耕且为与？有大人之事，有小人之事。且一人之身，而百工之所为备，如必自为而后用之，是率天下而路也。故曰：或劳心，或劳力；劳心者治人，劳力者治于人；治于人者食人，治人者食于人，天下之通义也。”[①]孟子的论证不免包含了社会等级思想，但他真正要说的意思是，“百工之事”必须要在一个社会价值结构中获得合理性表述才成，“固不可耕且为也”，意即不能仅仅是为“耕”而“耕”。因此，村落世界与自然的物质交换关系必须被其与其他聚集单元的社会关系交换所涵纳与合理化，而村落中民俗活动的文化生态层次也必须要在其价值升华层次上实现合理化论证。

总之，村落开放对民俗传统的传承具有决定意义，究其原因，正在于村落与其他聚落单元之间的开发与互动为居住其中的人群提供了“整体”性体验的“能栖居”之“地方”认同，这为民俗生态提供了价值升华的契机。

顺着上述结论，我们可确认传统中国城乡关系对村落民俗传承的重要意义。

---

① 《孟子·卷五·滕文公章句上》。

村落向城乡关系的敞开而形成“整体”性体验，关键在于城乡间集镇的存在。村落的对外开放，基本是生产生活资料的区域内流动。中国传统村落的经济形态是典型的小农经济，孱弱的生产组织方式无法满足人们多方面的需要，因此，生产生活资料的贸易就成为人们走出村落的最重要动力，在区域范围内，多村落间进行生产生活资料贸易的中心就成为市镇。美籍学者赵冈对此有很到位的论述：“中国的传统社会是一个以私有产权及小生产单位为基础的小单元经济（Atomstio Economy），表现在农业上就是以小农户为主的农村结构。小农户先天就注定不能自给自足，必须经常换。”①因此，中国传统的集镇恰是区域范围乡村与城市间的中间点，这种“中间”性首先是距离上的，然后是区域内贸易活动链条中的。借助城乡间的市集，村落社会实现了开放，村落与村落、村落与城市之间实现了区域范围的“整体”性关联，促生了“整体”性体验的“能栖居”之“地方”认同。

具体言之，城乡间市镇中的贸易交往活动对区域内人们“整体”性体验的促生，应包含以下三个要件：

### （一）市镇商贸活动中人与人之间的贸易交往具有丰富的社会交往内涵

传统市镇贸易与一般意义上的商贸活动又有所不同：从其产业属性来看，传统中国市镇上的商业贸易大部分没有涉及专业的资本运营层面，人与人之间在此相互交易的基本都是生产生活必需品，因此，人与人之间的贸易关系虽然有商品交易属性，但在根本上是负载于商品交易关系之上的社会交往。在市镇的交易互动中，人与人之间一方面竞逐蝇头小利，另一方面又在展开丰富的社会交往；传统市镇商贸交往中的社会交往具有很强的表演性，这种贸易交往在封闭的传统村落社会中是“日用而不知”，但在市镇背景中却大幅凸显出来。通过凸显化、表演性的社会交往，人与人之间相互彰显自我与他人的“差异”性社会位置，或者说，市镇商贸中的社会交往照亮了人之“独特”的社会属性。

### （二）市镇商贸活动必与神圣空间共邻

市镇商贸活动与神圣空间为邻，对人们形成“整体”性体验的“可栖居”

---

① 赵冈. 中国历史上的市镇[J]. 中国社会经济史研究，1992(2)：8 -9.

之“地方”认同意义重大。在商贸活动中，人与人之间为了各自的目的而展开相互竞争，而在由此负载的社会交往中，则凸显了人与人之间的“差异”性，因此，单从这两个层面而言，商贸活动本身是倾向于疏离的。当商贸交易活动与神圣空间相邻时，神圣化的背景预设了人与人之间的众生平等，这种预设形成了一种暗示性氛围，引导着人们从“差异”走向“聚集”；但与商贸交易相邻的神圣空间因其本身并不具有弃世的意义，人与人从“差异”走向“聚集”却并不趋向差异性，所以在市镇交往中形成了“差异的聚集”的“整体”性态势。

**（三）市镇商贸活动空间必须有“讲一讲”的空间存在**

在神圣空间所形成的暗示性氛围中，商贸交易活动的人与人之间从“差异”走向“差异的聚集”；但在此状态下的“差异的聚集”仅仅是一种隐势，它要真正成为一种明确的体验感知，还需要被“说”出来、“讲”出来，成为被明确认识到的显势，才能使由“差异的聚集”所产生的“整体”性体验之“地方”认同落实为区域内民众的集体体验与认同。这个将之“说”出来的空间与商贸交易空间的关系非常独特，它不与之保持距离，确切地说是镶嵌在商贸交易空间中，它的空间形态多种多样，但在空间功能上却趋向一致，即让人们在此空间中有闲工夫“讲一讲”；正是这种相互之间的“讲一讲”，使氤氲在整个市镇商贸活动中的“差异的聚集”以集中化、戏剧化的形式呈现出来，使由此产生的“整体”性体验被明确感知到，落实下来，“地方”认同以理性而非蒙昧的形式被把握。至此，“地方”认同才真正瓜熟蒂落，成为理性的价值认同。

## 四、新中国成立后至20世纪80年代以前的城乡关系与村落民俗的“迷信”化

“地方”认同是村落民俗传统传承的价值前提，而村落向城乡关系的开放所形成的“整体”性体验又是“地方”认同得以形成的基础。因此，在城乡关系遭遇二元化割裂的情形下，村落必然成为仅仅与自然进行物质交换，或完全封闭于自身之社会交往的“生存的孤岛”，由此则产生了“地方”认同的

弱化或虚无化,而民俗传统之传承在失去了“地方”认同之价值体认的情况下,则容易成为负于一隅的、狭隘的意识形态或单纯朝向生存之目的的文化生态行为。新中国成立后,传统中国的城乡连续体遭遇二元化割裂,由此造成了村落民俗传统传承的嬗变。

首先来看新中国成立后至20 世纪 80 年代以前中国城乡间关系的发展状况。

1949 年 3 月,中共七届二中全会召开,此次会议的一个重要决议是“从现在起,开始了由城市到乡村并由城市领导乡村的时期。党的工作重心由乡村转移到了城市”。七届二中全会所作出的党的工作重心“由乡村到城市”的转变,就其目的而言,包含两个层面:从经济层面而言,是要提高国家工业生产积累水平,而工业生产的积累主要靠城市来完成,因此,“由乡村到城市”的决议其实是推动农村向城市贡献生产力与生产资料;从政治层面而言,是要通过“城市领导乡村”来为“工人领导农民”的阶级总纲提供保障。因此,七届二中全会“由乡村到城市”的战略转移最终是要打造高度工业化的城市和高度被领导化的农村,在这样的错位中,农村实际上被剥夺了政治上的荣誉身份,而仅仅成为区域经济体系中为工业城市提供生产力与生产资料的“生存的孤岛”。于此,传统中国村落社会在历经几千年的开放后,首度走向封闭。

新中国成立后至20 世纪 80 年代之前,新中国城乡关系的发展完全忠实于七届二中全会的决议。

1953 年,全国爆发了严重的粮食危机,在这种情况下,全国实行农产品统购统销制度,这一制度一直执行到 1985 年,成为对中国人经济与社会生活造成巨大影响的国家制度。从城乡关系而言,统购统销制度使国家从农民手里购买了“余粮”供应城镇市民,但这些“余粮”并非真正是多出来的余粮,它是在收成好时的余粮,在收成不好时它要用来救荒,现在国家将之收走供应城镇市民,实际上是造成了区域内粮食分配的不平衡,加剧了城乡间对立。1956 年,在统购统销和农业合作化的双重影响下,中国农村的生存危机日益加剧,在全国范围内出现了严重的“盲流”问题,为此,中共中央、国务院连续下发通知和指示,要求各地采取措施制止农民外流,开展生产自救战胜灾荒,同时禁止工矿企业私自招用农村劳动力,并动员城市里的一部分干部和中小学毕业生上山下乡支援农业生产。1958 年 1 月,经第一届全国人大常委会第 91 次会议通过,《中华人民共和国户口登记条例》公布实施。这就是新中国的户籍管理制度。户籍管理制度如一道无形的屏障,将城市与乡村彻底隔绝开来。

新中国成立后的粮食统购统销政策和户籍管理制度互相补充,并与其他多种制度相配合①,彻底断绝了新中国城市与乡村间的关联,形成了壁垒森严的城乡二元结构。这样的城乡二元结构对农村起到了双重限制作用。第一重限制作用,是社会关系上的限制,通过户籍管理制度将“农村人”与“城市人”严格区分开来,使“农村人”的社会交往只能发生在乡土世界,人际交往世界日益塌陷萎缩,并因此造成了村落人格的狭隘逼仄。第二重限制作用,是经济活动上的限制。中国城乡二元社会结构的形成,成功地达到了一个目标,就是把农民限制在农村里,并进一步把农民限制在农业上,固定起城市搞工业、农村搞农业这样一种严格分工而不交融的二元经济结构。这种二元经济结构通过农村剩余劳动力向现代工业部门的流动逐步地趋向于融合,最终达到一元,即经济的一体化。这双重限制作用使中国村落变成了城市光明之塔照耀中的阴影,贫穷、落后、狭隘等一系列对中国农村的刻板化印象正是在这个时期,由这样的两大制度造成的。

粮食统购统销与户籍管理制度将农民牢牢地锁在土地上,农民的社会身份日益固化,村落人格的封闭由此形成。在传统城乡关系中,冲州撞府、四处游荡的小商小贩及其他特殊社会群体在形成城乡一体化的过程中具有极其重要的作用,他们的存在实际上拓宽了村落个体的社会视野,这些人四处游荡所散播的社会传闻,使得那些僻居村野的人也能足不出户而遍知天下事,自然会形成开阔、朴厚的人格气象。但当农民被城乡二元结构牢牢地锁在村落中的时候,社会身份的固化自然而然地内化为人格特征,狭隘、闭塞、贪利的小农意识则成为新中国成立后农民身上的部分人格内涵。

总之,新中国成立后的粮食统购统销制度、户籍管理制度与供销合作社造成了新中国深广的城乡二元结构,这种二元结构阻隔了村落望向城市的开阔视野,造成了中国村落在空间界线、经济贸易、社会关系与人格内涵等

---

① 刘应杰. 中国城乡关系与中国农民工人[M]. 北京:中国社会科学出版社,2000:61-62.

各个层面的封闭。

在如此深厚的封闭中，传统村落在城乡一体化中所产生的“整体”性体验再也无法形成，而由“整体”性体验所产生的“能栖居”之“地方”认同也随之沦落。严格地说，在城乡二元结构的村落世界中，“地方”认同并非真空，村落世界中的祖先崇拜、风俗习惯、村落记忆等都可以形成“地方”认同。然而，在多种层次的“地方”认同中，由城乡一体化所缔结的“地方”认同乃是根本，城乡一体化所形成的“地方”认同以最具负载性的价值使村落传统得到了捍卫；或者说，由城乡一体化所形成的“地方”认同是村落内部“地方”认同具有意义的前提。在新中国城乡二元结构的隔绝中，村落世界在缺乏“地方”认同的“地方”矗立，其内部的“地方”认同也因此变成了封闭的认同。这种封闭的“地方”认同使村落世界日益向内塌陷，变得越来越狭隘，变成了缺乏价值捍护的“生存的孤岛”。

在此“生存的孤岛”上，村落民俗传统传承向“民信”异化。

新中国成立后的很长一段时间内，村落民俗被精英群体诬为“迷信”，并且在新中国成立后的20世纪五六十年代，当权者视民俗为封建“迷信”而一再打压，造成了中国村落民俗传统的畸零形态。时至今日，将村落民俗视为封建“迷信”的论调已是声名狼藉、不值一提。然而，对中国传统村落民俗“迷信化”的指责不宜过分忽视和摈弃，正如鲁迅先生在一系列乡土小说中所展示的那样，中国村落民俗传统就其整体而言固然是神圣而严肃的，但村落民俗就其根本而言是人们在现实功利性活动中的“约定俗成”，因此，在村落民俗的民众实践中必然免不了迷于现实功利目的、战战兢兢只为自身祸福，却完全忽略了民俗传统之价值认同的民俗“迷信”。在《故乡》中，鲁迅向我们展示了“闰土”等人身上所负载的村落传统，在失去其精神意味后是如何成为束缚人的工具的。赵树理的《小二黑结婚》对农村民俗的描写，虽有丑化之嫌，但也有写实的成分。

新中国成立以来的民俗“迷信”化，固然是精英阶层对村落民俗的诬断，但就中国村落民俗的民众实践而言，也的确存在民俗“迷信”化的问题。

所谓“迷信”就是崇拜笃信某一物所具有的生存效能，相信它能左右自己的祸福存亡，从而忘却了信仰膜拜的价值认同意义。如前所述，民俗活动在根本上起源于人之应时而动的生态行为，是人们在当下功利性活动中的

"约定俗成"。民俗作为传统而实现稳定传承,必然存在从生态行为向价值认同的升华;价值升华的缺乏必将使民俗活动成为仅仅注重民俗之生存效能的"迷信"。新中国成立后至20世纪80年代以前,粮食统购统销、户籍制度与供销合作社所造成的城乡二元结构使村落成为"生存的孤岛"。在此封闭的村落中,因为缺乏村落向整个区域的开放,村落个体的"整体"性体验无法产生,由此"能栖居"的"地方"认同无从谈起,而这也使得村落民俗传统的传承缺乏价值认同的提升,最终导致村落民俗本身的生态层次,即将民俗传统仅仅视为实现自身生存意志之工具的认同泛滥而出,民俗"迷信"化于此显现。新中国成立后,在农村这个"生存的孤岛"上,村落民俗传统失去了"地方"认同这一基础价值认同的捍护,只能凭借村落内部的价值升华,祖先崇拜、社神祭祀、村落记忆,如此等等,这些村落内部的价值诉求肯定有益于民俗传统的传承,但因为整个村落本身失去"地方"认同而"去地方"化,所以,在某种程度上,这些价值诉求本身成为生存诉求的某种形式。

## 五、新中国成立至20世纪80年代以后城乡关系的发展与"伪民俗"

新中国成立后,城乡二元关系的解冻始于农村联产承包责任制。农村联产承包责任制之所以会取得如此巨大的成功,在于它激发了作为农村最基本的生产单位——家庭的生产活力。农村联产承包责任制实现了农村经济的复兴。

联产承包责任制通过激活家庭的生产活力,改变了农村这个"生存的孤岛"在此前城乡关系中的被动性,使其带着经济的自信在城乡二元结构关系上迈出了主动的一步。在此前的城乡二元结构中,城市工业化在国民经济结构中具有无可置疑的首位性,而村落经济则是相对落后的。联产承包责任制释放了村落经济的活力,村落产业日益活跃,经济总量日益增大,而此前自我封闭的村落边界也在经济活动的冲击下被冲破,城乡关系又一次实现了开放。

在传统城乡关系中,城乡一体化的关键是处于两者之间的市镇贸易。20世纪80年代以来,农村联产承包责任制所引发的村落经济增强,催生了市镇在新时代的复活。有学者指出,在传统城乡关系中,处于城乡间的市镇的产生取决于中国传统社会的小农经济形态，小农经济中产业结构的单一性使之必须要通过贸易交换才能维持日常生产生活所需，而传统市集正处在村落居民一天的日程之内，满足了他们生产与生活物资交换的需要。20世纪80年代以来，农村经济活动的活跃也促动了类似的空间扩展趋向。

1983年，费孝通先生在南京“江苏省小城镇研究讨论会”上发表了著名的《小城镇 大问题》演讲。在这篇演讲中，他对小城镇与典型农村做出了区分：“我早年在农村调查时就感觉到了有一种比农村社区高一层次的社会实体的存在，这种社会实体是以一批并不从事农业生产劳动的人口为主体组成的社区。无论从地域、人口、经济、环境等因素看，它们都既具有与农村社区相异的特点，又都与周围的农村保持着不能缺少的联系。我们把这样的社会实体用一个普通的名字加以概括，称之为‘小城镇’。”①也就是说，费先生所说的“小城镇”正是处于“农村”与“城市”间的中间类型。根据其观察，以江苏吴江县为例，费先生认为新中国成立以来的小城镇经历了这样一个发展过程：“（小城镇发展）大体上可以分为前后两个时期，分界线是在70年代初期。70年代以前是小城镇的衰落和萧条时期，在此期间，小城镇逐步失去它赖以生存的基础；到了70年代初期，小城镇有了转机；到了后期，党的十一届三中全会以后才呈现出发展、繁荣的景象。”费先生的观察非常准确。

联产承包责任制推动村落走向开放的城乡关系，小城镇的复兴只是一层原因，另一层原因则是联产承包责任制逐步改变了村落中农民的社会身份，将其纳入现代产业工人的身份认同体系。联产承包责任制解放了农村的经济生产活力，从其产业结构而言，联产承包责任制所释放出的农村经济活力，并不是自产自销，而是被纳入了现代产业体系，农村经济成为现代产业体系的重要一环，专营化、职业化、金融化成为其重要特征，由此导致在此体系中的农村劳动力虽然其社会身份仍然是农民，但其产业身份已被职业化了，“农民”于他而言更多是一种产业身份而非社会身份，村落社会的农民集体逐渐变成了“非农”。

小城镇的复活与农民的“非农化”，是20世纪80年代以来中国农村实行联产承包责任制、推动村落走向开放性城乡关系的双重契机，从某种意义

---

① 费孝通.小城镇 大问题[M]//费孝通.中国城镇化道路.呼和浩特：内蒙古人民出版社，2010：8.

而言,这为20世纪80年代以来的中国村落社会重塑“地方”认同提供了重要契机。正如我们前面所指出的:“地方”认同产生于“整体”性体验,“整体”性体验使人产生“能栖居”的认同,而“能栖居”即是“地方”认同。20世纪80年代以来,在经济活力的推动下,村落不再是封闭、落后的“生存的孤岛”,而是重新朝向城乡一体化敞开,在此意义上,村落重新被置于“整体”性的“能栖居”体验之中,“地方”认同必然由此复兴。事实也确实如此。自20世纪80年代以来,中国各地的“地方”意识空前高涨,而这种认同于“地方”的意识主要体现在对本区域产业资源的发掘中。自20世纪80年代以来,大众旅游业蓬勃发展,大量的城市人走出城市,涌向风景名胜,而在当时的旅游指向中,除风景名胜外,地方风情也是大众旅游的向外之所。正是在这样的旅游需求下,中国各地出现了对本土“地方”资源的热情发掘,形形色色或真或假的“地方”传统被展示、被消费,而这些“地方”传统的主要内容就是村落民俗。

随着旅游业及其他相关产业的发展,自20世纪80年代以来,中国各地对本土“地方”传统的标榜日益高涨,渐趋离谱,而在对区域村落民俗的指认与开发上,则从一开始的无所不是“民俗”发展到对民俗的“制造”,即推出形形色色的“伪民俗”。

“伪民俗”是20世纪80年代以来城乡关系视野中中国民俗发展的典型现象。20世纪60年代,德国民俗学家莫塞尔曾研究了充满功利性和商业色彩的民俗艺术。1962年,莫塞尔在《民俗学杂志》上发表了《论当代的民俗主义》一文。他描述了大量经过较多加工处理的民歌与民间艺术来宣传本地区文化,吸引外地游客的行为。这些行为有政治上的目的,但更多的目的则在商业上,这种现象被莫塞尔称为“民俗主义”。莫塞尔认为:任何脱离了自身生存的土壤而被作为表演题材孤立地提取出来的“民俗”,都是二手货,不能和历史真实互为混淆,即是“伪民俗”。20世纪80年代以来,中国各地出现的“伪民俗”给人们留下了深刻印象。首先,“伪民俗”充满了浓厚的逐利性。争抢文化名人的闹剧、虚构伪造文化名人历史的怪事,无不与这些所谓的“民俗”到底能带来多少旅游收入有关。其次,“伪民俗”体现了文化虚无主义。这些“民俗”大多只在感性的、器物的层面上下功夫,既无对民俗本身的心灵认同,也无情感上的共鸣,他们以当代人的轻浮和矫揉造作损害侵蚀着粗犷而厚实的民俗。随着各式各样"伪民俗"的泛滥，人们日益感到那些粗制滥造的民俗文化旅游点、大同小异的民俗文化纪念品等，除了当时让人眼前一亮外，并未能让人产生任何有价值的认同。

民俗传统传承本身乃是"地方"认同的产物，民俗活动作为"约定俗成"需要"地方"认同的价值引导以使其生态性获得规束，只有这样，民俗才不至于变成纯粹的生存谋利活动。但是，在民俗传统的"地方"认同中，如果"地方"认同本身不再具有价值升华的意味，"地方"是具有现实功利性的"地方"，"认同"也是作为对功利性的"认同"，那么，由"地方"认同所引导的民俗传统必然是以逐利性、文化虚无为特征的"伪民俗"。

20 世纪 80 年代以来，全国各地出现的大量"伪民俗"，究其原因正在于"地方"认同的功利化；而"地方"认同的功利化的原因，又在于农村联产承包责任制推动下的城乡间关系的非价值化、功利化。

联产承包责任制推动下形成的城乡间关系之所以会趋向于非价值化，首先是因为其所造成的村落世界的功利化。由此功利化，从村落这个"乡脚"（费孝通语）而立起来的小城镇（传统城乡关系中的市镇），也成了一个功利意味极其浓厚、价值认同相对稀薄的空间，传统市镇中人与人之间借助商贸而进行社会交往的层面荡然无存。在传统城乡一体化中，市镇中的商贸活动包含着浓厚的人际交往内涵，正是这种人际交往使市镇交易在"差异"中包含着"聚集"的潜质。但在 20 世纪 80 年代后的中国小城镇中，商贸活动成为单纯的交易活动，人与人之间的交往停留在趋利性满足层面上，有"差异"而缺乏内在"聚集"的动力。事实上，充满趋利性"差异"的小城镇，其之所以能团聚，在根本上乃是由于国家经济干预之手的"撮合"。费孝通先生在《小城镇　大问题》中就谈到了这一点[①]。小城镇如果完全地交给市场行为，市场自身有可能会产生作为自身调节机制的社会交往与价值认同，但国家经济干预的出现，则使小城镇永远地变成了国家经济体系中的产业空间，而面向小城镇敞开的村落必然永远地被钉在了趋利性的

① "商业渠道的统一国营化引起了小城镇的巨大变化。凡是设置行政机构的小城镇，都有国营的流通渠道，在收购农副产品以及调拨分配农民所需物资上占绝对优势。"费孝通. 小城镇 大问题[M]//中国城镇化道路. 呼和浩特：内蒙古人民出版社，2010：8.

杜子之上。

小城镇在国家经济干预下的趋利化,最终造成了区域内“地方”认同的趋利化。传统城乡关系中的“地方”认同来自“整体”性体验的“能栖居”认同,而“整体”性体验的达成需要三个要素:商贸活动中人与人之间的社会交往、商贸中的神圣空间及谈论空间。20 世纪 80 年代后形成的小城镇居于城乡之间,是区域内“整体”性体验形成的关键要素。然而,小城镇的完全趋利化却使之形成的“地方”认同改变了性质。不可否认,区域内的小城镇实现了村落向城乡关系的敞开,在国家经济之手的主导与调控下实现了“差异的聚集”,因此唤起了“整体”性体验的“地方”认同。然而,问题在于:小城镇所实现的“差异的聚集”不是来自人与人之间自发的社会交往,而是缺乏神圣空间与谈论空间的催发,因此,在这样的条件下形成的“地方”认同,可以说是为实现共同的经济目的而发生的“耦合”,是单纯的趋利性生存行为,并非价值认同。在如此功利化的“地方”认同中,村落民俗无法不是功利性的“伪民俗”。

## 六、乡愁:新型城镇化进程中城乡关系与民俗发展的焦点

在 2013 年 12 月 12 日至 13 日召开的中央城镇化工作会议上,中央针对当前城镇化建设的导向问题,提出城镇建设“要体现尊重自然、顺应自然、天人合一的理念,依托现有山水脉络等独特风光,让城市融入大自然,让居民望得见山、看得见水、记得住乡愁”,这段表述,在语体上颇为罕见。中央决策在城镇化建设导向上为何提“乡愁”? 中央决策文件提“乡愁”本身应已包含了对中国城乡关系的一种定位,值得探讨。

决策文件提“乡愁”的深义,应从梳理中国社会的乡愁传统开始谈起。

中国乡愁传统可上溯至《诗经·小雅·采薇》。经学家孔颖达说这是一篇文王“遣戍役”的演说,而这篇演说正是成功地运用“乡愁”来激励士兵的典范,且看这首诗是怎么唤起人们的乡愁体验的。

全诗前三节是“遣戍役之辞”,就是鼓励兵士们离家去参加战争。第四节说:“彼尔维何? 维常之华。彼路斯何? 君子之车。”这是一个转折。前三节是对一般兵士的激励之辞,第四节则开始描述比普通士兵较高的将帅行

止，渲染了将帅的煊赫。第五节则进一步渲染，“驾彼四牡，四牡骙骙。君子所依，小人所腓。”如此一来，前三节和后面的第四、五节联系在一起，实际上设置了一个竞进意象，目的在于激励一般兵士要努力作战，积功加职。第六节则说：“昔我往矣，杨柳依依。今我来思，雨雪霏霏。行道迟迟，载渴载饥。我心伤悲，莫知我哀！”这一段满含乡愁的文字出现在第四、五节之后，其实形成了对“乡愁”体验发生的一种界定：诸位兵士好自为之，待你们累功至将帅归来之时，故乡风物将满含乡愁、摆袂迎接。所以，这段描述乡愁的著名文字其实点出了“乡愁”体验的先觉前提，即唯有在他乡获得成功之后，才有此闲心来弄愁吟赏。因此，“乡愁”体验并非消极体验，而是对离家游子在他乡有所成就的奖勉。

以此深入考察中国乡愁传统，的确可发现：在中国社会传统中，“乡愁”体验，实质是离开本乡本土的离家者在家乡之外获取安身资本，以新的社会身份认同回望自己与家乡的“距离”，他既无可奈何地承认了这种“距离”，又因自身已获新的安身之所而对这种“距离”产生了艺术性的赏玩，两种体验杂糅在一起即是“乡愁”的况味。没有获取在家乡外安身的资本，“距离”彼岸的故乡于他而言，只有“乡悲”而无“乡愁”。

“乡愁”体验其实是发生于人们在离乡之后因在他乡获得安身资本的回头一望，因此“乡愁”并非消极体验，而是对离乡事实的价值升华。在中国传统社会中，离土离乡经常发生，且这种离开大都出于被动，因此，中国人的离乡往往是包含悲情的；但“乡愁”体验使得这种离乡变成了一次重新认识本土传统的契机，它将人们对本土传统的离乡之痛升华为一种艺术体验和理性执着。“乡愁”发生于那些离开村落却在异地获得了较好生存机遇之人的回头一望，在此“回头一望”中，曾经的故乡成了价值认同的象征，这就是中国文化传统中“乡愁”的真正内涵。

在此意义上，良好的城乡连续体关系应是“乡愁”传统的前置条件。

传统中国城乡关系以市集商贸活动为纽带，使村落向城乡关系开放，在包含着浓厚认同关系的市集贸易活动中，人与人之间实现了“差异的聚集”的“整体”性体验，而这种“整体”性体验则产生了“能栖居”的“地方”认同。在这一城乡连续体区域架构中诞生了“乡愁”体验。在村落向城乡关系开放的状态中，市集等充满生存机遇的场合为走出村落之人提供了良好的生存空间,使他们能够在走出村落后获得生存保障与生命尊严。这种于"异乡"处所获得的生存保障与生命尊严于离乡之人对村落的肯定具有极其重要的意味:首先,生存尊严的获得,使得他们能以宽和、包容之心与他人相处,缔结一种视野广阔、良性互动的社会关系,从而在超越自身生存窘境的意义上形成一种"整体"感,而这种"整体"性体验正是形成"地方"认同之价值观的基础。在对"地方"价值认同的观照中,自身曾经离开的村落世界就不再是单纯的生存的"堡垒",而变成了价值认同的象征。其次,生存尊严的获得,能使离家之人以平和、超脱的心态看待村落的物质贫乏,保全对家乡世界的价值认同。因此,传统城乡连续体中市集等生存机遇较多的地方,在使离家之人获得生存保障与生命尊严的同时,也使他们对家乡的认同上升到了价值层次,这种价值认同将"离家"的忧愁变成了赏鉴与欣赏。

以此来考察20世纪80年代以来中国城乡关系中的"乡愁",则可明白:20世纪80年代以来表面是城乡一体化、实质仍是二元分离的城乡关系,剥夺了离乡之人的生存保障与生命尊严,使中国的"乡愁"变成了"乡悲"甚至是"乡仇"。

20世纪80年代以来,农村的家庭联产承包责任制使农村在打破城乡二元关系的基础上迈出了主动的一步,农民开始从农村这个"生存的孤岛"流动开去,新中国成立后消失的小城镇(传统市镇)大量复兴,这似乎意味着传统城乡连续体的再发生;然而,强大的趋利冲动,促使大量农民离开村落,冲向"能赚钱"的前线,一开始是小城镇,后来是大城市。在城市世界中,大工业生产体系将农村务工者变成了单纯出卖劳动力的"民工",他们付出了艰辛的劳动却收入微薄,虽然收入比之在农村要高,但在被城市消费极度夸张化的生活美景面前,他们的收入却微不足道,由此他们产生了一种生存上的屈辱感。首先,生存的屈辱感使他们以敌视的态度对待他人,尤其是那些与其形成竞争关系的人群,他们带着生存的焦灼体验疏远他人,他们的社会交往世界越来越狭小,越来越扁平化,争取更多的生存资源成为他们的核心冲动;他们在自己生存的世界越陷越深,"整体"性体验无法形成,"能栖居"的地方认同价值感于此无闻。其次,生存的屈辱感使他们对自己家乡的物质贫穷倍感抵触,在城市的物质生活中他们虽处下层,但他们仍然觉得"卑贱"的城市生活也比"尊严"的乡村生活要好,因此,故乡于他们而言就是一段不愿回首却现实存在的“尴尬”存在，这引起了他们对故乡的悲哀甚至仇视。

中央决策文件提出新型城镇化建设要让人“记得住乡愁”，原因正在于新型城镇化建设将在未来创建不一样的中国农民离乡模式，要使农民获得生存尊严并重建“地方”认同。新型城镇化建设作为新一届中央政府大力推行的主体改革内容，其核心乃是人的城镇化，其目标在于打破传统的城乡二元结构，通过深入的地权改革与社会保障体系建设，引导中国“农民”向“市民”转变，使中国农民在地权流转中虽然去家离土，但在合法权益获得保障的前提下，仍能获得稳定的立身资本与身份认同，唯有如此，才能使其在未来的生存竞争中保持资源，维持生存尊严。由此生存尊严才能唤起其“地方”认同的价值升华。而由价值升华做引导，这些在新城镇化建设中离土离乡的农民在对故乡的回头一望中才能产生“乡愁”体验。所以，中央决策文件提“乡愁”，隐含了这样一种承诺：中央推行新型城镇化建设，务必要让农民在离乡离土之后在城市中有得以存身的社会资本与价值认同。

从村落民俗传统的传承而言，中央新型城镇化决策提出记住“乡愁”，将促使村落民俗传统成为凝聚“地方”认同的意象。新型城镇化的启动将对中国村落民俗传统产生巨大影响。围绕土地而进行的生产与生活活动是民俗传统得以产生与传承的基础，但新型城镇化建设的重要内容即是对农村土地资源的整合，这必将影响甚至改变中国农民与土地间的关系，重新定义农民对土地的认同，由此带来的对中国民俗传统传承的巨大影响可想而知。

当村落民众不再依靠土地生活时，民俗传统的意义何在？这种焦虑是实情，但却并非使人绝望。上述焦虑是建立在将村落作为一封闭的生存共同体这一前认识的基础之上，在此村落作为“生存的堡垒”的意义上，民俗传统失去了生存效用的同时也将丧失它的意义。但是，在村落向城乡关系开放的意义上，村落民俗传统不仅具有生存意义，更具有“地方”认同的意义。中央作出的新型城镇化决策，必将推动村落向城乡关系高度开放，村落社会的社区化、城市化甚至全球化都是不可避免的趋势，村落对农作物经济的依赖将日趋减少，在离此不远的前景中，民俗传统的生存特征将日益减弱。然而，这并不意味着民俗传统在新型城镇化建设中的没落：民俗传统的生存特征没落，其价值认同意味却将凸显。在未来新型城镇化所催生的区域格局中,离乡之人在村落世界之外获得了充分的生存尊严,因此他们将能以宽容、肯定的心态进行“地方”认同,回首自己曾经离开的生养之地,回头一望、乡愁绵绵。在此精神性的升华中,村落民俗传统于离家之人将成为实现认同的最佳载体;在满怀眷恋的乡愁回望中,民俗传统便是承载乡愁凝眸的一盏明灯。

(原文发表于《江苏行政学院学报》2015 年第 3 期,有改动)

# 第三编

# 曲艺的老树与新枝

# 柒

# 相声艺术传统与北京城市文明格局的变迁

## 一、上下交融的城市文明格局与“拙而灵”的相声艺术

相声艺术起源于中国传统的戏谑艺术。《诗经》云:“善戏谑兮,不为虐兮。”“戏谑”是形式轻松,“不虐”是内容严肃、一本正经,轻松的形式与严肃内容的结合就是戏谑艺术的本质。先秦的俳优答对、唐代的参军戏、宋代的滑稽戏等,都是中国传统戏谑艺术的代表。中国传统戏谑艺术发展出了“智愚相对”“寓庄于谐”“正反相对”等基本形式结构,这实际上也是后世相声艺术的基本形式结构。然而,在根本的意义上,中国传统的戏谑艺术还无法与相声相提并论,原因在于:传统戏谑艺术在搞笑取乐的同时常常流于油滑,而成熟的相声艺术则具有宽容闲适的守“拙”之德,相声的打趣搞笑来自于闲适从容中所陶育的人生机趣,是一种“拙而灵”的艺术。

成熟的相声艺术产生于清末民初的北京天桥世界。相传,相声艺术的一代先驱是艺名“穷不怕”的朱绍文,云游客《江湖丛谈》有载:“朱派系‘穷不怕’,其名为朱少文,因其人品识高尚,同业人不肯呼其为少文,皆称为‘穷先生’,彼于场内用白沙土子,写其名为‘穷不怕’三字。”①“穷不怕”在北京天桥地带“撂地”卖艺,说学逗唱功夫俱佳,为相声艺术的发展打下了基础。

① 云游客. 江湖丛谈[M]. 北京:中国曲艺出版社,1988.

“穷不怕”授徒“贫有本”，再往后即是相声艺术第三代——京津相声名家“八德”。[①]“八德”之后是一代相声大师张寿臣。张寿臣自幼随父学习评书，后拜“八德”之一焦德海为师，他的相声艺术风格细腻，干预现实，是1949年前相声艺术的高峰。1949年前擅名于京津相声艺坛的还有“八德”之一马德禄之子马三立、张寿臣的徒弟刘宝瑞、艺名“小蘑菇”的常宝堃以及在1949年后成为一代相声艺术大师的侯宝林等人。1949年前相声艺术派系异常复杂，我们在这里所述只是择其大端而已。

那么，1949年前相声艺术的基本面貌如何呢？相声从戏谑艺术发展而来，但是与戏谑杂耍相比又有本质上的区别，相声艺术贵在有“德”，有人格气象。这一时期的相声名家大多出身贫寒但无一不是人格磊落、德行高尚，其中“穷不怕”就是显著的一例[②]。这种人格上的气象落实在相声艺术中就形成了相声的守“拙”之德。所谓守“拙”即是相声艺术中所表现出的看似愚拙，但其实是对于现实世界超然宽容的气象风度。比如当时久演不衰的名段《假行家》，这部作品塑造了一个不懂装懂到最后竟然连东家一块儿卖了的“假行家”。它意在讽刺，但是其感人之处也正在于作品中所体现出的人物形象的愚拙：假行家在不懂的情况下，为了满足买家的要求而不惜血本，东家在假行家把自己卖了之后竟然还答应跟买主走。这种有违常理的愚拙使人感到可笑的同时更使人感到可爱，究其原因：这种愚拙以其在现实逻辑中的不可理喻超然于现实之上，本性呈现，自具一种璞玉之美。再比如马三立的名段《卖挂票》说京剧名角竟然火到人们来买“挂票”一饱耳福，夸张之中独有一种超越现实的朴拙之风。但是相声的守“拙”超世并不是心如木石，遗世自弃。恰恰相反，相声以守拙为德，它超越于现实逻辑之上，自然能以本性面对大千世界，妙趣横生、机变百出，此之谓“灵”。“拙而灵”的相声艺术在引起人们发笑的同时，能使人们感受到笑声背后超越的人格气象，自然有别于一般戏谑艺术的油嘴滑舌与穷形尽相。

纵览1949年前诸相声名家大师的相声作品，我们无一不感到这种如沐

---

① 在此应该指出，相声至“八德”已经从北京延伸到天津，成为一种京津艺术。虽然如此，相声艺术仍然是京派文化的产物，因为天津的城市文化基本上可以认为是北京文化的辐射与易地再生。

② “穷不怕”朱少文在卖艺之时，常常以白沙撒字成对“满腹文章穷不怕，五车史书落地贫”，可见其铮铮风骨、磊落人格。

春风的“拙而灵”的艺术风貌。那么,相声艺术“拙而灵”的美学特质是如何产生的呢?仔细探究下去可以发现它的原因是多方面的,而在这诸多原因中,北京城市文明格局的培育和熏陶应该是最根本的。

北京自元代立都以来,直到晚清,一直是最高权威的象征,“天子脚下”的自我体认使得生活在北京的下等市民阶层对于上层贵族一直保持着鲜活的想象和自我认同,这种想象和自我认同在不知不觉中熏陶、感染着北京下层市民的精神心灵,培育着一种想象中的高贵气度。而最具有戏剧性的是在清末民初,在这个时候北京下等市民阶层的贵族想象因为封建王权的衰败而得到了落实。

清代之初对于北京的规划基本上仍沿袭明制,城市格局森严,贵贱分明,而且从清初起,北京城开始实行满、汉分居制度,满人居城内,汉人居城外,按规定,居住城内的旗人不准从事生产经营,只以吃粮当兵为天职。事实上,与居住在城外自力更生的汉民相比,这些旗人就是一些离北京下等阶层更近一些的“贵族”象征。当时这些不事生产的旗民所占人口比例相当之大,再加上当时在京的任职官员兵勇等,这一批人的数量竟占到城市人口的一半。[①] 这种城市平民与王公贵族一半对一半的城市文明格局在城市史上是少见的,这种上层阶级和下层阶级同等饱和的城市格局使得两者之间呈现出一种异常主动的交流互渗态势。尤其到了清朝末年民国初期,随着封建王权的衰败,阻挡在上层贵族和下等阶层之间的最后一道礼法防线被清除,那些数量巨大的落魄贵族旗人为了生计不得已放下架子在下等阶层中落地生根,而一直氤氲在下等阶层心灵中的贵族想象至此在与落魄旗人的历史性遭遇中落实到了实处,两相激荡就形成了一种特殊的城市文化:贵族精神与市民精神糅合在一起,形成了宽容闲适与机智活泼并存、超世与入世同观的京味文化。在空间形态上,这种京味文化的空间载体是北京前门外的天桥以及下等居民居处其间的胡同、大杂院等,这些场所在城市的政治格局中处于政治约束力最薄弱的位置,因此也是最具有宽容活力的所在,最容易促成不同阶层文化的融合共生。

这种宽容闲适与机智活泼并存的城市文明格局就是“拙而灵”的相声艺

---

① 杨东平. 城市季风[M]. 北京:新星出版社,2006:96.

术滋生的文化之根,宽容闲适的超世精神导向守“拙”之德,而机智活泼的入世精神则是“灵”薮所在。当然,将相声艺术与城市文明作生硬的匹配是错误的,但我们在此所要指出的是:城市文明格局对于相声艺术的艺术风貌而言并不是其产生的直接原因所在,而是一种精神上的导引与培育,有此城市精神则有此艺术风貌,这种城市精神一旦涣散,则此艺术风貌不复存在。反过来,在北京城市文化中,“拙而灵”的相声艺术不独是城市精神的产物,同时它也在积极地塑造着居住在城市中人们的日常生活世界。清朝末年民国初期的北京与整个国家的其他地方一样充满了苦难,国家民族危亡,现实人生的穷极无聊每天都在此上演,尤其生活在社会底层的人们经受着更多的不幸,这种不幸是物质上的贫乏,也是心灵在大时代之变面前的迷惘无助。相声艺术以其朴拙的刻画于苦难的现实世界之外描绘了一个充满机趣、富有人情的日常生活世界,给人的心灵一些安慰,保护着健全的人性不受戕害。这是相声艺术对于城市文明的再创造的意义。

## 二、上下隔绝的城市文明格局与“巧”饰的相声艺术

从北平和平解放一直到20世纪80年代中期,北京城市文明格局发生了巨大的变化。

1949年1月北平和平解放,在多方的努力下,古老辉煌的北平完整地过渡到了新中国,然而就在此时,一场更为微妙的城市保卫战却刚刚开始。从1949年5月开始,在刚刚成立的都市规划委员会上,关于新北京的城市规划便被正式提了出来,建筑学家梁思成与陈占祥及时提出了著名的“梁陈方案”。这一方案的要义在于“它毫不隐瞒地强调保护规划严整壮美的八百年古都”,[①]而这首先是对于新中国成立前上下交融的城市文明格局的尊重和维护。然而,“梁陈方案”很快遭到以苏联专家为代表的另一种新都市规划理念的抵制,在后者看来,保留老城、另建新城的“梁陈方案”首先是在政治立场上站错了方向——而这种指责在当时是对于“梁陈方案”最有分量的指责。最终,1953年定下来的新北京“规划草案”采取的是苏联专家的“以改

① 杨东平.城市季风——北京和上海的文化精神[M].北京:新星出版社,2006:133.

造旧城为主,建设新北京”的观念,而这种“改造旧城”的内涵具体而言就是要把北京改造成“为生产服务,为中央服务,归根结底就是为劳动人民服务”[①]的城市。有学者指出,虽然这一表述“颇为奇特”[②],但意思却是明确的:要把北京从原先的商业型、消费型城市改造成一个工业生产与中央集权合一的城市。于是乎,从20世纪50年代一直到80年代末,或者说一直到今天,北京经历了一个缓慢而痛苦的工业化过程,在“劳动光荣”口号鼓动下的生产劳动大军将古老的北京改造得完全变了样儿,城墙、牌楼、胡同、四合院、天桥……一切阻碍工业化进程的事物都被合理地清除了。到20世纪80年代,北京骄傲地宣布已经建成为“综合性产业城市”。在1980年,北京市工业总产值已突破200亿大关。[③]

然而,在辉煌的工业化进程背后,北京城市文明又丢失了什么?

我们经常忽略一个基本的事实:在计划经济时期,即从新中国成立之初到20世纪90年代市场经济在中国真正放开这一段时期,经济并不是单纯的经济活动,它首先是一种复杂而深刻的政治举动。发生在计划经济时期的北京工业化进程以摧枯拉朽之势扫除了老北京的肮脏、无序,但同时也是以政治强势对于老北京之上下交流生态格局的破坏,上层政治空间成为凌驾一切之上的唯一城市文明形态。劳动光荣,因此劳动者最高贵,而那些游手好闲、提笼架鸟之辈则是应当被清除的败类——在被政治合法化的“生产”语境中,原先那些塑造了老北京人宽容闲适精神风貌的“贵族”想象变成了一种罪孽。在单一、僵化的政治格局中,相声艺术最终呈现出以“巧”为主要特征的基本形貌。

新中国成立后,相声艺术面临着极大的困境,当时曾有一位文艺干部说:“文艺界哪个部门都好办……唯独相声,那里面除了低级、庸俗、拿父母抓哏,就是讽刺挖苦劳动人民。”在一次老相声艺人为工人的表演中曾出现了演员被工人轰下台的场面。于是在1951年,新中国成立前被誉为“京津驰名的滑稽大师”的侯宝林和老一辈艺人孙玉奎合办了“相声改革小组”,其

① 当代中国的北京:上册[M].北京:当代中国出版社,1986:86.
② 杨东平.城市季风——北京和上海的文化精神[M].北京:新星出版社,2006:131.
③ 今日北京[M].北京:北京出版社,1984:95.

目的就是要净化相声，使相声艺术在新中国的语境中获得新生。应该说，“相声改革小组”的改革是卓有成效的，旧相声在两种精神资源上得以落地生根：一个是毛泽东《在延安文艺座谈会上的讲话》；一个是现代知识分子，比如老舍、罗常培、吴晓铃等知名作家学者，他们都是当时相声艺术改革的有力支持者和参与者。

在这两种精神资源中，前者保证了相声在政治上的正确性，这一点是非常明显的，而后一种精神资源对于相声艺术适应新中国意识形态语境的积极推动作用则是隐晦的。旧中国相声艺术在价值取向上是多元的，这主要是因为相声艺术所产生的文化氛围是上下融汇的文化格局，但这种“多元”在新中国意识形态语境中通常被解释为一种异端、逆流，是需要清除的。而相声艺术向现代知识分子群体靠拢，最突出的意义在于赋予了体现着多元价值趋向的相声一种中性的人文知识色彩，相声成了民俗学、语言学、艺术学、社会学的生动注脚，比如这一时期大行其道的《普通话与方言》《改行》《猜字》《戏剧杂谈》等作品就是明显的例证。相声艺术的中性化还体现在对于相声的唯美化的追求上，在这方面，侯宝林的相声艺术创作是一个显著的例子。侯宝林先生功底深厚，1949 年前就享有盛誉，1949 年后他的表演受当时一批知识分子的影响，讲究气势连贯，形式感非常强，体现出强烈的美学创造意识。这种相声艺术的唯美化趋向注目于文本本身的形式化创造，悬置了价值的“多元化”，同样是一种中性化的趋向。以人文知识色彩和唯美化为内涵的中性趋向对于 1949 年后相声艺术的意义在于，它缓解了相声的“多元化”取向与单一政治形态对于相声艺术要求之间的矛盾，使相声艺术以中性的姿态在单一的政治格局中生存下来。

通过对《讲话》精神的领会和相声艺术的中性化改造，相声艺术成了一种干净、明晰的高雅艺术，从原先天桥世界的撂地摊走到了长安大剧院的舞台之上。然而，相声艺术所付出的代价也是巨大的，没有了各个阶层在其中都能听到自己声音的“多元”相声，有的只是一清如水、不偏不倚的“中性”相声。原先那种“行到水穷处，坐看云起时”的宽容闲适之“拙”德、潇洒从容的艺术风貌在慢慢地转化成一种包含着浓厚文人气质的取“巧”趋向。《论语》中有言“巧言令色”，“巧”是包含着机智行为的迎合，在君主专权的封建社会中，“巧”是传统文人面对威严君主时常有的政治取媚姿态；在单一、僵化的北京城市文明格局中，相声艺术以取“巧”的媚姿积极寻求着自身的生存空间。

侯宝林之后，这种取“巧”倾向在随后出现的“歌颂—讽刺”相声中表现得更为明显。

“歌颂”相声的开创者是著名相声演员马季。马季的相声表演艺术与侯宝林不同，侯宝林的表演唯美、程式化，是一种典型的舞台艺术，而马季则将相声重新拉回到现实生活中来。继1956年的处女作《打篮球》之后，马季连续创作出了《找舅舅》《英雄小八路》《登山英雄赞》《画像》《新桃花源记》《女队长》等一系列作品，这些作品的基调是赞美，赞美在社会主义新时期出现的好人好事新气象，情感热烈，形容夸张，开创了相声的新风气。“讽刺”相声的佼佼者是马季的得意弟子——姜昆。事实上，后期马季的创作已经从以赞美为主的相声转向了以讽刺为主的相声，他创作了如《五官争功》这样的讽刺作品。姜昆则将讽刺相声提升到了一个新高度，他的讽刺相声构思巧妙，常常出人意料，具有浓厚的生活气息，比如《电梯奇遇》《楼道曲》《着急》《想入非非》《特大新闻》《打针》《电梯奇遇》等。“赞美”与“讽刺”，一个是鲜花，一个是投枪，好像判然有别，但实际上，两者有着共同的艺术风貌。“赞美—讽刺”相声的主题都是乐观明确的，形象都是单纯可爱的，相声从“瓢把儿”（引子）、“活”（相声的主体内容）到“底”（包袱）的叙事结构的编撰极其单纯，没有大是大非的冲突，有的只是小是小非的误会，故事发生的场所常常是充满阶级信任与友爱的家庭、邻里、公园、理发店、商店、楼道或电梯，作品洋溢着一种如植物沐浴在金色阳光中的乐观单纯。这种乐观与其说是那个时代特有的朴素，不如说是相声艺术在特有的政治格局中的“巧”饰，因为我们都知道，实际上发生在那个时代的真实故事并不比任何灰暗时代要温柔。以作品中的小是小非掩盖了整个时代的大是大非，以漫画式的笔法画出一个灰暗时代的阳光花园，这就是在单一、僵化的城市文明格局中相声艺术的舍“拙”取“巧”。

然而，对于这个时代的相声艺术而言，“巧”饰又不应仅仅理解为对于这个时代真相的掩饰，在其中所透露出的是更深的心灵真实。确切地说，在此时，相声是一个塞满了期望的蜗牛壳，在对时代风雨的漠视和躲避中盛满了人性深处对于简单、乐观生活的向往，它体现了相声艺术对于城市文明的再创造。

## 三、“狂欢”化的城市文明格局与“顽而艳”的相声艺术

在政权取得稳固的新中国,单一、僵化的北京城市政治格局所面临的最大威胁并不是公开对抗的异端政权,而是来自这种僵化政治格局本身所滋生的疯狂的理想主义,红卫兵运动可以说正是这种理想主义疯狂性的典型表现,它是僵化意识形态逻辑发展的极端,也是僵化意识形态从内部溃破的转折点。

来自下层的价值虚无主义产生了与意识形态中心的城市格局并肩而立的“一切都无所谓”的“包容”精神:不再相信和坚持什么,因此任何东西都是可以接纳的。这种“包容”与1949年前北京城上下融汇的情形何其相似,但区别在于:后者的融汇所指向的是对于现实的肯定,而发生在20世纪80年代以来的“包容”则是以容纳一切来消解意识形态中心的单一、僵化,最终形成的是一种包容而叛逆的城市文明格局,培育出的是一种“狂欢”式的城市精神。总之,从20世纪70年代末以来,以意识形态为中心的北京城市格局虽然表面上仍在维持,但是来自城市底部的“狂欢”已经将其蚀空了。

在这种偏离意识形态中心的城市“狂欢”中,由侯宝林、马季等相声大师开创的“巧”饰相声因为对于意识形态中心一厢情愿的天真描绘而显示出其幼稚性和欺骗性。相反,1949年前相声艺术所固有的于峥嵘世事中坐看云起、从容闲适地守“拙”之德在“狂欢”化的城市语境中焕发了新姿,这些从意识形态中心漩涡中脱身而出的城市“狂欢”的信徒们,在相声之“拙”中把握到了一种恰切的表达自身和解构意识形态中心的文化姿态——“顽”的姿态。如果说,“拙”是于世事变幻中的淡定从容的话,那么,“顽”则是以守“拙”的姿态对于单一的意识形态的反抗和消解。“顽”表现为一种似是而非、莫名其妙的愚拙,但是这种似是而非总是成功地混淆着意识形态看似清晰的逻辑,使其显示出荒谬的底色来。“顽”可以走向孤独封闭,但在城市狂欢的语境中,相声之“顽”则表现为一种无确定意义和逻辑联系的意象拼贴,是一种只在感官上游走的“艳”丽。因此,在包容而叛逆的北京城市文明格局中所塑造的相声艺术风貌是“顽而艳”的,这方面的突出代表是梁左的相声创作。

梁左出身名校名门，但长期供职于国家机关。梁左并不是一个专业的相声演员或作者，他是一个写小说的人，但他与著名相声演员姜昆的合作使他创作出了真正具有全国影响的相声作品。20世纪80年代中期，梁左创作了一篇小说，讲的是一个青工掉进动物园老虎洞的故事。后来这个故事被姜昆改编成了相声《虎口遐想》，在1987年春节文艺联欢晚会上播出以后引起了巨大轰动。随后，梁左参与编写的相声作品陆续产生，如《电梯奇遇》《特大新闻》《小偷公司》《灭鼠记》等，每一部作品都获得了人们由衷的喜爱。王朔曾经说："相声由于他的介入，曾经有一番中兴迹象"①，这个评价是恰切的。梁左的相声创作之所以赢得了大众的喜爱，这首先是因为他把握住了大众的渴望。在意识形态中心的幻象溃破之后，人们不再喜欢相声去编织童话，他们渴望着与意识形态中心形成张力的感官狂欢。梁左这样描述《虎口遐想》中人物形象的特征，他说要把故事设定在一个"荒诞的环境"中，但是"荒诞的环境中活动着的却是真实的人物：一个我周围随处可见的小人物，不好不坏，亦好亦坏，心地善良而又调皮捣蛋，知识贫乏而又聪明能干，正派中不失油滑，胆怯中也有勇敢……这就是所谓'人物性格二重组合'吧"②。这种"荒诞"的趋向首先就是对于意识形态中心幻象的规避，而这个人物形象则是一个典型的"顽"主：莫名其妙，似是而非，永远在既定的价值评价体系中找不到位置，因此对于既定的价值体系永远构成着离心的张力。人们在这个人物形象身上感受着解脱意识形态中心的快乐。纵观梁左创作的其他相声作品，莫不包含着这种荒诞的气氛和一"顽"到底的艺术风貌。

与梁左编演搭档的相声演员有姜昆、冯巩、侯耀文等相声名家，这些成长于20世纪80年代的相声演员在表演上既没有1949年前相声演员的大智若愚，也没有20世纪五六十年代相声演员的一本正经，而是风格活泼、机智灵活，能恰当地把握机变与守拙的尺寸，很好地营造了一种反讽的艺术表演张力，与梁左所塑造的"顽"主形象恰好配合，这其中最为出色的应该是姜昆。姜昆在20世纪五六十年代的相声艺术传统后期是讽刺相声的代表人物，但是在《如此照相》(1978)之后，姜昆的相声艺术创作进入了瓶颈状态，

① http://www.lifeweek.com.cn/2006-02-03/0000114400.shtml.

② 余钊.相声艺术入门[M].北京：北京广播学院出版社，1992:61.

这不是因为相声演员个人的江郎才尽，而是因为整个时代风气的变幻。因此，姜昆与梁左的合作赋予了他第二次艺术生命。姜昆的表演夸张而有节制，语言流利，一气呵成，恰如其分地诠释了“顽而艳”的相声艺术风貌。

在狂欢化城市格局中滋生的“顽而艳”的相声艺术，在此时不仅仅体现在舞台表演之上，它同样在影视艺术中旁逸斜出，结出了丰硕果实。

媒介文化大师麦克卢汉有一句名言，“媒介即讯息”，指出承载内容的媒介形式，不仅仅是消极的载体，媒介形式本身就是富有内涵的信息。作为一种特殊的媒介形式，艺术形式不仅仅是艺术内容的传达工具，它更是特定意识形态主动选择的感性形式。相声艺术的表演形式在1949年前是天桥世界的撂地摊，体现出深厚的民本主义观念。1949年后，相声艺术经过侯宝林、马季等相声大师的改造逐渐成为一种舞台表演艺术。相声艺术作为一种舞台艺术，标志着相声成为意识形态中心的牺牲。人们对于“巧”饰相声艺术的不满，首先是从其表演的舞台空间开始的：在人们的心目中，相对于灰暗低沉的现实空间，灯火通明、富丽堂皇的舞台空间是一种幻象和欺骗，而影视（还有小说）在当时的意识形态格局中，因其边缘性则呈现为一种偏离中心的狂欢空间①，于是必然发生了“顽而艳”的相声艺术从“舞台”空间向“银幕”空间的移动。

“顽而艳”的相声艺术在影视作品中落地开花，一个明显的例证就是梁左以相声的表现手法编写的一批“情景喜剧”，其中名气最响的是《我爱我家》和《闲人马大姐》。两部情景喜剧在整部剧情的结构上采用的是单元结构，故事情节在单元和单元之间没有连贯，而每一单元的内在结构则明显采用了相声的表现手法：没有过多的外景和人物行动，人物和人物之间的对话注重“底”（相声中的包袱）的营造，可以说在情景喜剧中，每一段完整的对话都是一个微型的对口或群口相声。而且在这两部情景喜剧中，人物形象，比如和平、傅明老人、志国、志新以及马大姐等身上都体现出鲜明的“顽”主特征，看似精明其实糊涂，看似愚拙其实是守拙，与《虎口遐想》中的“青工”是一路人物。

---

① 一直到20世纪90年代初期，对于大多数人而言，“写小说”和“看电影”还总是被理解为一种包含着社会叛逆的行为，而去剧院观看表演则被看作是一件高雅的事情。

在梁左创作的情景喜剧之外,"顽而艳"的相声艺术在影视空间中再生的另一个例证就是冯小刚编导的一系列"贺岁片"。"贺岁片"作为一种影视类型来自娱乐业发达的香港,是在春节档期上演的影片,一般风格喜庆、情节活泼。但冯氏贺岁片与香港贺岁片如《花田喜事》《大富之家》《满汉全席》等不同的是,在冯氏贺岁片中有一个一以贯之的人物原型——"顽主"的形象。比如《甲方乙方》中"好梦一日游"的全体同仁、《不见不散》中的刘元、《大腕》中的尤优以及《手机》中的严守一,等等,这些人物形象都是一些不折不扣的"顽"主。因此,虽然冯氏贺岁片没有情景喜剧在艺术形式上那么符合相声艺术,但是在其内在精神上,是与"顽而艳"的相声艺术合拍的。而且当我们深入到冯氏贺岁片的幕后创意时,我们更可以确信冯氏贺岁片就是相声艺术这一棵大树上结出来的果实:冯氏贺岁片的创意灵感大部分来自王朔的小说,这一点冯小刚在其《我把青春都献给了你》中写得很清楚;而王朔与梁左私交甚深,梁左逝世之后的悼词是由王朔执笔的,王朔与梁左的交往在很大程度上则是因为对于相声艺术的钟爱,我们看王朔一些小说中的对话和人物形象的塑造,其中所体现出的相声意味是非常浓厚的。梁左、冯小刚之外,陈佩斯的《二子开店》系列电影也塑造了"顽主"的形象,我们虽然不能确切地寻绎出它们与相声艺术的勾连,但其在风格上是与"顽而艳"的相声艺术相呼应的。

最后,"顽而灵"的相声艺术不仅是狂欢化北京城市文明格局的产物,而且它还对塑造北京城市文明格局起着积极的作用。这种塑造体现在:"顽主"以一种不明所以、模棱两可的守"拙"精神解构着政治权威、商品意识形态对于人的异化,为城市生活中人性的自由生长拓宽了空间。

(原文发表于《民族艺术》2007 年第 2 期,有改动)

捌

# 相声艺术发展的当下语境与文化认同

## 一、相声发展应立足当下认同

据考证,相声艺术的历史可以上溯到汉代的俳优戏,然其艺术形式得以定型则是清末民初。自此之后,相声艺术的历史发展大体历经三个阶段:1949 年前传统相声时期、1949 年后至 20 世纪 90 年代新相声时期与 20 世纪 90 年代之后的"泛相声"时期。相声艺术在各个阶段的发展呈现出不同面貌,包含不同的文化价值意涵,但从文化生态角度来看,相声艺术在各个时期的发展面貌又都是面向当下语境,积极适应,构建自身文化认同的结果。立足当下、实现文化认同,应是相声艺术发展的基本姿态。

相声艺术发展立足"当下认同",还建立在对文化生态观念的辩证理解基础之上。

"活鱼要在水中看",对相声艺术之文化生态特性的把握,已成为新世纪相声发展的前提性观念,这无疑是当今相声保护与发展观念的巨大进步。20 世纪七八十年代,人们对相声艺术发展的认识,其前提设定于"相声是一门语言艺术"的层面上,将本身包含丰富文化生态内涵的相声"活动"抽绎、简化成了相声"文本",仅关注对相声语言文本层面的研究,结果造成了相声发展的日益凋敝。进入新世纪,随着非物质文化遗产保护运动的展开,文化生态保护作为一种立体性发展理念逐渐成为业内共识,任一文化对象都像鱼儿活在水中一样，保护鱼儿首先得保护水源，这个并不复杂的文化发展与传承规律，此前一直遮蔽在对“文化”本身的误解之中。而非物质文化遗产保护的意义，首先在于为我们提供了对“文化”的全新认识：文化不是静态的文本，而是一个“活生生”的活动过程。相声艺术，不是照本宣科的“语言艺术”，而是发生在具体文化语境中、承载文化个体之认同内涵的“言语活动”，这是在文化生态保护观念观照下对相声艺术的全新认识。

然而，文化生态保护，这一非物质文化遗产保护观念的创新之处在于确定方向，但方向确定之后，仍有更为关键的问题未被提出来：文化生态，即非物质文化遗产的发生语境，在根本上并非一个客观的存在而是在文化阐释中显身的存在。也就是说，对于一种非物质文化遗产而言，何种文化生态应被保护，这并不是一个“显然”的事实，而是一个需要“发现”的过程。“还鱼于水”，不错，但是河水、井水、海水还是其他的水，并不是已经准备好的，而是需要我们去选择。

这样问题就出来了。事实上，学者们在确定非物质文化遗产的文化生态时，常常脱离不了知识论思维的影响，偏向于考察保护对象静态的、保护性的古典语境，比如强调与保护对象相关联的仪式、传统、信仰，等等，而较少想到一个问题，即非物质文化遗产保护是立足当下、面向未来的运动。正如联合国教科文组织 2003 年 10 月通过的《保护非物质文化遗产国际公约》中所说，它所要达成的，是“各个群体和团体随着其所处环境、与自然界的相互关系和历史条件的变化不断使这种代代相传的非物质文化遗产得到创新，同时使他们自己具有一种认同感和历史感，从而促进了文化多样性和人类的创造力”①。文化认同感与历史感，就其文化生态保护的意义而言，在本质上是立足当下、面向未来的文化行为。因此，从非物质文化遗产保护而非学术研究角度而言，文化认同感和历史感的形成，一方面应在古典语境中明确保护对象的“前生”，这是基础，但也仅仅是基础；另一方面更要“发现”保护对象在当下语境中的“当下”，即将之置于当下发生的文化语境中来观其文化应对与生长态势。今天，学者行为中暴露出来的非物质文化遗产保护的问题，正在于我们已发现保护对象的“前生”，却没有勇气将之投入“当下”语境

① http://baike. baidu. com/view/1434733. htm.

中。因此,在文化生态保护的意义上,非物质文化遗产保护应着重考察文化对象在其应对具体文化语境的行为中所体现出的当下性素质。

当下性,就其字面意义而言,所强调的是时间上的当代性,但作为文化人类学概念而言,它所指的是与传统主义相对而言的一种文化行为,是指文化个体在具体的文化语境中,从自身的文化应激性而非文化传统观念出发,积极应对,实现认同,于非稳态的文化场域中实现自我文化平衡的行为。“当下性”观念,是西方现代性思想的核心观念。根据马歇尔·伯曼的梳理,现代性思想在西方兴起于16世纪初至18世纪末,是随着资产阶级现代大工业生产方式动摇人们的传统观念而产生的应对性的现代价值哲学。对个体而言,现代性思想的核心就是在价值失序时代主体的自我重建;当下认同,是现代性文化个体区别于古典文化个体的重要分野。

因此,相声艺术发展应立足当下认同,并非单纯强调发展现代相声(说新创新,仅仅是在内容和题材上追求所谓的现代意识),而是强调,相声艺术作为一种发生于具体文化语境中的艺术行为,在其艺术行为中所体现出的当下应对与现实认同是其发展的前提和基础。

当然,从学术研究的角度来看,重建相声的传统语境肯定是必不可少的,但学术研究在与非物质文化遗产保护运动遭遇时,其位置应当被充分摆正:学术研究所揭示出的相声传统内涵是基础,但也仅仅是基础;传统可以是相声文化认同行为当下性发生的重要前提,但对相声的未来发展和保护而言,承认、发现相声艺术的当下性发生,把握相声传统在与“当下”遭遇时所产生的变化,尤其是所焕发出的文化认同生机,才是关键问题。在这一取向的统摄之下,相声艺术的传统语境是基础,而当下语境中相声艺术的当下认同才是重点。

下面我们即从相声艺术的文化生态角度考察百年中国相声的当下认同内涵。

## 二、传统相声与新相声中的当下认同

清末民初,传统相声在其定型之初,在其演出形态上啸聚街头,多以村骂自贬为乐,尚处在满足人的感官娱乐为主的阶段。然而,相声艺术从清末民初也就开始了它脱胎换骨的升华历程。在这一升华过程中,中国伦理文化起到了凝聚、明确其认同意旨的关键作用。

传统相声的升华，论其关键人物当推张三禄、朱少文、李德钖、张寿臣、马三立、刘宝瑞、侯宝林等人，而这些人物在相声艺术发展过程中所起到的作用，正在于他们自觉承袭了中国伦理文化，罢黜早期的感官之娱，推动相声艺术从大俗向大雅升华，唤起相声艺术中的伦理幸福。张三禄相传是“八角鼓”的高手，因其经常出入显贵之家表演，艺格自高，在遭受排挤不得不“撂地”说相声之后，自然将其艺格带入其中。张三禄弟子朱少文原是学戏，后学戏不成才从艺相声，侯宝林称朱少文为相声史上“承前启后的相声名家”，其之所以受如此推崇，原因就在于自他开始标榜相声的伦理彰化之意义。朱少文学识丰富，在其表演之初，经常白沙撒字招徕观众，其经常撒的一副字联是“满腹文章穷不怕，五车书史落地贫”；在其成名之后，更是悬联名志，上联“无时不怕穷经皓首”，下联“力精食志朱紫著身”，横批“舌治心耕”。正是从朱少文开始，中国传统相声于日常生活调笑中俗世点化，彰显文化品格。继其余绪，第四代相声传人“万人迷”李德钖说相声冷面示人，无取媚之态而广受欢迎；第五代相声传人张寿臣、马三立通过相声整理、身先示范，创造了中国传统相声之文化品位彰显的最高峰；第六代相声传人侯宝林、刘宝瑞更是于其创作和表演实践中，积极吸纳中国传统文化之营养，使相声彻底摆脱了街头村骂的低级水平，洋洋乎而成为中国传统文化传承的一大端绪。

相声艺术的伦理升华，其意义特别重大，原因就在于，在此一升华过程中，相声从原先感官之娱的个人表达变成了民间个体或群体由此而实现向上认同的象征之“乐”。众所周知，中国传统文化之层次性特别明显，官方、精英与民间泾渭分明，稍有逾越，即被视为越礼。但中国传统礼制文化内含一绝大矛盾，即在严苛的礼制区分中，各个文化层次文化个体的内在欲望无法得以释放，最终造成“情”对“礼”的冲决。此一矛盾在孔孟儒家思想中由孔子提出并由孟子解决。《孟子·梁惠王下》中，孟子与王论乐（音 lè），提出真正的快乐不是“独乐乐”而是“众乐乐”。所谓“众乐乐”，其实就是主张王应“与民同乐”。“与民同乐”一方面允许个体欲望的表达，另一方面又使此个体欲望受到他人的校正，从而解决了“礼”与“情”的冲突问题。但王“与民同乐”的意义，孟子在文中只是从“王”之立场指出其一方面的意义，即“今士与百姓同乐,则王矣";另一方面,即从"民"之立场而言的意义则被隐昧了,但其意义同样重大:在此"众乐乐"的共在空间中,"民"得以实现向上文化认同,在此文化认同中,"民"实现了自我存在的确认。

传统相声在艺术形式上为实现这一向上文化认同而充分展开,具体体现在:

**(一)传统相声的前奏往往是开宗明义,点明教化**

传统相声因多是"撂地",为招徕观众常常设计各种形式的先行演出,在此种种形式中,哄闹卖丑者有之,但相声发展逐渐使包含道德劝谕意义的形式占了上风。比如朱少文的"白沙撒字",一手白沙撒字,嘴里还要唱着俗世道德点醒的太平歌词,诸如《劝人方》《秦琼观阵》《不求人》等,都是如此。还有书词儿。传统相声演出前多有吟唱书词儿的,这一形式应该借鉴自说书艺术。大部分书词儿,比如《西江月》《打油诗》《五行诗》《新名词》《赞马诗》等,不含笑料,但其目的在于亟亟劝人向善。太平歌词、书词儿等都是传统相声独有的演出前奏形式,它们起到了将观众引入伦理认同的重要作用。

**(二)以"包袱"为特征的作品形式以其节奏美感营造了观众的共同在场**

"包袱"在相声艺术中有着无可置疑的重要性,作为笑的艺术,相声艺术与其他艺术的差别就在于"包袱"①。"包袱"是相声艺术营造喜剧效果的重要形式。与笑话、滑稽剧等以出人意料方式逗笑不尽相同,"包袱"讲究的是三翻四抖、铺平垫稳,即要经过三个层次的气势蕴蓄,最后才将出人意料之处抖出,引发笑声。从其效果而言,相声与笑话等都是以"出人意料"引人发笑,但关键的不同之处在于,相声将这种"出人意料"包裹在了三翻一抖的节奏韵律中抖出,富有美感的节奏包含了个体的节制,消解了"出人意料"中所包含的纯粹的、满足感官之寻求惊异的成分,真正实现了个体快乐与伦理约束之间的融合,完成了"独乐乐"向"众乐乐"的升华。所以,相声中的"包袱"绝不仅仅是营造笑料的手段,它还包含着相声演出现场各参与个体实现相互伦理认同的契机。

---

① 侯宝林:"相声与笑话的区别,不仅仅在于艺术手法趋于复杂,更重要的是利用艺术手法组织'包袱',获得喜剧效果。"侯宝林,等.相声溯源[M].北京:人民文学出版社,1982:46.

### （三）在人物形象上，相声塑造的多是以个性抑制为特点的“稚拙”人物

与经典艺术不同，相声中的人物主要是市井之徒，而且这些人物几乎都经过了漫画式的处理，语言天真，行动稚拙，在他们身上洋溢着前现代社会中小国寡民、人性淳朴的美好刻画。相声《抓药》中，药铺老板为了补齐顾客的药方竟然可以把自己搭进去，诸如此类的刻画，涉于荒诞但不离奇，传达了相声艺术对于伦理盛世人性美好的幸福营造。

1949 年后，新相声在文化认同上实现了伦理认同向意识形态认同的转变，而传统相声则遭遇了认同危机。这种认同危机体现在两个方面：一方面是认同内容上的危机。传统相声的伦理内容非常丰富，但在 1949 年后的相当长一段时间内，在意识形态思维中，不论实际情况如何，封建伦理都是反动而应当予以摈弃的。另一方面是认同实现的危机。传统相声以对伦理认同营造了“众乐乐”的共在氛围，街头、茶馆、堂会等充满开放、互动契机的传统相声演艺空间为面对面的“共在”认同提供了媒介载体。但在 1949 年后，新的意识形态不仅对传统相声的认同内容提出了批判，更为新相声的表演指定了形式，这就是“舞台”的出现。

1949 年前的相声演出并非不登台，比如茶馆中就有基本的舞台形制，但茶馆、堂会中的“舞台”可以说是“街头”的空间延伸，仍然是“面对面”的共在。1949 年后的相声舞台就不一样了，新社会的“舞台”存在着这样的文化隐喻：舞台是人民的舞台，是党和政府的喉舌，因此，舞台必须是“正确”的舞台，意识形态的在场构成了此时舞台演出的基本隐喻①。在此隐喻笼罩之下，当时的相声演出，大部分被安排在万人大礼堂、体育馆、文化宫、工厂文体活动室等这样一些城市空间体系中代表主流、正义的空间层面。而且，1949 年后的相声演出，如同其他官方文艺演出一样，为保证现场演出“效果”，往往是演出之前有组织动员，演出之中有人维持秩序，演出之后还要汇报感想，等等。如此一来，与传统相声演出相比，1949 年后相声的舞台演出

---

① 罗荣寿：“作为一个演员，要认识到自己可不单纯是个演员。在舞台上是个演员，在政治上就是个宣传员，在三大革命中又是个战斗员。演员的任务是宣传党的政策，宣传毛泽东思想。演员是不拿枪的战士。毛主席讲文艺是‘团结人民、教育人民、打击敌人、消灭敌人的有力的武器’。”罗荣寿. 相声表演漫谈［M］. 上海：上海文艺出版社，1979：5.

实际上通过意识形态的在场和强硬植入,有效抵消了传统相声以伦理认同为中介的共在,同时缔结了观演人群之间面向意识形态的想象共同体。

然而,1949年后新相声的意识形态认同是否涵括了当时相声认同的所有层次?文化认同作为社会个体的文化行为,就其实现而言,并非抽象地给予和接纳,在被给予与接纳之间应当包含一个主动的体验层次,被认同对象如不能实现对文化个体之体验诉求的唤起,是无法真正实现文化认同的。传统相声中,被动给予的伦理原则是以人们主动的共在体验为实现基础的;在新相声的意识形态认同中,如果只存在意识形态在文化个体缺乏体验诉求的前提下强行"植入",则必然会造成认同的失败。

事实上,从认同实现的角度看,新中国成立后成功的新相声在其认同构造上不仅包含着以"国家"为核心的意识形态认同,同时构撰了以普泛化的家庭伦理为核心的伦理想象。"家—国想象"是舞台时代相声艺术实现成功认同的核心机制。① 新相声创作之所以成功,在很大程度上即把握了这一认同实现的复杂性。

新中国成立之初,老舍先生创作的一部作品《家庭会议》,可以说是开创这一传统的先导。《家庭会议》拟构了一个家庭环境,"家"里有代表社会保守形象的父辈以及代表先进形象的后辈,家庭矛盾是当时社会矛盾的反映,而矛盾则是在"家庭会议"上解决的。该作品的意义正在于通过家庭生活独有的细节表达、情感,唤起实现了人们对抽象社会现实的具象认同。②

其后,新相声的成功之作,如20世纪50年代的《社会主义好》《夜行记》《买猴》,80年代的《如此照相》《虎口脱险》《电梯奇遇》等,基本都是沿袭这一创作思路。只不过在其他作品中,"家"开始出现泛化,从传统的"家"向同样具有家庭伦理唤起意义的单位、街道、邻里、公园等公共及半公共空间普泛化延展。在这些作品中,故事"主题都是乐观明确的,形象都是单纯可爱的,相声从'瓢把儿'(引子)、'活'(相声的主体内容)到'底'(包袱)的叙事结构的编撰极其单纯,绝对没有大是大非的冲突,有的只是小是小非的误会,故事发生的场所常常是在充满阶级信任与友爱的家庭、邻里、公园、理发

① 本观点出自高小康教授未刊文章。

② 侯宝林,等. 相声艺术论集[M]. 哈尔滨:黑龙江人民出版社,1981:54.

店、商店、楼道、电梯，整部作品洋溢着一种植物沐浴在金色阳光中的乐观单纯。”①这种乐观朴素的基调正是当时“社会主义大家庭”为人们所唤起的视像图景。

“家—国想象”的实现同样是自出现至20世纪90年代春晚相声获得极大成功的重要原因。1983年第一届春晚开播。1984年第二届春晚，马季演出单口相声《宇宙牌香烟》，自此，春晚相声作为舞台相声的新形象闪亮登场。在相当长的一段时间里，自出现至20世纪90年代，春晚相声口碑甚高，广受欢迎。那么，为什么这样一种缺乏在场体验的电视晚会相声会获得成功？究其原因，春晚相声迎合了特定时刻人们的“家—国想象”。

特定时刻是指“大年夜”。“大年夜”是家人团聚的伦理欢会，新中国成立以后，随着社会主义运动对传统家庭以及伦理结构的深层渗透与重构，新中国的“大年夜”就不再是单纯的“家庭”伦理欢会，同时还成了一个与“国家”同庆共在的时刻，“小家”与“大家”同在成为“大年夜”的重要想象诉求，而春晚相声携带着国家欢庆的视像进入家庭欢庆的聚会中，正迎合了这一诉求。姜昆是春晚相声的典型代表，点数其多届春晚相声，比如《夸家乡》(1984)、《看电视》(1985)、《照相》(1986)、《唱歌的姿势》(1986)、《虎口遐想》(1987)、《电梯奇遇》(1988)、《捕风捉影》(1989)、《无所适从》(1990)、《楼道曲》(1993)、《踩脚》(2001)、《我有点晕》(2009)等，可以发现其共同特征在于：作品刻意回避宏大主题，着重描绘日常生活场景；这些场景设置在我们熟悉并产生家园认同感的空间，其中的人物则是20世纪八九十年代典型的“淘气”形象——冲动、善良，对新中国日新月异的生活充满了好奇。事实上，这样的人物与场景搭配正好符合传统中国人对理想家庭的想象——一个能让我们“淘气”、平淡却温暖的家，而这样的家庭想象由电视这一包含着国家隐喻的媒介制造出来，正为“大年夜”晚宴时刻的人们提供了恰如其分的“家—国想象”之寄托。

① 耿波. 相声艺术传统与北京城市文明格局的变迁[J]. 民族艺术，2007(2)：62.

## 三、相声回归剧场的当下认同

进入 20 世纪 90 年代,随着家庭伦理在消费大潮中的日渐式微,新相声的"家—国想象"失去其认同的体验基础,相声在回归剧场的过程中开始重建多元化认同。

在新中国的现代化进程中,承载中国传统的家庭伦理一直走向式微。究其原因,在社会层面意识形态对传统家庭的渗透、重塑,耗夺了家庭伦理在新时代的生存活力;在文化层面,则是 20 世纪 80 年代末至 90 年代初,当代中国消费文化崭露头角,并日渐以其价值虚无主义冲击着家庭伦理的根基。

中国当代本土消费文化,在其诞育之初,并无西方消费主义那样深刻的政治诉求,它所表达的仅是贫困已久的中国人在无须为温饱焦虑之时,所产生的摆脱管制、表达自我的个体焦虑。这一焦虑促使着社会个体刻意回避对家庭伦理的依归。因此,进入 20 世纪 90 年代,家庭伦理在整体中国社会价值体系中虽然仍占据很高的位置,但在社会个体的体验诉求中已然失去了其中心位置。这直接造成了 90 年代以后以"家—国想象"为基本认同基础的新相声遭遇批评的境遇。对新相声的批评集中体现在对春晚相声的非议之上。

1992 年春节晚会的相声首次遭到普遍指责①。梁左认为,春晚相声之所以遭遇危机,原因在于其越来越多地被赋予了"赞颂"的基调而失去了"讽刺"的力量。这是有道理的。但问题在于,新相声的"赞颂"基调此前一直存在,也曾为许多人所认可,为何在 1992 年突然被痛批呢?因此,要探寻 1992 年春晚相声危机的原因,我们在承认其负载了过多正面"赞颂"之外,还应承认:危机同样或更多来自于新的消费文化语境中人们对相声的认同出现了变化,换言之,我们应去追问人们在对相声"讽刺"性的需求中包含着什么样的认同诉求。

① 新相声代表作家梁左——姜昆多届春晚相声作品的作者,在《相声内外》中写道:"今年(1992年)的春节晚会不理想,尤其相声,简直溃不成军。演员都是一流的:姜昆、唐杰忠、侯耀文、石富宽、牛群、冯巩、李金斗、陈涌泉……说句大话,都是往台上一站就能把观众逗乐的主儿。今年怪了,乐的少,骂的多,看完一撇嘴:什么呀!"梁左. 笑忘书:梁左作品选[M]. 北京:华艺出版社,2002.

在1992年的6部春晚相声作品中[①]，后来舆论显示只有《论捧》一篇作品被评价较好，被认为较多体现了“讽刺”的力量，因此将这一作品与舆论评价不高的《美丽畅想曲》对比，能使我们对1992年左右相声艺术的新的认同内涵作出进一步把握。

《论捧》，其艺术水平并不出众，而其获得好评的原因在于，这一作品面向现实的开放尺度很大，作品通过“吹捧”的形式依次暴露了官僚意识、公款吃喝等在当时已日渐敏感的社会问题，引起了人们的同感。与之相比，姜昆、梁左合作的《美丽畅想曲》，所反映的也是当时风行一时的“整容风”，有赞美也有讽刺，但是在面向现实的尺度上明显偏小。如果说《论捧》反映的是“社会问题”的话，那么《美丽畅想曲》关注的只是“社会风气”，后者只是围绕着“整容”展开了无穷无尽的“淘气”幻想，比如让整容的老两口“对暗号”“挂标牌”等，这其实是沿袭了此前《虎口遐想》的风格，是新相声“家—国想象”的典型作品。然而，1987年春晚的《虎口遐想》能赢得观众的认可，五年之后，《美丽畅想曲》却被观众抛弃，转而追捧《论捧》这样的作品，说明时至1992年，中国民众在时代的推动下，其体验诉求已从对“家”的想象转向对“社会”问题的参与及在社会层面上表达自我的强烈意识。在这一意识觉醒的背景下，那种刻意回避社会问题、只是在封闭性的“家”的想象中进行“淘气”幻想的新相声传统已然显得幼稚、虚假。

因此，新相声“家—国想象”认同危机产生的原因，是舞台相声抑制了新的语境中人们参与社会、表达自我的诉求。而与舞台相比，传统剧场被认为是参与表达更为充分的展演空间，因此20世纪90年代随着春晚相声日益遭到质疑，舞台相声时代逐渐告终，相声发展回归剧场。

1996年，相声名家李金斗提出了“相声回归剧场”的想法，但相声回归剧场的实现要到新世纪初[②]。然而，20世纪90年代至新世纪初相声的“回归”

---

① 1992年春晚相声节目共有《小站联欢会》（侯耀文、石富宽）、《美丽畅想曲》（姜昆、唐杰忠）、《办晚会》（牛群、冯巩）、《民族乐》（克里木、常佩业）、《宠物热》（李金斗、陈涌泉）、《论捧》（阎月明、李建华、王平）、《改门脸》（唐爱国、齐立强）。

② “2001年9月，中国广播说唱团、中国铁路文工团说唱团与民族文化宫大剧院等公司联袂在民族宫大剧院连演五场《相声欣赏晚会》，场场观众爆棚，这是回归剧场的开始。”马戎戎. 我们到哪儿听相声[J]. 三联生活周刊，2004(11).

还只是从电视回归到舞台剧场，舞台剧场本身的仪式性限制了人们参与和表达的欲望尺度，同时也为舞台相声传统留下一席之地。这一折中的做法，其实传达出的是相声界人士的真实心态：他们一方面把握住了消费时代人们对相声的真实诉求；另一方面又因为自身即是舞台相声传统的产物，舞台剧场是他们提出的折中解决之道。

进入新世纪，随着"文革"后新生代逐渐成为当代中国消费文化的主体，他们已然失去了对于这一折中立场所包含的文化矛盾的同情，他们的参与意识更加强烈，仪式化的相声舞台剧场已然不能满足他们的需求，或者说他们需要寻求新的相声剧场仪式，以此实现社会参与和自我认同。2006 年，以郭德纲及其德云社为代表的另类剧场相声，或被称为"新剧场相声"的大"火"，正是这一心态的反响。

新剧场相声同样是"回归剧场"，但"新剧场"很明显不同于"舞台"剧场，"新剧场"满足了消费社会新生代们表达自我、热烈参与的多元认同：

**（一）城市草根阶层的"狂欢"想象**

"草根"是一个相当模糊的称呼，严格来说，它并不是指生活贫困以及社会弱势群体，而是指文化上的失落群体。"草根"的文化失落，其实质是消费时代被精英文化所抛弃的大众文化群体借助民间文化，面向精英文化的指控。消费时代，消费文化造就了大众文化与精英文化之间的对抗关系，而民间文化与精英文化之间的对抗关系则一直存在。当后者的"对抗"在大众文化逻辑中被有效利用，就造成了消费时代"民间"的造反，即所谓"草根"的造反，但其实质是大众文化的造反。

这就说明了在新剧场相声中，"酷"的新生代为何对相声这一民间艺术形式如此钟情，因为作为来自民间的笑的艺术，相声一开始即被认为代表着民间文化对精英文化的"狂欢"式反抗，众多消费社会的"白领"们正是裹挟着被精英文化指责的失落心态，表达了对相声艺术的认同。郭德纲在《五十年相声之现状》中的一段话一直被新剧场相声的拥趸们所激赏："非得让相声教育人？非得每段都有教育意义？我不服！知道吗？（观众喝彩/掌声）让人受教育的形式太多了！放了相声吧！饶了它吧！它也没害任何人，就让它给大伙带来点快乐，我觉得很好啦已经！不用这么苛求。是不是？"

### (二)庸人时代他人引导的"英雄"神话

消费时代已无真正的"英雄",但对"英雄"的需要又是人们根深蒂固的集体想象。新剧场相声,为消费时代的庸众们提供了"英雄"的幻象①。

郭德纲深谙此道。郭德纲的相声的确有此功力,但其更高明之处则在于他常常跳出表演"相声"的边界而表演"自我"。时下郭德纲备受追捧的两个段子,《我要上春晚》和《论中国相声50年之现状》,这两个作品的奇特之处在于,它们都不是以"笑"引人追捧,而是以"论"折服观众。《我要上春晚》抨击的是春晚相声,《论中国相声50年之现状》则对中国新相声进行了总体检讨,人们从中备受冲击的不是其喜剧效果,竟是从中看到了一位拯救相声的"英雄"!不仅如此,通过博客以及各种媒体渠道,郭德纲更为此"英雄"的崛起补写了"前传",其中广为传颂的就是那一段"最困难的时候,台下只有一个人"的段子。

郭德纲所塑造的"自我",是一位传统文化的继承者、现代社会的奋斗者及对当前社会不公平现象的犀利揭发者,这涵括了消费时代"白领"们想象中"英雄"的基本要素。人们被彻底征服了,"据现场的钢丝回忆,那一天,天桥乐茶园满座,连站的地方都没有了。演出结束时,许多人哭得和泪人似的。郭德纲的现搭档于谦当时就站在台下,也是泪如雨下"②。与郭德纲一样,新剧场相声的主创们都经历了如此的"英雄"叙事。比如《新民周刊》曾对"嘻哈包袱铺"的主创有这样的描述:"回忆起当初的岁月,高晓攀一丝苦笑浮过脸上……"③

### (三)认知失控时代的认知"再造"

认知形成,是文化认同的重要内容。消费时代,巨量信息造成了人们对于现实本身的认知失控,对当前信息进行梳理,"再造"人们的认识范式,使之纳入主体感知可以掌控的范围内,成为一种内在需求。

新剧场相声以其对当前各种信息热点的特别梳理,适应了这一需求。

① 施爱东.郭德纲相声的"真"与"善"[J].清华大学学报,2007(2).
② 曹红蓓.相声界的江湖[J].中国新闻周刊,2006(6):24-27.
③ 王悦阳."80后"说自己的相声[N].新民周刊,2009-02-09.

比如以80后为创作主体的“嘻哈包袱铺”,“从充满着‘恶搞精神’的《白娘子传奇》,到改编自西方童话的搞笑版《灰姑娘》,再到今天呈献于观众眼前的《有相有声》,几乎每一部作品都引起了同龄人的追捧。其受欢迎的原因,正在于相声剧特有的艺术手段——将时下流行的网络语言、热门事件、搞笑元素都融入其中,引起了80后的群体共鸣”①。

然而,新剧场相声将种种信息热点纳入表演中,不仅仅是简单的信息播报,更重要的是:信息时代的认知失控,其本质并非是信息超载,而是信息所携带的文化语境之间的彼此冲突,导致接受主体价值观念的内在失控。在新剧场相声中,来自不同文化语境的信息被全部抹平,一律“笑谈”,如此,全部“笑谈”化的信息首先解除了人们内在的价值困惑,从而使人们的认知能力重新获得了掌控。

## 四、相声艺术的产业化及其“日常认同再生产”

相声艺术产业化,一开始即存在,但在今天才凸显为一个问题。

2009年3月,全国(天津)相声新作品大赛作品拍卖会在北京举行,16部相声作品均以高价拍出,成交总价逾百万元②。这是相声艺术产业化最近的一个动作,同样引起轩然大波。在此之前,“相声MBA班”“郭德纲热”等一系列社会影响颇大、关乎相声的新闻都凸显出了相声的产业发展趋势。然而,在这一充分商品化的时代,为什么相声艺术的产业化驱动会如此引人注目?这其实牵涉到消费时代人们关于相声的集体想象与文化认同的问题。

相声艺术的文化特征,在于其充分的日常生活化与伦理尊严。艺术之林中,像相声这样方便易得的艺术形式并不太多。它的表演几乎不需要任何附加设备,工具是日常语言,技巧来自日常言谈,在多动荡的近现代中国历史上,各个时期的底层群体最方便易得的娱乐就是相声,“一分钱听七段”

---

① 王悦阳.“80后”说自己的相声[N].新民周刊,2009-02-09.

② 全国(天津)相声作品大赛作品拍卖会在北京举行[EB/OL].(2009-07-03)[2019-01-03].http://www.tianjindaily.com.cn/tianjin/content/2009-07/03/content_790740.htm.

的打趣其实并不全是调侃。然而，相声又是如此充满尊严，它以“众乐乐”的共在体验方式实现了日常大众以伦理为中介的向上认同，以此在与官方文化、精英文化的张力关系中保持着一份自信。

正因其代表着日常生活中的自我认同，所以在日常生活日益遭受商品意识形态剥蚀的今天，相声艺术的产业化触及了当代消费社会人们守护日常生活世界及其体验的敏感神经，造成了相声艺术产业化新闻的轰动效应。在这一集体想象的守护者看来，产业化意味着商业堕落，必然会使相声从日常生活的守护者变成日常生活的败坏者。

这一担心不无道理。然而，从辩证的角度看，这一担心所造成的“鸵鸟主义”同样不可取。相声艺术不是日常生活僵化的守护者，日常生活本身是活态的，时移世易，发生于日常生活中的自我认同不仅要存在，更要在新的语境中寻找新的存在。产业化进程使部分相声艺术传统遭到抛弃，但同时也为其在产业化时代构建新的日常生活世界中的自我认同提供了契机。

产业化之所以能为日常生活的自我认同提供契机，根本原因还在于约翰·菲斯克所指出的大众文化本身的矛盾。在以霍克海默、阿多诺为核心的西方马克思主义看来，晚期资本主义的文化工业将彻底抹平大众的主动感受能力，造成“日常生活世界的堕落”(列斐伏尔)。但在菲斯克开来，西方马克思主义的错误在于忽视了大众文化自身的矛盾性：面对资本霸权，大众文化一方面是臣服的，另一方面又充满了创造性的反抗；在臣服的意义上，日常生活将被资本逻辑所改写，但在创造性反抗的意义上，资本的增值将同时成为大众文化在对其反抗、博弈的过程中，实现自身认同并不断发展的增值过程。

因此，我们应明白：相声艺术产业化的关键问题，其实并不在于相声要不要产业化的问题。必须产业化，这是大趋势。关键在于，如何通过相声的产业化来实现消费时代底层大众日常生活之自我认同活态保护的问题；由此认同保护出发，所谓产业本身的创意、规划及其他产业逻辑的展开，才是真正可行及可持续的。与仅仅关注产业利润获取的发展模式相对的是，我们将相声艺术产业化的这一要求称为“日常认同再生产”。

当前相声艺术产业化实践中是否已出现“日常认同再生产”的成功范例？答曰：有，相声与电视情景喜剧联姻造就的新的相声样态。

20世纪七八十年代,电视因其作为政治“喉舌”与“高科技”的象征而负载着浓厚的意识形态媒介隐喻。进入90年代,电视拥有量急剧膨胀,电视在中国当代文化语境中扮演的角色逐渐从意识形态“喉舌”变成“消费品”,这造成了新语境中电视成为隐喻淡化、意义抹平的“新电视”。“新电视”已不适合承载旧内容,这是电视晚会相声在20世纪90年代之后急剧趋冷、走向没落的另一原因。“新电视”媒介隐喻的缺失对社会认同形成的意义是辩证的:媒介隐喻的缺失,一方面使人们失去了认同形成的外在契机,另一方面又解放了人们创造内在的、包含日常生活体验的认同契机的巨大能力。因此,“新电视”一方面造成了电视晚会相声的没落,另一方面也产生了新相声之后相声发展借助“新电视”进行“日常认同再创造”的种种动向,其中最为成功的当属电视情景喜剧《我爱我家》(1994)。

《我爱我家》是相声应用于电视剧形式的第一部成功作品。《我爱我家》与相声艺术的关系显而易见。其主创编剧梁左是中国新时期最优秀的相声作家,作品包括《虎口脱险》《小偷公司》《电梯奇遇》等。《我爱我家》在作品结构上处处可以看到相声的影子:作品采用的是单元结构,故事情节在单元和单元之间没有连属,而其内在结构则明显采用了相声的表现手法。没有过多的外景和人物行动,人物和人物之间的对话注重“底”的营造,可以说每一段完整的对话都是一个微型的对口或群口相声。然而,这部作品真正的成功之处并不仅仅在于电视对相声的形式借鉴,而是电视与相声合作完成了对“日常认同的再生产”。

在这部作品中,“新电视”为我们提供了“家庭”这一日常生活共同体的影像,相声则赋予了这一电视“家庭”以特有的生活节奏、情趣以及品味。作品中的笑声并非全部,笑声是一种引导,在笑声背后,我们感受到了或者说被唤起了对特定时代家庭气氛、人格形象以及种种生活细节的日常生活场景的主动营构。它满足了人之重新回归群居生活的本性需求,这种满足带来的是一种巨大的幸福感,而这种幸福感在当时商品意识形态的摧折之下已日益稀少。

《我爱我家》通过相声给我们生产了整体性的“日常生活”以及由“日常生活”唤起的幸福认同。自此,《我爱我家》成为学习的榜样。梁左随后的《闲人马大姐》(1999)如法炮制,同样获得成功,只不过这一次日常生活共同体从“家庭”转移到了“胡同”。梁左之后,中国电视情景喜剧的创作模式基本被奠定,虽然有种种差别,但设定一个日常生活共同体意象,然后再由相声来点化其日常生活节奏与情趣的模式则是一致的。2004 年,另一部以相声为骨架的电视剧《杨光的快乐生活》由天津相声父子名家杨少华、杨议制作完成。作品甫一播出,好评如潮,原因也在于抓住了相声艺术通过电视媒介实现“日常认同再生产”的秘诀。

电视情景喜剧不仅实现了相声在消费时代的“日常认同再生产”,更重要的是为相声艺术的产业发展提供了驱动性的媒介经济新框架。

就其作为一种传统演艺产业而言,相声在充分媒介化的今天实际上已逐渐丧失竞争力,因为票房收入构成了传统演艺产业的基本利润点,但在今天,媒介传播不断发展,正在渗透和重构着传统演艺产业的各个产业要素,演艺场所由现实剧场变为虚拟空间,演艺文本在媒介空间中瞬间发散,可以想象,随着媒介框架成为未来社会的基础框架,相声表演的观赏在浩渺的媒介空间中唾手可得,“买票听相声”将与相声表演一样成为一种另类表演,而与产业无关。因此,相声艺术产业发展的未来经济框架不应置放于传统演艺产业之上,而应通过将自身星散于日渐发达的媒介经济框架之中,在守护自身“日常认同再生产”的前提下,以此实现对更为强健的经济脉动的搭乘,而相声艺术对电视情景喜剧的融入无疑走出了可贵的第一步。

（未刊）

玖

# 相声艺术的产业化之路与日常生活再生产

## 一、“卖艺”:传统相声的经营之道

中国传统相声艺术以微言而蕴大义,是中华文化传统中的进“道”之“艺”。

传统相声发源于戏谑文学。戏谑文学肆于应对的特点铸造了相声艺术的基本面貌,但戏谑文学又流于油滑、失其真率。近代以来,经过李德钖、张寿臣、马三立等大师的陶炼,相声艺术在文化品格上已是推陈出新,与中国传统文化接续血缘,承载了中国传统文化的真义。

众所周知,中国传统文化是伦理文化,但传统伦理文化的内在矛盾在于:伦理权威抑制下的个体欲望无法自我释放,此即中国哲学所谓“情与理”的冲突问题。《孟子·梁惠王下》给出了关于这一矛盾解答的思路,提出“独乐乐不如众乐乐”的观念①。“众乐乐”一方面提倡个人快乐,另一方面又要求个人之乐要同乎众人同乐,只有这样的“众乐乐”才能合乎“人情”配乎“王德”,实现了“情与理”矛盾的解决。因此,众人同乐就成为中国伦理体系中个体激情释放的合理形式,而在中国艺术传统中,与士大夫艺术传统相对的民间艺术正担当了这一角色。相声艺术,作为中国民间艺术中的典型代

① 《孟子·梁惠王下》:“(孟子)曰:‘独乐乐,与人乐乐,孰乐?’(王)曰:‘不若与人。’曰:‘与少乐乐,与众乐乐,孰乐?’曰:‘不若与众。’”

表，正是从戏谑文学中格调升华，通过营构群体生活与唤醒群体经验，在“众乐乐”中实现了传统文化的接续。

与其他民间艺术相比，传统相声有其自身营构群体生活的方式：第一，作品结构以“包袱”为单位。“包袱”，是相声艺术的独特结构，讲究的是“三翻四抖”，通过关节埋伏的巧妙结撰，层层蕴蓄，最后造成令人耳目一新的喜剧效果。包袱的长短要恰到好处，太短则气促，太长则气缓，比一句话要长、比一段话要短的恰切的包袱，通过层层翻新引逗出的笑声节奏正好切合在人们周期性的一呼一吸之间，从而营造一种氤氲全场的整体性节奏。① 第二，松散开放的叙事方式。与经典艺术环环相扣的叙事结构不同，相声艺术在其叙事结构上自由松散。相声艺术是典型的现场性艺术，表演的对象、地点以及现场偶发事件往往不可设想，这就需要相声表演得有“平地扣饼”的本事，活抓现用，将眼前事转化生发融合到“包袱”的翻抖中去，表演出来，使当事人旁观者乐在其中。第三，塑造的是以“稚拙”为特色的人物形象。相声中人物形象的塑造也极有特色，主要特征是市井小人物，而且这些人物几乎都经过了漫画式的处理，语言天真、行动稚拙，在他们身上洋溢着前现代社会中小国寡民、人性淳朴的美好刻画。相声《抓药》中，药铺老板为了补齐顾客的药方竟然可以把自己搭进去，诸如此类的刻画，涉于荒诞但不离奇，应该说是传达了相声艺术对于伦理盛世人性美好的幸福营造。总之，相声艺术在艺术形式上以“包袱”的营造和抖开为节点，使观众和表演者之间、观众与观众之间以对于日常伦理的文化回忆和认同为中介形成了共同在场的群居艺术景观，这正是相声的魅力所在。

“众乐乐”的伦理诉求促生了相声艺术的基本风貌，同时也限定了传统相声艺术经营的尺度：传统相声不排斥以相声为谋生手段，但绝不会将此“手段”置于伦理“目的”之上。因此，传统相声，与其他大部分民间曲艺一样，对自身这种微妙的谋生处境做出了有趣的命名：“卖艺。”艺，“养国子以道，乃教之六艺：一曰五礼，二曰六乐，三曰五射，四曰五驭，五曰六书，六曰

① 杜威提出了审美经验中“一个经验”的观念，相声艺术的“包袱”节奏“三翻四抖”，实现了圆满的周期性节奏的营造，正符合这一审美观念。杜威. 艺术即经验[M]. 高建平，译. 北京：商务印书馆，2005.

九数”(《周礼·保氏》)。相声之“艺”与“技”不同,“技”是技巧,“艺”则是“技而进乎道”的进德之径,而“卖艺”之谓,即是将进德之径卖与众人,凸出了世俗点化的意思。在“卖艺”观念的笼罩之下,传统相声演出一方面通过群体娱乐实现伦理的认同,另一方面则通过群体娱乐获取演出酬劳。但后者很明显处在压抑、弱化的状态之中:付钱听相声所花费的是“闲钱”,而演员获此也仅仅是“饱腹”而已。在伦理诉求对演出酬劳的抑制中,传统相声的经营摇摆于道德与商业之间。

相声艺术在其经营中潜在而强大的伦理诉求体现在方方面面。其习练之初,讲究入门拜师;习练过程中,一些道德信条,如孝、诚、勤等融入技艺提高的基本前提中,人与从艺紧密结合,等等。因为相声演出是“艺”事,所以为了赚钱而恶性竞争就完全违背了初衷。在传统相声演出中,虽然竞争日趋激烈,但相声业界对恶性竞争的自我遏制同样坚决。侯宝林的《相声技艺》中有这样的记载:“开场时所唱的,一般是几个人的群唱,用在节目之间的,一般都是个人单唱。因为开场时观众是从无到有,人多声大,能把远处的观众请过来。江湖艺人有个规矩:唱门柳儿招人时不管用多大嗓子都行,可是不许‘出笼’(走到场子以外去),因为这是抢别人的生意,被视为不道德。个别人也有出笼的,就要受到同行的指责。”[①]除此之外,因为演出本身包含着伦理诉求的抑制,所以相声表演索取酬劳时就无法直接开口,而是要在兼顾伦理尊严的前提下衍生出若干巧妙“讨要”的形式,比如茶馆演出中以茶钱代票费,堂会演出中演出酬劳被称为礼金。更有意思的是,在“撂地”即现场演出中,更发展出了体面的要钱方式,业界称之为“杵门子”:“另一个是‘杵门子’。这是同行的术语,指的是在‘撂土地’时每说完一段跟观众要钱的技术。当年‘杵门子’很重要,因为跟艺人们的肚子有直接关系,弄不好,费了半天劲一个钱也要不到。有的人说相声不精,可是‘杵门子’好,分钱的时候也分一整份儿,可见艺人们对它的重视。‘杵门子’要根据不同的场合、观众,随机应变,其中又有所谓‘刮纲儿’和‘红义纲儿’区别。”[②]“刮纲儿”虽然就是绕着弯子骂人,但不会过火过分,目的还是在于以友好的打趣引活气氛,从

---

① 侯宝林. 相声技艺[J]. 文艺研究,1981(3):80.

② 侯宝林. 相声技艺[J]. 文艺研究,1981(3):87.

而使这一要钱行为看起来更像是与当下演出无关的事情，为的还是维护相声演出本身的伦理尊严。

传统相声艺术通过对群居娱乐空间的营构，满足了伦理诉求与激情释放双重目的的平衡，在此平衡格局中，传统相声经营基本上不可能形成真正的产业化规模，而永远停留在封建经济的手工作坊阶段，这就是传统相声艺术经营的尺度所在。现代产业发展观念认为，产业发展的重要基础是规模的膨胀，膨胀带来新的契机，契机产生新的膨胀。传统相声经营以其对伦理情怀的持守，从根本上否定了产业膨胀的可能，无疑是落后的。然而，伦理诉求对相声经营尺度的抑制，如果从艺术升华与产业发展相互助长的角度来看，又可以给我们提供诸多可借鉴之处。

比如，伦理诉求对经营尺度的抑制促成了相声艺术风格向美的升华。对于传统相声而言，能够“黏”住观众、聚拢人气是其演出成功的关键。起初，传统相声实现人气聚拢的方式如同丑剧，熙熙攘攘的集市大街上，相声表演喧嚣鼓噪，甘于下流，以至出现了很多传统相声段子在表演之前要对个别听众“劝退”，比如女性和小孩，意为表演内容太过猥亵，怕污人耳目。低级风格固然可以“黏”人利市，但已丧失伦理底线，因此在传统相声发展中，它始终为一代代相声大师，如李德钖、张寿臣、马三立、刘宝瑞等自觉抛弃。相声泰斗张寿臣说：“在相声里不怕‘包袱’少，就怕你使不好。要打算使好一块活，得从多方面下功夫，光使‘洋闹’就会歪曲了段子的思想意义，‘包袱’再响也不顶事，因为那样对咱们相声事业的发展没好处。”[①]马派相声的代表人物马三立这样总结自己的相声表演艺术：“我不喜欢拿好架势才出场，也不喜欢用大喊大叫、超刺激的怪声、怪气、怪象找噱头。我要用语言和形体动作把观众引入我为他们提供的特定环境，使观众如见其人、如闻其声、如临其境。我用‘包袱’把观众逗乐，又要使观众在感觉上并不以为我是有意识在逗他。”[②]至于“单口相声大王”刘宝坤，学者们是这样总结其表演风格的：“他语言节奏的迟急顿错也是最讲究的，用他的话说‘非得有打闪纫

① 张寿臣.我对传统相声的看法[J].曲艺,1961(5).

② 王决,汪景寿,藤田香.中国相声史[M].北京:北京燕山出版社,1995.

针'的功夫,包袱能响与否'只是一头发丝儿之差'。"①传统相声艺术发展至其巅峰,已与喧嚣街头、以哄闹赚人眼球的形态有霄壤之别,而这都端赖传统相声中道德诉求的持守。

一再重申传统相声中的伦理诉求,并非要将传统相声揭示为高台宣教的另一种形式。传统相声经营的特别之处就在这里:它的根深扎在中国传统文化的伦理土壤中,伦理诉求在相声对群居生活方式和群居体验的营构中,转化为了在场之人鲜活的认同体验和幸福回忆,以此作为"卖点"形成了在平衡中求胜的经营王道。

## 二、"卖票":舞台时代相声艺术的产业化迷思

新中国成立后,传统相声由"撂地""茶馆""堂会"进入"舞台"表演时代,与传统相声经营相比,"舞台"时代相声发展的产业困境,在于舞台表演对相声艺术中群居经验与生活方式的破坏,使得相声失去了自身独有的"卖点"。

新中国成立后,相声艺术经历了一次脱胎换骨。20 世纪 50 年代左右,在由政府发起的曲艺净化运动中,相声首当其冲被整改净化,这就是相声发展史上影响深远的"相声改革运动",主其事者是侯宝林、孙玉奎、刘宝瑞等一些功力深湛、思想先进的相声大师。相声整改之后,传统相声面貌一变,内容、风格以及主题等方面皆有重大改变。从产业发展角度来看,影响最大的变化还是艺术展演方式的变革:舞台表演成为此时相声展演的主要方式,从此中国相声发展进入舞台相声时期。新中国成立前,相声也有登台表演,比如茶馆演出,但茶馆中的登台演出与我们所谓的"舞台"相声含义是不同的,关键在于两者虽然同为舞台,但其媒介隐喻却有差异。

"媒介隐喻"的提法来自尼尔·波兹曼(Neil Postman,1931~2003),他从麦克卢汉的名言"媒介即讯息"出发进一步提炼出了"媒介即隐喻"的思想。"媒介隐喻"论提出,媒介作为传播载体同时也是一种语言形式。正如语言本身的体态、语气等包含着超出内容之外的意义,媒介的意义也不仅取决于媒介传达的内容,更取决于媒介所处的文化语境,文化语境构成了媒介

① 薛宝琨. 刘宝瑞和他的单口相声[J]. 博览群书,2002(2):11.

超越于内容之外的隐喻性内涵,此即“媒介即隐喻”。以此考察,茶馆中的“舞台”,可以视为“街头”的空间延伸,两者都是古典时代人们凭借伦理关系形成群居空间的载体,伦理在场构成了茶馆“舞台”的基本隐喻。故此,茶馆舞台与观众之间的距离在似有若无之间,而在茶馆中欣赏相声也不必被动地去“看”相声,而是各行其是,只在与别人的交际中用耳朵“听”相声而已,这充分体现出茶馆相声“舞台”的本质还是在调动人与人之间的伦理往还,形成认同空间。

但新中国成立后的相声舞台就不一样了。这时的舞台,作为演出媒介,存在着这样的文化隐喻:舞台是人民的舞台,是党和政府的喉舌,因此,舞台必须是“正确”的舞台,意识形态的在场构成了此时舞台演出的基本隐喻。在此隐喻的笼罩之下,新中国成立后的相声舞台就成了敌我斗争的舞台。20世纪50年代,老一代相声艺人在工厂演出,就因为内容落后而被现场观众轰下台去,这在之前的相声演出中从未发生过。当时的相声舞台演出,大部分被安排在万人大礼堂、体育馆、文化宫、工厂文体活动室等这样一些城市空间体系中代表主流、正义的空间层面。在演出现场,由于空间特别巨大,观演人数众多,舞台设置在远离观众自然视听距离之外,因此在舞台上出现了各种各样的灯光、影音设备,通过电化手段将相声表演传递给观众。而且,新中国成立后的相声演出,如同其他官方文艺演出一样,为保证现场演出的顺利进行和演出效果,往往是演出之前有组织动员、演出之中有人维持秩序、演出之后要汇报感想,等等。如此一来,与传统相声演出相比,新中国成立后相声的舞台演出实际上是通过意识形态的在场和强硬植入,有效取消了传统相声以伦理认同为中介的群居生活方式与群居生活体验的营构,同时缔结了观演人群之间的朝圣共同体。在此意义上,舞台成为各种电化设备装饰起来的“圣坛”。

当舞台成为“圣坛”,“圣坛”上的相声表演也将面目全非。新中国成立后的相声发展,在艺术上当然不能说无所创新,但总体上是趋向没落的,这种没落首先就是从“圣坛”舞台上的表演开始的。“圣坛”相声,因为失去了与观众的直接面对,在舞台电化设备所营造的“效果”氛围和意识形态在场所营造的“正确”氛围中,以大幅度的肢体表演和准确的意识形态修辞结撰作品,传统相声中对“包袱”三翻四抖之精妙气局的营造,在这样的表演场合中已变得不可能,也毫无必要。新中国成立后舞台相声的僵化主要体现在这两种趋向上:一是新中国成立后侯宝林先生相声表演中体现出的相声知识化和唯美化,即相声在弱化其伦理认同的意义上所体现出的中性化倾向,这方面的代表作有《普通话与方言》《改行》《猜字》《戏剧杂谈》等;另一个则是以马季先生为代表所创作出的"歌颂—讽刺"相声。这一相声类型,意识形态鲜明而朴素,"主题都是乐观明确的,形象都是单纯可爱的,相声从'瓢把儿'(引子)'活'(相声的主体内容)到'底'(包袱)的叙事结构的编撰极其单纯,绝对没有大是大非的冲突,有的只是小是小非的误会,故事发生的场所常常是在充满阶级信任与友爱的家庭、邻里、公园、理发店、商店、楼道、电梯,整部作品洋溢着一种植物沐浴在金色阳光中的乐观单纯"①。

舞台成为"圣坛",相声自然成了"展览",而人们"买票进场"观演相声的行为也就成了一种政治仪式而与自发的体验需求无关,因此也就与从此需求产生的产业行为无关。传统相声的经营有效平衡了伦理尊严与赚取钱财之间的关系,关键在于它所卖的是"艺",是包含着伦理认同的群居生活方式与群居体验;舞台相声则失去了这一最有价值的"卖点",它卖的仅仅是"票",而"票"在舞台时代的本质是政治符号的票据化。考察舞台时代的"票"的种种社会特征是有趣的。首先,舞台时代的"票"不是市场价格机制的产物,票价的制定与演出的成本核算、利润获取之间毫无联系。其次,舞台时代的"票"的真正价值是其所包含的政治公信力:能够持"票"说明你的政治正确。舞台时代的相声演出现场就出现了大量的"内部票",这些票的来源一般是各个单位的工会发放,在特定的意义上,成为持票个体合法属于某单位的凭证。最后,舞台时代人们对于演出"票"的政治信赖已经取代了对于相声艺术演出本身的期待,从某种程度上可以说,"票"以其政治隐喻的含义强行掩盖了人们关于相声艺术的大部分体验期待。总之,在"票"的意识形态遮蔽之下,舞台时代的相声艺术就其产业特性来说是虚无的,其实质是以经济符号为表征的政治评测,或者是一种国家产业。

进一步,舞台相声并不止于现实舞台的演出,计划经济时代(20 世纪 50 年代至 80 年代)广播电视中的相声同样可以说是舞台相声的变体,这与计划经济时代广播电视的媒介隐喻相关:广播电视作为无线媒介,在媒介特征

① 耿波.相声艺术传统与北京城市文明格局的变迁[J].民族艺术,2007(2):62.

上与现实舞台差异明显，但其媒介隐喻却是相通的。计划经济时代，广播电视尚属稀少物品，在人均拥有量大幅膨胀之前，中国的广播电视和现实舞台一样同为意识形态管制下的媒介载体，意识形态在场的媒介隐喻是显而易见的。因此，当时广播电视中的相声其实成为现实舞台表演的一种延伸，不同之处在于：现实舞台中的相声表演塑造着当时城市公共空间中的朝圣氛围，而广播电视中的相声演播则携带着意识形态的媒介隐喻深入家庭、邻里、社区等私密性空间，塑造着城市私密性空间中的朝圣氛围。

广播电视中舞台相声的成熟形态是电视晚会相声。电视晚会相声的滥觞应该是 1983 年第一届春晚。本届春晚是相声进军电视的极大胜利，晚会主持人包括师徒两代相声名家（马季、姜昆），相声大师侯宝林讲话致辞，相声表演有 8 段之多（还不包括相声化了的喜剧小品），占晚会总节目的六分之一。自此之后的历届春晚更是无相声不成席，而由春晚所衍生出的各种电视晚会在制定节目单时，相声更是首选。相声艺术与电视晚会的成功融合，究其原因当然包含相声易于营造喜庆氛围的因素，但其更深层原因则在于：电视晚会的媒介隐喻是“国家”的在场，它与电视晚会观看过程中家庭成员团聚当下而形成的“家”的伦理想象相互应和，而相声为这一“家—国”文化认同提供了恰切的欢乐符码。

在由计划经济向市场经济转型的过程中，随着电视数量的逐渐增多，电视晚会相声逐渐超越现实舞台而达致舞台相声的高峰。与此同时，电视晚会相声在其艺术创造和产业经营上的失败也达致最高点。先说艺术创造，因为广播电视从根本上取消了相声演出的现场性，而强化其“宣传”的严峻性，所以在现实舞台表演中已然匿踪的艺术意蕴在此更加破落。正如有人指出的：“电视晚会相声一个段子经常只给演员 5 分钟，包袱还没系上呢，就得抖出去。那其实不叫相声，而是笑料。笑料没有回味的余地，属于快餐。抖包袱则不然，这是一个复杂的过程，中间不能断，事后让人回味无穷。”①再说其产业经营，与现实舞台相声一样，电视晚会相声的产业属性同样是虚无的，原因很简单：计划经济时代（以及稍后几年），电视晚会的举办通常是政治任务，根本就不存在投资与回报的利润测算问题。

---

① 王小峰. 郭德纲：一个被夸大的相声现象[J]. 北方人，2006(4)：12.

## 三、“重返剧场”:消费时代相声产业发展的象征经济

相声的真正“卖点”在于其中寄寓了人们本性渴望的群居生活方式与体验,“舞台”时代的相声首先丧失了对于这一群居生活方式与体验的营构,然后丧失了产业发展的可能。然而,对群居生活方式与体验的渴望因为出自人的本性,它必然要推动相声艺术不断发展,这构成了21世纪以来相声“重返剧场”的新走向。

相声“重返剧场”为人们所关注起自于郭德纲的“火”。2006年11月4日凌晨2时45分,随着长达7个多小时“相声接力跑”的结束,持续了6天的德云社10周年庆典也终于在北京民族宫剧场落下帷幕,而郭德纲这个已在相声江湖打拼十几年的传奇人物终于一炮成名。郭德纲相声的大受欢迎在根本上是因为他舍弃了“舞台”相声的传统,立起“剧场”相声的大旗,重新恢复传统相声自由交流的表演空间,以此重新营构起了相声演出空间中的群居体验和生活方式。

然而,相声“重返剧场”有一个问题未得到解答:在伦理权威逐渐衰落的消费时代,伦理认同已然式微,新“剧场”相声又是凭什么重新营构了人们群居生活方式的想象和体验?以郭德纲为个案,我们发现这一问题的答案就是“象征性叛逆”符号的剧场树立与相互认同①。

考察郭德纲的相声演出,“叛逆”豪言比比皆是。比如在其中有名的《五十年相声之现状》中,他如此慨言:“非得让相声教育人?非得每段都有教育意义?我不服!知道吗?(观众喝彩/掌声)让人受教育的形式太多了!放了相声吧!饶了它吧!它也没害任何人,就让它给大伙带来点快乐,我觉得很好啦已经!不用这么苛求,是不是?”如此悲情的“叛逆”表述经常出现在郭德纲的自我描述中。再比如,“2005年11月5日夜11点多,街上行人寥寥,秋风起处,落叶四飘,与刚才戏院内的花团锦簇、叫好连天形成了很大的反差。车向北京方向驶去,徒弟们依然沉浸在方才的兴奋中,我将头扭向窗

---

① 对于郭德纲现象所体现出的当代文化认同之详细分析,请参阅施爱东《郭德纲相声的“真”与“善”》,《清华大学学报》2007年第2期。

外,夜色中的天津,既熟悉又陌生,1995年含恨离开这里时,我咬牙发誓,10年之内我郭德纲一定要杀回来,今天我如愿了。可此时心中,并不仅仅是高兴,更多的是感慨……”①这是更加古老的“叛逆—复仇”叙事模式。如此等等,不一枚举,但总的趋向是郭德纲将自己塑造成一个因为“叛逆”而承担复杂人生的当代英雄。很明显,郭德纲的“叛逆”倾诉已完全溢出了相声的范畴,但其意义不可估量。“舞台”时代,意识形态的强行植入造成了相声艺术对于人的基本体验诉求的抑制;进入消费时代,娱乐为王,舞台相声的抑制已内化为人们的不满,这种不满连带起对转型期中国更多不适应现象的不满,于此引发了一种普遍性的“叛逆”意志。这样的“叛逆”意志需要表达,而郭德纲自我标榜的“叛逆”行为也因此获得了广泛的拥护,成为“象征性叛逆”。在此意义上,消费时代的相声“剧场”取代计划经济时代的“舞台”成为当代社会人们认同的空间,“那一天,天桥乐茶园满座,连站的地方都没有了。演出结束时,许多人哭得和泪人似的。郭德纲的现搭档于谦当时就站在台下,也是泪如雨下”②。

“象征性叛逆”也构成了郭德纲相声艺术文本的基本特征。在郭德纲的相声中,其对于笑的节奏的营造很明显不同于传统相声注重结撰“包袱”的做法,他引起人们发笑的秘密不在于节奏,而在于其塑造的言说“姿态”③。郭德纲相声的现场气氛很好,但这并非来自于“包袱”的引带,而是他惯常拿时下新闻、绯闻说事,想象出窍,口无遮拦,毫无节制的油滑与似真似假的认真掺杂一起。比如,“相声好啊!抨击丑恶,藿香正气。”“这哥们儿抢了银行开车就上了北三环。下午五点半!警察到的时候在路上堵得正瓷实。”“发财了,朋友们,郭德纲是一个有钱的人啦。到中午吃饭的时候就打电话:喂,美国白宫吗?给我转一下食堂王师傅,要一份卤煮火烧,俩菜底儿啊,对,要一个小二,一份牛扒,不要牛肉啊,直接放洋葱就行了”等等。这样一些说辞,向人们提供了一种观照当下现实的独特角度,戏谑、游离、游击战式的,

---

① 陈艳涛.“非著名相声演员”郭德纲的非主流生活[J].新周刊,2006(1):84.

② 曹红蓓.相声界的江湖[J].中国新闻周刊,2006(6):24.

③ 郭德纲说:“每次说相声,都不一样,都是临场编的。如果观众没反应,是抻得太长,那就紧上去。如果这儿还能加东西,那就撕开,有时候现场我能把节目给改了。”王小峰.郭德纲:一个被夸大的相声现象[J].北方人,2006(4):7.

敌在明我在暗,不必负责、尽情消解,这正迎合了人们实现叛逆的冲动。

“象征性叛逆”不是郭德纲一人的专利,在很大程度上它已成为新时代“剧场”相声的共同诉求。在体验诉求是产业构建之基础的意义上,我们认为,新时代“剧场”相声的产业模式即是一种象征经济。象征经济又称符号经济,是以象征性符号的生产、流通与消费为基本内容的经济模式。在新时代相声“剧场”中,社会中普遍存在的被抑制情绪寻找能够释放不满的象征性符号,生产并借助各种媒体推广这些符号就构成了当代相声“剧场”的基本产业内容。然而,“剧场”相声的象征经济是否真正解决了消费时代相声产业发展的问题?似乎并不尽然。

象征经济的捍卫者、法国哲学家波德里亚指出,象征经济的基础是仿像(simulacrum)。所谓仿像即对不存在之物的模仿,其实就是符号体系的自我创造。正因为其经济前提是符号体系的自我创立,失去了对现实层面的指涉,所以象征经济在构造了符号消费“仙境”的同时也使人失重,使人热衷于梦呓似的自我表达、欲望发泄,最终造成象征经济在实现产业赢利的同时过度放纵了人的欲望。而这,正是当前“剧场”相声产生发展隐忧的原因所在。

不可否认,当代“剧场”相声再造了氛围,如一位记者在其观察中写道:“年轻人喜欢来茶馆听相声主要是为了感受剧场氛围,因为观众和演员有很多互动,观众叫好,演员演起来也兴奋,容易出彩。”然而,这一观察继续揭示了相声“剧场”的深层面相:“……先上来的是一个说快板的年轻人,说的是一个传统段子。也只有快板能镇得住场子,因为茶馆里特别吵闹,聊天的、嗑瓜子的、打电话的、要茶水的此起彼伏。接下来上台表演的全是相声,表演者一律长袍马褂,而且是清一色的50岁以上的老演员。每对演员演完都加说一小段,有好几个都属于带点色的现代段子,听众反应比主段子更加热烈。”①还有,观察者向我们揭示了“剧场”相声所包含的初衷与现实之间的矛盾:剧场演出的负责人(此处个案剧场是天津“众友相声艺术团”的演出)向来访者强调,相声“重返剧场”就是要捡回相声的“老活儿”,张扬传统相声的艺术品位,“话虽这么说,可记者在现场还是听到了很多建立在‘互相当对方

① 袁越.京城白领新酷行——赶去天津听相声[J/OL].[2005-12-15](2012-01-30).http://www.lifeweek.com.cn/2005-12-15/0002713924.shtml.

爸爸'基础上的笑料,这些笑料引起了很多观众热烈响应"[1]。当代诸多相声"剧场"其实并不如诸多"钢丝"(郭德纲之拥趸)所想象的那样代表着民粹政治和底层伦理的剧场复生,"象征性叛逆"在失重的符号环境中最终将回归为娱乐而娱乐,毫无节制欲望的消费式满足是相声"剧场"无可奈何的选择。

相声"剧场"中旺盛的消费式娱乐冲动像一个永远饥渴的孩子,在社会的抑制日益增强的情况下,"剧场"相声就是其索取刺激和欢乐的地方,他需要那些脆弱的象征符号来寄托身心。"剧场"相声中这一强劲的心理需求催促着相声艺术的新变。姜昆曾这样评价湖南相声演员大兵的表演:"大兵的相声最令人称道的是他的表演。……从结构上看,他们的作品加快了叙述的节奏,不局限于传统的铺平垫稳和三翻四抖,往往开门见山直奔主题,甚至'随翻随抖'或'一翻数抖',使观众的欣赏心理始终保持在兴奋状态。"[2]节奏加快,甚至是抛弃节奏;语言弱化,舞台表演强化,这是新的心理需求之下的相声的创新。对于这种创新,应该肯定,但更应持警惕的态度,因为这种创新实际上已走到了悬崖边上。相声艺术的美在于其"包袱"的"翻""抖"所蕴蓄而成的节奏气势,使人裹挟其中,感受美的韵律和自在从容的生活韵味。当相声变成了笑料包袱的"密集式打击",当相声仅仅是为人们提供一种"兴奋"的笑时,相声还是独特的吗?如此一来,一部相声作品与一个脑筋急转弯又有什么区别呢?笑,是相声艺术的全部吗?

从产业角度来看,当相声"重返剧场"将其群居生活方式的想象与体验营构建立在"象征性叛逆"释放的基础上的时候,它还能维持多久?以此为基础的象征经济又能维持多久呢?

## 四、日常生活再生产:相声艺术产业化的要义及面向新媒体

相声艺术产业化,一开始即存在,但在今天才凸显为一个问题。

---

① 袁越.京城白领新酷行——赶去天津听相声[J].三联生活周刊,2005(45).

② 姜昆.在笑声中回味——谈大兵相声的表演风格和艺术追求[EB/OL].(2008-05-13)[2012-01-30].http://chinawriter.com.cn/bk2008-05-13/31924.html.

2009年3月,全国(天津)相声新作品大赛作品拍卖会在北京举行,16部相声作品均以高价拍出,成交总价逾百万元。[①] 这是相声艺术产业化最近的一个动作,同样引起轩然大波。在此之前,"相声MBA班""郭德纲热"等一系列社会影响颇大、关乎相声的新闻都凸显出了相声的"产业"层面。然而,在这一充分商品化的时代,为什么相声艺术的产业化趋势会如此引人注目?这其实牵涉到消费时代人们关于相声的集体想象的问题。

相声艺术,作为民间艺术的典型形态,与传统经典艺术的重要差异在于相声艺术是充分日常生活化的艺术。在艺术之林中,像相声这样方便易得的艺术形式并不太多。它的表演几乎不需要任何附加设备,工具是日常语言,技巧来自日常言谈。可以看到,在多动荡的近现代中国历史上,各个时期底层群体最方便易得的娱乐就是相声,"一分钱听七段"的打趣其实并不全是调侃。它又如此值得信赖,在民不聊生的新中国成立前,一个大子儿就可以暂时舒缓一下痛苦的神经,更可以在群居性生活方式重新树立的瞬间恢复生活的尊严,即使是在相声大面积被意识形态"征用"的"舞台"相声时期,相声也仍然是单调时代人们承载日常生活想象的载体之一。可以说,相声以其对人们群居生活方式的想象与体验的艺术营构,成为各个历史时期人们守护日常生活世界的集体想象。

正是因其充分的日常生活化,所以在日常生活日益遭受商品意识形态剥蚀的今天,相声艺术的产业化触及了当代消费社会人们守护日常生活世界及其体验的敏感神经,造成了相声艺术产业化新闻的轰动效应。在这一集体想象的守护者看来,产业化意味着商业堕落,必然会使相声从日常生活的守护者变成日常生活的败坏者。这一担心不无道理,发生于20世纪80年代的"文化搭台,经济唱戏"的确留下了后患。然而,从辩证发展的角度看,这一担心所造成的"鸵鸟主义"同样不可取。相声艺术不是日常生活僵化的守护者,日常生活本身是活态的,时移世易,日常生活不仅要存在,更要在新的语境中寻找新的存在形态。产业化进程使相声艺术的部分传统遭到抛弃,但同时也促使其在产业化时代为构建新的日常生活世界而"守护—创造"。

---

① 全国(天津)相声作品大赛作品拍卖会在北京举行[EB/OL].(2009-07-03)[2012-01-30]. http://www.tianjindaily.com.cn/tianjin/content/2009-07/03/content_790740.htm

从此一领悟出发，我们就会明白：相声艺术产业化的关键问题，其实并不在于相声艺术要不要产业化的问题——必须产业化，这是大趋势；关键在于，如何通过相声艺术的产业化来实现“守护—创造”人们的日常生活世界，再由此日常生活之“守护—创造”的基点出发积极创造、合理规划，实现相声艺术产业化潜力的迸发。与仅仅关注产业利润的获取相对，我们将相声艺术产业化的这一要求称之为“日常生活再生产”。

“日常生活再生产”是对传统产业模式的超越，它肯定了人的日常生活体验在产业逻辑中自我创造的价值属性。以此为观照基点，可以说，“日常生活再生产”的实现决定了相声艺术产业在其传统时期获得成功；其缺席决定了相声艺术产业在“舞台”时代的产业虚无；其象征性的返回使相声艺术产业在“重返剧场”运动中取得了部分成功，但又因当代“剧场”以象征符号的自我构造取代真正的日常生活体验而危机重重。

那么，相声产业“重返剧场”后又将何去何从呢？

从“日常生活再生产”角度去寻绎，可以发现：在消费时代，其实与相声“重返剧场”并行的另一相声艺术自我实现的媒介载体却一直为我们所忽略（而这一媒介载体使相声艺术在消费时代呈现出了营构人们日常群居生活的生机），这就是新媒体相声。

所谓新媒体，是与传统媒体，如户外、报刊、广播、传统电视相对而言的，其特征表现为以新技术（主要是数字技术）为基础、传播主体与受体不确定（即所谓“所有人对所有人的传播”或多点对多点的传播）、高度参与性以及群落性。[①] 主要形式包括手机、博客、IPTV（交互网络电视）、数字电视、移动电视等。与传统媒体相比，两者的媒介隐喻差异巨大：传统媒体不管其媒介隐喻为何，总有比较鲜明的隐喻性；但在新媒体中，媒介的文化隐喻则日益丧失，或者说意义的缺失即是新媒体的文化隐喻（比如，一则信息在手机或网络中的传播，其附加意义不会因传播载体的改变而有所差异，但这一则消息如在报纸上刊登，其附加性隐喻就很明显）。新媒体文化隐喻的缺失对社会认同形成的意义是辩证的：一方面，媒介隐喻的缺失使人们失去了认同形成的外在契机；另一方面，媒介隐喻的缺失又解放了人们创造内在的、包含

---

① 蒋宏，徐剑. 新媒体导论[M]. 上海：上海交通大学出版社，2006.

日常生活体验的认同契机的巨大能力,比如网络空间中流行的种种网络语言就是典型的认同符号的主动创造。因此,媒介隐喻缺席的新媒体为消费时代"日常生活再生产"提供了平台。

对相声而言,与新媒体的遭遇并不是一开始就发生在数字空间中,而是首先发生在电视晚会相声走向没落的过程中。前文指出,20 世纪七八十年代,电视晚会相声成为舞台相声的变体。进入 90 年代,人民生活水平提高,电视拥有量急剧膨胀,电视在中国当代文化语境中扮演的角色逐渐从意识形态"喉舌"变成"消费品",这造成了新语境中电视虽然缺乏数字技术的支持,但也具备了新媒体隐喻淡化、意义抹平的特点,成了消费化的"新电视"。"新电视"已不适合承载旧内容,这就是电视晚会相声在 20 世纪 90 年代之后急剧趋冷、走向没落的原因。在这一没落中产生了相声"重返剧场",同时也产生了"新电视"借助相声进行"日常生活再创造"的种种动向,其中最为成功的当属电视情景喜剧《我爱我家》(1994)。

《我爱我家》是相声艺术应用于电视剧形式的第一部成功作品。它与相声艺术的关系显而易见:其主创编剧梁左是中国新时期最优秀的相声作家,其作品包括《虎口脱险》《小偷公司》《电梯奇遇》等。《我爱我家》在作品结构上处处可以看到相声的影子,作品采用的是单元结构,故事情节在单元和单元之间没有连属,而其内在结构则明显采用了相声的表现手法。没有过多的外景和人物行动,人物和人物之间的对话注重"底"(相声中的包袱)的营造,可以说在情景喜剧中,每一段完整的对话都是一个微型的对口或群口相声。然而,这部作品真正的成功之处并不在于电视对相声形式的借鉴上,而是电视与相声合作完成了对于"日常生活的再生产"。

在这部作品中,"新电视"为我们提供了"家庭"这一日常生活共同体的影像,相声则赋予了这一电视"家庭"以特有的生活节奏、情趣以及品味。作品中的笑声并非全部,笑声是一种引导,在笑声背后,我们感受到了或者说被唤起了对特定时代家庭气氛、人格形象以及种种生活细节的日常生活全景的主动营构。它满足了人之重新回归群居生活的本性需求,这种满足带来的是一种巨大的幸福感,而这种幸福感在当时商品意识形态的摧折之下已日益稀少。与之相比,不久之后到来的"剧场"相声带给我们的仅仅是象征的碎片以及被抑制欲望的发泄。

《我爱我家》通过相声给我们生产了整体性的“日常生活”以及由“日常生活”唤起的幸福感，自此之后，《我爱我家》成为学习的榜样。梁左随后的《闲人马大姐》(1999)如法炮制，同样获得成功，只不过这一次日常生活共同体从“家庭”转移到“胡同”。梁左之后，中国电视情景喜剧的创作模式基本被奠定，虽然有种种差别，但设定一个日常生活共同体意象，然后再由相声艺术来点化其生活节奏与情趣的模式则是一致的。2004 年，另一部以相声为骨架的电视剧《杨光的快乐生活》由天津相声名家父子杨少华、杨议制作完成。作品甫一播出，好评如潮，原因也在于抓住了相声艺术通过电视媒介实现“日常生活再生产”的秘诀。除情景喜剧之外，电视与相声的关系日益密切，音配画相声、电视栏目相声、相声小品，甚至《百家讲坛》中都有了相声的影子①。电视与相声的良好合作也启发了其他媒体与相声的联姻，冯小刚的贺岁电影、赖声川的剧场相声以及当前非常红火的娱乐话剧等，都有意无意采用了相声的某些元素，事实证明都是成功的。

“日常生活再生产”是文化产业发展的基础所在，在此意义上，相声艺术与新媒体的联姻实现了消费时代相声艺术产业发展的新契机。在新“剧场”相声的捍卫者来看，相声艺术打散本来面目星散于形形色色的新媒体中，这是一种堕落。然而，这一批评却忽视了相声艺术产业发展的关键——不在于维护形式，而在于产业发展与相声艺术中日常生活之“守护—创造”的互相激发，共同生长。新媒体以其媒介隐喻的缺席，解放了人们通过媒介实现认同创造的热情，为相声艺术日常生活经验的持存提供了空间；反之，相声艺术通过将自身星散于新媒体经济框架之中，而非仅仅独自成为一个产业实体，以此实现了对于当代日益壮大的媒介经济的搭乘，最终将实现相声艺术产业从“卖艺”、“卖票”到“卖生活”的巨大跃升。

(原文发表于《民族艺术》2009 年第 3 期，有改动)

---

① “纪连海跟相声大师刘宝瑞学过，他坦率地说，在‘讲坛’上他把历史当相声说，‘这个过程让我非常陶醉’。”马靖培．“故事化”带来的成功[J]．新闻知识，2006(10)：32．

拾

# 曲艺艺术与明清京、津城市形态的推移

## 一、何为“以个性实现为目的”的城市

刘易斯·芒福德在他的《城市发展史——起源、演变和前景》一书中写道:“因此,我们现在必须设想一个城市,不是主要作为经营商业或设置政府机构的地方,而是作为表现和实现新的人的个性——‘一个大同世界的人’的个性——的重要机构。……现在城市必须体现的,不是一个神化了的统治者的意旨,而是它市民的个人和全体的意志,目的在于能自知自觉,自治自制,自我实现。他们活动的中心将不是工业,而是教育;每一种作用和功能将按照它促进人类发展的程度来加以评价和批准,而城市本身将为日常生活中自发的冲突、挑战和拥抱提供一个生活的舞台。”①这是芒福德在这部近千万字巨著结尾处所勾画出的人类城市的理想形式。芒福德所期望的城市是一个以人的个性和意志自由实现为中心的城市,城市发展的目的在于人,而不是与之相反。

与芒福德所指出的城市发展的目的在于“实现新的人的个性”构成相反命题的是“城市成为人的目的”。首先来说为什么会出现“城市成为人的目

① 芒福德.城市发展史——起源、演变和前景[M].宋俊岭,倪文彦,译.北京:中国建筑工业出版社,2005:584.

的"。芒福德指出，在人类城市发展史中，存在着在城市语境中的被神圣化了的城市"统治者"，这种"统治者"在城市发展的初期是原始宗教，然后是封建君主，再往后是以巨大的经济利益而自我神化的资产阶级，与此相对应的城市类型是宗教城市、军事城市和政治城市，以及经济城市。

进一步，芒福德向我们指出，使人放弃个性发展的城市之吊诡正在于：它对于人的奴役是以表面上对于人的目的的满足来实现的。芒福德说，城市是一个具有巨大吸纳力量的"容器"（urban container）："城市便是促成这种聚合过程的巨大容器，这种容器通过自身那种封闭形式将各种新兴力量聚拢到一起，强化它们之间的相互作用，从而使总的成就提高到新水平。"①城市的"容器"性首先来自于人类在面对大自然时因单个个体力量的不足而产生的求群的社会要求。人多力量大，城市容器聚拢起了单个个体的力量，开山填海，创造出了人类历史上的丰功伟绩，可以说是充分实现了人类征服自然的目的。但关键在于，当人类以群体的形式聚拢起来实现征服自然之目的的时候，却无意而又必然地呼唤出了一个凌驾于众人之上的集体的"统治者"，因为群体性的社会要保持其稳定性，必然要有一个超越众人之上的"领导者"，而群体性的社会在呼唤出这一"领导者"之后却并无力量能够约束这一"领导者"权力的膨胀——于是，最终由大众群体选出的"领导者"成为大众群体的"统治者"。随着城市群体中产生了"统治者"，原先作为城市群体之公器的城市容器也在"统治者"的逻辑中成为以一人驭万人的"私器"。在此意义上，"城市"是一个集团实现对于另一个集团统治与剥夺的方式。芒福德总结道："城市文化从一开始就出现了释放与奴役，自由与强制。"②

"城市"因为群体政治滋生的城市"统治者"而剥夺了城市个体之实现，因此，理想的城市应该是以人的个性实现为目的的形态。从以人的个性实现为目的这一根本原则出发，芒福德所谓的"理想城市"在具体的城市形态上应体现以下三个方面的要素：

---

① 芒福德. 城市发展史——起源、演变和前景[M]. 宋俊岭，倪文彦，译. 北京：中国建筑工业出版社，2005：37.

② 芒福德. 城市发展史——起源、演变和前景[M]. 宋俊岭，倪文彦，译. 北京：中国建筑工业出版社，2005：570.

### (一)城市空间上的非中心性

城市空间是一个城市文化的产品,同时也是城市文化的载体。在城市"统治者"专权的城市中,出于统治逻辑的需要,城市空间是高度中心性的;与此相反,在以城市个体为目的的理想城市中,每一个独立发展的个体在城市中都在创造着属于自身的空间。

### (二)城市生活世界中的狂欢时刻

在"统治者"的城市中,同样出于统治的需要,城市个体的内在世界遭到单一意识形态的驯化,而个体与个体之间又被城市统治者的铁律所限隔,因此造成了城市生活的单调乏味。而在以个体实现为目的的城市中,城市个体以极大的满足自身感官需要为指向,人与人之间因为共同的个性张扬而相互认同,颠覆权威,消解"统治者",在城市日常生活世界中形成了巴赫金所说的"狂欢"时刻。

### (三)城市生产活动模式实现了个性发展与经济发展的良性共生

在以个性实现为中心的城市中,经济活动的意义并不全在于经济生产自身,而在于一方面经济活动进入了城市个性自我构建的逻辑之中,另一方面城市个性发展又为城市经济活动提供了真正的活力和源泉。

总之,芒福德所提出的"以个性实现为目的"的城市实际上应是一个非中心、狂欢化、个性发展与经济发展良性共生的城市形态,只有在这样的城市中,个体的自我实现才是最终目的。那么,这样的城市形态如何能够实现?下面我们即以明清时期北京、天津两座城市形态的演变来观照此一转化演进的历程。

## 二、京杭大运河的冲击与明清京、津城市形态中的商业潜蕴

北京与天津,这两座北方的中心性城市,在明清历史上与中国大多数规模较大的城市一样,大体可以划归芒福德所说的以城市"统治者"为中心的城市,在城市形态中过度发达的是政治与军事功能,城市发展的目的在于城市"统治"逻辑的实现而非城市个体自由个性的实现。

公元1153年，金主完颜亮完全仿照宋汴梁城（今河南开封）的形式在今天北京城址的西南建造了金中都，从此之后，北京作为都城的命运便被写定。公元1272年，元代新建元大都，规划出了今天北京城的大体格局。公元1406年，朱棣在元代大都的基础上稍稍南移兴建了北京城，这历时十四年才告成，从此之后，中国的政治中心从江南的金陵（今南京）转移到北方，奠定了其后长久的政治格局。自元代开始，北京城凸显的是它的政治、军事功能，这从北京城历来被人们所称道的“城墙”意象以及整饬如棋盘一样的城市规划格局就看得很清楚了。瑞典人奥斯伍尔德·喜仁龙曾经在他专门研究北京城墙与城门的著作中对北京内城城墙做了令人难忘的描绘：“当你渐渐熟悉这座大城市以后，就会觉得这些城墙是最动人心魄的古迹——幅员广阔，沉稳雄劲，有一种高屋建瓴、睥睨四邻的气派。”①

至于天津，其军事功能的凸显与北京是一样的。公元916年，耶律阿保机建立辽政权，此后，辽和北宋在天津地区以海河为界，形成长期对峙的局面。在金代，因为南北运河的开凿，天津一时风云际会成为九河下梢，在地理形势上成为京都门户，其军事防御位置骤然腾升。元代随着南北漕运的进一步完善，天津逐渐实现从军事城市向经济港口城市的转变，但其军事功能仍然是最显著的。明代朱元璋定都北京之后，即在天津设三卫（天津卫、天津左卫、天津右卫）。在一处而设置三卫，这在整个明代军事设置中也是少见的，更凸显了天津在中华封建帝国中的军事位置。顺治元年（1644年），清王朝在北京掌权，天津在新一代掌权者眼中不仅没有降格，反而在几十年的时间内连升两级，由“卫”升“州”，又由“州”升“府”，而这一切都是在强调天津这座城市“神京门户”的军事卫戍意义。

城市发展史表明：对于封建城市的政治、军事功能构成真正冲击而实现城市个性解放的力量不可能来自于政治、军事本身，而只能是自由商贸活动。历史上的京、津两城，因为整体城市形态的政治、军事意味特别浓厚而决定了其自由贸易的契机只能是外来的冲击，而不太可能在其内部涌现。

在北京，从元代开始贯通南北的京杭大运河为北京城的商业贸易注入了巨大活力。元人熊梦祥在《析津志》中记载：随着来自南方的漕船抵达北

① 喜仁龙.北京的城墙和城门[M].许永全，宋惕冰，译.北京：燕山出版社，1985：28.

京,它首先带动了积水潭附近的商业活力,北京城最富活动的商业圈开始形成。这个商业圈以积水潭北岸的斜市街市场(今北京海淀区鼓楼西大街)为中心,商业活力扩大到整个钟鼓楼地区和东、西两城的东、西市以及各城门之间。耐人寻味的是,在这个商圈的地理中心耸立着的即是象征城市王权中心的钟鼓楼,而这一王权的城市象征在商业贸易的冲击下却逐渐变得身份模糊,这从熊梦祥的描绘视角中可以约略窥知:"钟楼之制,雄敞高明,与鼓楼相望。本朝富庶殷实,莫盛于此。""齐政楼(鼓楼),都城之丽谯也……此楼正居都城之中,楼下三门。楼之东南转角街市,俱是针铺,西斜街临海子,率多歌台酒馆。""楼之左右,俱有果木、饼面、柴炭、器用之属。"明明是说钟鼓楼,但不自觉就转到了对于钟鼓楼周围之商贸活动的叙述上,这说明当时的商业贸易以其巨大活力逐渐剥蚀着人们心中对于这座城市的王权认同。斜市街市场与西城的羊角市、东城的枢密院角市,号称北京三大市,这三个大市以其巨大的商业活力冲击着元代棋盘式的城市政治格局。另外还有齐化门外的东岳市场,也由京杭漕运所催生,香火隆盛,人烟辐辏,"道涂买卖,诸般花果、饼食、酒饭、香纸填塞街道,一时盛会也"①。

在天津,商业贸易的活力同样首先来自于运河。天津是南来漕粮转运北京的中转站,漕船到此卸载转远,加之天津处于九河下梢,南北商通往往趁着官方的漕运实现,诸种因素汇合起来,促使天津在不可撼动的城市军事功能格局中涌现出巨大商机。天津的商业活力达到什么程度?元代张翥写道:"一日粮船到直沽,吴罂越布满街衢。"②通过清乾、嘉时代诗人崔旭的诗也可见一二:"畿南重镇此称雄,都会居然大国风;百货懋迁通蓟北,万家粮食仰关东。市声若沸虾鱼贱,人影如云巷陌通;记得销金锅子里,盛衰事势古今同。"卫城东门外和北门外在地理位置上与运河航运相交,因此繁华异常。城内也发展起了十几处集贸市场,正如李东阳所描述的:"千家市远晨分集,两岸河平夜退潮。"③可以看出,当时天津商业贸易的发达程度足以与江南号称"销金锅"的杭州比肩。

---

① 熊梦祥. 析津志[M]. 北京:北京古籍出版社,1983.

② 张翥. 读瀛海喜其绝句清远因口号数诗示九成皆寔意也(其一)[M]//张蜕庵诗集:卷四. 北京:商务印书馆,1934.

③ 李东阳. 过天津[M]//天津县志:卷二十二《艺文》.

自由商贸的冲击打破了城市军事、政治功能格局的限制，为城市个性的实现起到了破冰的作用，因此“以个性实现为目的的城市”出现第二个层次，与古典封建城市在一出现即具有的浓厚的政治、军事色彩构成了城市形态上的升华。

然而，商业活动的活力在本质上来自于人们对于现实物质层面的感性追求，在较浅的意义上体现着人性抒发。它虽然对于城市个体之个性的自由实现具有破冰的意义，但本身又不是城市个性的真正实现，在某种程度上，它甚至走向了真正个性实现的反面。即以历史上京、津两城而论，在城市发展过程中，政治、军事的城市功能逐渐为城市中崛起的商业贸易活动所剥蚀，体现出城市个体对于城市“统治者”的反抗和自我表达。但正因为商业活动所满足的是人们较浅层的感官需求，它在与城市“统治”逻辑构成张力的同时又很容易忘记自身个性发展的更高目的，而沦落为纯粹的感官享乐，甚至为新的城市“统治者”所利用，成为新的城市统治方式。这就意味着，为了城市个性实现的最高目的，城市发展需要以自由商贸为基础实现更上一层的飞跃，在这一层飞跃中，艺术创造将取代自由商贸成为城市发展的主导逻辑。与自由商贸对于古典城市之政治、军事功能形态的第二层飞跃相比，这是城市发展向“以个性实现为目的”的城市形态转化演进的第三层飞跃，也是最高的升华。

## 三、京津曲艺的张力与明清京、津城市形态的个性转向

明清京、津城市文化中，将城市个体从第二层次的感性张扬带向第三层次个体真正解放的是京、津曲艺。京、津曲艺作为真正意义上的城市艺术，与传统经典艺术对于自我现实使命的体认不同，它不是要以纯艺术的姿态从城市现实逻辑中拔升，当然也不是完全与城市现实沆瀣一气，而是以城市“职业”的状态与光同尘于城市现实中，在实现其“职业”功能的同时又彰显了其超越“职业”的升华意义，促生着城市从其自由商贸形态向自由个性形态转变。

### (一)京、津曲艺以“职业”的姿态隐身于城市的现实商业逻辑中

第一，京、津曲艺是以观众为中心的说唱艺术。曲艺包含演唱和表演的

因素,但它与传统戏曲艺术又有所不同。戏曲艺术是高台宣讲,真实的表演者隐身在表演面具之后,即所谓的"现身说法";而曲艺是表演者以本来面目与观众相见,即所谓的"说法现身"。"说"之中强烈的个人倾向性以及"唱"和"作"中的以本来面目相见,使得曲艺艺术成为与观众贴得最近,同时也是观众参与性最强的艺术,这就是所谓的"以观众为中心"。

第二,京、津曲艺在城市语境中自我定位为一门以谋生为主要目的的"职业"。在京、津曲艺传统中,艺人们通常把曲艺看作是一门谋生的"职业"而非"艺术"。著名评书大家连阔如曾专门就天桥说书艺人上天桥"撂地"(指街头演出)发过议论:"今年夏天天桥的评书场儿要比往年多得很哪!有些说书的艺人还想不开,认为在天桥上撂地是寒碜,还不肯去上明地。其实,早年的评书演员都是在大街的路旁拉场子,露天讲演,在天桥上明地何足为辱?挣钱养家便算好手,何分彼此?我很希望说书的艺人迎合听主,往天桥上撂地"①,即是对京、津曲艺之"职业"本位的强调。曲艺的职业化造成了曲艺文本许多奇特的面貌,比如评书中的"得胜头回"就是为了等待晚进场的观众,大量存在的"程式化"套路其实也与师徒之间的方便传授有关,等等。

在表演形式上以观众为中心、自视为一门谋生的"职业",京、津曲艺就这样与光同尘藏身于城市社会诸种行业中,随着城市的商业逻辑而运行。因此,在明清京、津城市发展过程中,商业贸易的活力一方面冲破了政治、军事之城市"统治"逻辑,另一方面也为曲艺这种"职业"的兴盛提供了土质丰沃的发展空间。

**(二)京、津曲艺超越"职业"的限定,促生了城市的自由个性**

京、津曲艺是一门"职业",但它又与其他任何城市职业不同。通常城市职业是以满足人们的感官、物质目的来获得回报,曲艺艺术则是通过对城市个体深层精神需要的满足来获得回报,通过为城市个体的自由实现营造空间来获得自身存在的合理性。京、津曲艺对于城市个体之个性实现的意义体现在以下三个方面:

---

① 连阔如(云游客).江湖丛谈[M].北京:当代中国出版社,2005:271.

第一，京、津曲艺与商业活动一道为城市个性的实现开辟了非中心性的城市空间格局。

明清时期，京、津两城的城市空间格局代表着中国古典城市的空间格局，是一种典型的权力集中的中心性空间格局。而空间之于城市的意义，正如西方学者斐伏尔在其《空间的生产》一书中所指出的，城市空间不仅仅是"被生产"的，其本身也是"生产"性的：严整如棋盘的中心性城市空间格局是城市"统治者"对于城市个体实行监控和驯化的重要形式；城市个性的实现必须以对于此中心性城市空间格局的消解为前提。

城市中的商业活动的确极易消解古典城市中心性空间形态的潜在活力，但如果没有曲艺艺术在招揽观众、增加商业活力、深化商业活动中的个性自由内涵等方面予以配合的话，其对于古典城市中心性空间的消解是很难在真正意义上实现的。连阔如在考察新中国成立前天津著名商业区"三不管"的衰落时说得很明白："不料三不管发达得过猛了，十几年的夫夫盖了多少万间房，把空场都盖没了，杂技场越弄越少。游逛的人们越来越不顺脚，亦日渐稀少。有资产的人们虽然往那个地方投资，欲求获重利，却不研究此事，直到衰落得不堪言状，亦无人整顿。"[①]曲艺活动为大众所喜闻乐见，考察当时京、津两地曲艺演出的情形，在每一个曲艺活动成功演出的"地点"都自发地形成了一个城市"次中心"，人们围聚一起，在欣赏曲艺的同时交流感情、发表意见，于不经意中形成了一个又一个对于城市封建统治空间构成消解的城市另类空间，而这样的空间正是真正城市个体孕育形成的空间载体。

第二，京、津曲艺为城市个性的实现赋予了形式载体。

曲艺艺术进一步以其特有的艺术韵律和节奏赋予了城市个性之自由发展以表达形式。

曲艺是一种高度参与的艺术形式，在演出形式上以本来面目相见、性情毕现，深深吸引着观众的参与冲动。曲艺在文本上不讲究深度，内容是人们熟知的街头故事，主题是人们日常践行的大义伦常，而将这一切化腐朽为神奇、产生极大吸引力的则是曲艺独特的唱腔韵律。曲艺的唱腔要求"一要清

① 连阔如(云游客).江湖丛谈[M].北京：当代中国出版社，2005：210.

楚，二要单纯，三要质朴"，节奏简洁，周而复始，有一种神秘的原始力量，能将观众深深卷入其中。就是那些没有唱腔的曲艺，比如相声、评书、快板、莲花落等，也都有一种独特的节奏①。曲艺正是凭借着这种简朴的节奏韵律，加之人人熟知的内容和极具召唤性的表演形式，使现实生活中的人们在参与曲艺的同时，也从人人隔绝的功利性世界中升华出来，参与到他人世界中去，实现人与人在城市世界中的共在，完成城市个体在社会中的自我定位。在曲艺表演的推动下，城市个体突破了中心性的城市空间之限隔，共同"在场"，构成了古典城市中小型的城市狂欢。《江湖丛谈》中就多处记载了在曲艺表演现场城市民众积极参与的狂热，那真是如火如荼，如痴如醉，体现了城市个体从城市统治逻辑中解放的快乐。②

曲艺所引发的城市个体狂欢使整个城市生活变成了一出喜剧。曲艺表演传统始终坚持让观众"笑"的表演效果，连阔如就这样总结道："电影的片子还是笑片能引人入胜；戏台上还是有丑角儿才能热闹。唱大鼓的亦有老倭瓜、架冬瓜的滑稽大板；单弦呢？亦有群信臣的滑稽单弦；说评书的能有叫座的魔力得双厚坪、品正三、刘继业、袁杰英、海文泉等，亦是以把人逗笑为拿手。"③曲艺所引动起的观众的"笑"不仅仅是"为笑而笑"，其中还包含着观众从曲艺表演中所获得的精神放松自由。正如巴赫金所指出的，"笑"是消解上层当权者之权威的最有力武器，在"笑"中曲艺艺术也实现了人们的相互"参与"，共同"在场"。

第三，京、津曲艺促生了城市个性发展对于城市经济活动的推动。

连阔如以天津"三不管"的衰落说明了曲艺艺术对于城市经济活动的推

---

① 我们引一段传统评书《劫皇杠》中的"旗幡赞"以见其面貌："前军红旗似火炭，后军黑旗似乌烟。左右旗青龙白虎，前后旗朱雀玄武。飞龙旗，飞凤旗，飞虎旗，飞豹旗。飞龙旗紫雾盘旋，飞凤旗红云漫漫，飞虎旗腾空杀气，飞豹旗盖日遮天。十三太保旗，十八罗汉旗，天罡旗，地煞旗，门旗，令旗，护背旗。大将旗，坐纛旗，这个旗，那个旗，大旗小旗，半大旗。"

② 比如："奎胜城学有八手钩，故说伍殿章在小月屯大战康茂才时，比仿几手钩极为精彩。他叫座的魔力，较比乃师有过之无不及，自称为净街奎。"连阔如（云游客）. 江湖丛谈［M］. 北京：当代中国出版社，2005：261.

③ 连阔如（云游客）. 江湖丛谈［M］. 北京：当代中国出版社，2005：79.

动作用。其实不仅是“三不管”，北京的东安市场何尝又不是？[①] 他将此规律推广开来说：“江湖中的艺人，无论练好了哪种艺术，都有百观不厌的长处。他们在哪里做艺，游逛的闲散人们就追到那里游逛。不怕某处是个极冷静的地方，素日没有人到的，只要将江湖中生意人约了去，在那个冷静地方敲打锣鼓表演艺术，管保几天的工夫就能热闹起来。如若得罪了他们，或是由空块净盖房，盖来盖去将生意人挤了走啦，管保不多的日子，那个繁华热闹所在立刻就受影响，游人日稀，各种的买卖就没人照顾，日久就变成了个大大的垃圾堆。”[②]

的确如此，因为在目的指向上的短视，城市经济活动无法在古典城市中获得真正发展，曲艺表演以其不可抵挡的艺术参与力量，将持无目的欣赏态度的人们聚拢起来，使其从中获得精神上的自由和放松，满足了个体内在的深层需求，只有这样的深层满足才是真正使人不离不弃、追随始终的原因。曲艺吸引了忠实的观众，而这些“观众”正是城市经济活动中最重要的“顾客”，这样曲艺就能化“无（目的）”为“有（目的）”，使城市个体的发展成为推动城市活动的重要力量。

在以王权、道德、宗法为城市“统治者”的古典城市形态中，曲艺艺术以城市个性自由的满足促进城市经济发展，也许不是主流，但在当前完全以经济利益获取为“统治”逻辑的当代城市形态中，曲艺艺术的这一功能却有其特别的启示意义，因为它开启了城市个性发展与城市经济发展之间的良性互动，而在当代城市现实中，这两者之间的关系构成了城市发展的中心主题。

（原文发表于《江西社会科学》2009 年第 8 期，有改动）

---

① “想当初东安市场将开办的时候，并不是尽做买卖的商家。在那时候，东安市场的杂技场儿较比如今的天桥儿还齐全、还热闹哪。……设若那个杂技场儿取消了，那东垮院就能没有人去了。生意场儿，吸引观众的力量亦非常伟大的。”连阔如（云游客）. 江湖丛谈[M]. 北京：当代中国出版社，2005：11.

② 连阔如（云游客）. 江湖丛谈[M]. 北京：当代中国出版社，2005：20.

拾壹

# 新媒体时代曲艺还能不能“讲故事”

## 一、曲艺叙事的艺术特征是旋律性

要回答新媒体时代曲艺还能不能“讲故事”,先得说清楚曲艺“讲故事”的特征是什么,也就是先要解决曲艺叙事的特征问题。从叙事学而言,叙事特征可分为叙事的艺术特征与主题特征两个方面。曲艺叙事的艺术特征是其旋律性,而其主题特征则是叙、议合一。我们先来说明其艺术特征。

谈到曲艺叙事,社会上存在一种普遍的误解,即常拿小说叙事来理解曲艺叙事,认为曲艺叙事应如现代小说叙事一样追求的是“线性叙事”,即按照时间、空间、逻辑与人物性格的递进发展而展开故事,要求曲艺像小说讲故事那样讲得“精彩”“吸引人”。这种看法是有问题的,因为它将曲艺叙事看作小说叙事的替代品,其实是认为曲艺是“二流”叙事。

曲艺叙事并非“线性叙事”,它有自己独特的艺术特征。薛宝琨先生在《中国曲艺》中就说“曲艺文学是一种‘以词叙事’的说唱体”①,明白说出了曲艺叙事的核心艺术形态是“说唱”。正因为曲艺叙事的“说唱”性,所以曲艺叙事的表现力就不在于如小说那样,是“引人入胜”或“使人忘我”,而是

① 薛宝琨.中国的曲艺[M].北京:中国国际广播出版社,2010:2.

“加强曲艺的‘戏味儿’和‘诗味’”①。从源流而言，曲艺本就脱胎于戏曲之“念白”。梨园行中老话说得好，“千斤念白四两唱”。戏曲中之“念白”不是空口白说，而是“无声不歌，无动不舞”，要将唱的旋律化作顿挫之语调，一字千金、掷地有声地化为“讲”的魅力。因此可以想见，曲艺之“讲”怎么可能和小说之“说”一样只是平铺直叙、就事说事呢？

曲艺叙事必因“事”而起，无“事”不曲艺。多种曲艺门类中当然不乏以抒情为主的，但不管多抒情，曲艺都不是“小说”，它也不是“诗”。它恰在“小说”与“诗”之间，就是用“诗”（同时也是音乐）的旋律来对“小说”的事进行再加工，这就必然地造成了曲艺叙事之独特性，即“旋律叙事”。

何为“旋律叙事”？举例说明：马三立先生在他的经典作品《西江月》中有一段话颇能说明“旋律叙事”是什么。其中有这么一段：“甲：言谈文雅，举止大方，未语先笑，代客煎药。乙：噢……药铺！药铺！还代客煎药？甲：谁药……谁药铺？乙：你说的！代客煎药！甲：这句没有用，这是个配句儿。”“未语先笑”怎么到了“代客煎药”上去了？这里说得好，“是个配句儿”。所谓“配句儿”，就是顺着前句的韵味旋律顺出来的，不是意思所指，纯是旋律使然。旋律就像是一阵风，它裹挟着“事”前进，表面上看是事情按照时空逻辑在推进，其实是旋律在推进。因此，所谓的“旋律叙事”不仅是以“旋律”为载体来“讲事”，还是以美的旋律形式来“造事”。曲艺叙事作为“说唱体”，正是一种典型的“旋律叙事”；在曲艺演出中，我们所感受到的曲艺艺术的魅力，也正是这种被旋律叙事推着走但又言之有物、耐人咀嚼的感受。

曲艺叙事之“旋律”也与调性音乐有所不同。它不以繁复的调性变化见长，而是追求“曲”与“词”、“旋律”与“事情”之间的无间配合、鱼水和谐。薛宝琨先生对曲艺之音乐旋律有这样的说法：“曲艺音乐基本是叙述型的，无论是联曲体还是板腔体，也无论是说中带唱，还是半说半唱，都必须突出叙述——突出一个‘说’字。所谓‘音乐的节奏不能破坏语言的节奏’，‘旋律的完整不能影响语意的完整’，等等，都是旨在强调曲艺音乐不能游离于文学之外。它是语言的美化，想象符号的形象化。所以要求它一

---

① 薛宝琨. 中国的曲艺[M]. 北京：中国国际广播出版社，2010：3.

是清楚,二是单纯,三是质朴。[1]因此,曲艺之旋律叙事的本质,就是"旋律"与"说事"之间既相互制约又相互推进,从而形成了一种特殊的叙事艺术形态。

也许有人提出异议:曲艺被称为"说唱艺术",所谓"曲艺为旋律叙事"应当是可以概括曲艺之"唱"的门类,于"说"的门类似不可一言蔽之。

这种认识似是而非。按照《中国曲艺概论》所言,中国传统曲艺可分为"散说、叙唱、滑稽、韵颂"四大类。"叙唱"与"韵颂"两大类叙事的旋律性自不必说了,在其他两大类的曲艺中,旋律叙事同样存在。"散说"类曲艺以北方评书、南方评话为主体。北方评书大多取材于野史闲传,叙事讲究一波三折、引人入胜,表面上与小说的线性叙事相似,但会听书的人都知道,听书听情节、纯是凑热闹。评书中最耐人咂摸的还是"书外书",就是说书人在情节展开中添枝加叶的"话佐料"。"话佐料"节外生枝、枝枝蔓蔓,说起来语言流利、眉飞色舞,使人几欲随着说书人击节而舞。此时虽无音乐相催,但咳謦中节,旋律感油然而生。与北方评书相似,南方评话同样讲究大段敷衍,但在书外敷衍上更加细密扎实,更加上对人物之心理的深加揣摩,因此南方评话较少有如北方评书那样有大段响遏行云的发挥,但紧贴对象之事理人情的申说,如谆谆教诲、耳提面命,则形成了密如贯珠的旋律性效果。

"滑稽"类曲艺主要包括北方的相声及其在各地的变种,比如北方的双簧、江南的独角戏(滑稽)、四川的谐剧等。"滑稽"类曲艺在不少人看来就是插科打诨、漫无章法,其实不然。以相声为例,相声的核心即在于"包袱",而"包袱"讲究的是三翻四抖,它让人发笑,但要笑在点儿上,这就是旋律;"包袱"作为"旋律",要铺平垫稳,这个过程同时又是"叙事",是要通过一件事来酝酿气氛,因此,相声中的"包袱"就是典型的旋律叙事。几个"包袱"组成一段相声,那么这段相声就是若干小旋律组合而成的交响乐,乐在其中、美在其中。其他滑稽曲艺也是如此:单纯通过卖怪耍呆逗人发笑不是曲艺,曲艺引人发笑必须通过"旋律"形成一种现场观众、演员的共振,这样的演出效果才真正好。

---

① 薛宝琨.中国的曲艺[M].北京:中国国际广播出版社,2010:4.

## 二、曲艺叙事的主题特征是叙(事)、议(事)合一

叙事特征分为艺术特征与主题特征两个层次。叙事的艺术特征指的是叙事行为的形态特征，曲艺作为说唱艺术，其叙事形态是旋律叙事；叙事的主题特征则指的是叙事行为与所叙之“事”之间的关系性特征，以此而言，曲艺叙事的主题特征是“叙事与议事的合一”。

先来做个比较。作为线性叙事的典型形态，小说在叙事上讲究的是对所叙之事的客观态度，即强调在叙事活动中叙事者的客观、中立。在线性叙事中之所以会有这样的强调，追根究底，还是在于线性叙事要达成的是一种“引人入胜”的叙事效果。叙事者就像是催眠师，他在事情讲述中的出现，会打扰观众的入戏。

曲艺叙事不是催眠行为，它具有鲜明的现实主义立场。曲艺叙事因“事”而起，无“事”不立，但它的目的不是通过把“事”讲成一场“梦”，使人忘却现实。当然，它也没有尖锐到呼吁人们以革命和战斗的姿态去对待“事”。它待事的方式很独特：以美妙的旋律裹挟着事情前进，也就是旋律叙事。旋律叙事所达成的叙事效果同样很奇妙：一方面，它在叙事，就是推动事情向前发展，呈现事情的全貌；另一方面，旋律叙事的一波三折、回环往复，又常常迫使事情的进程停下来，留出了大片叙事空白让叙事者“站出来”对此事进行评论，形成了强烈的议事特征。

曲艺叙事在处理叙事行为与“事”的关系上就是叙(事)、议(事)合一，这与线性叙事迥然不同。明清之际，木皮鼓词名家贾凫西在总结鼓词艺术时曾说：“论天谈地，讲王说霸，第一件不要支离不经；第二件切忌迂腐少趣。须言言可作箴铭，事事堪为龟鉴。教那刚胆的人，听说那忠臣孝子，也动一番恻隐；那婆心的人，听说那贼徒奸党，也发一阵嗔怒。如说那荆轲报仇，田横死节，要使人牢骚激烈，吐气为虹。说到那长沙逐臣，东海孝妇，要使人感喟唏嘘，挥泪如雨……”①其实不仅鼓词如此，其他曲艺艺术莫不如此。在中国传统艺术中，戏曲曲艺高台宣教，引人向善，教化意味非常浓厚，这是大家

① 贾凫西. 历代史略鼓词[M]//薛宝琨. 中国的曲艺. 北京：中国国际广播出版社，2010：25.

都知道的，但让大多数人所忽略的是：曲艺说教，从来不是空洞的，而是就事说事，先要说清楚“事”的来龙去脉（叙事），再要说清楚是非曲直（议事）。更重要的是，曲艺在说“事”之是非曲直时，又不是如道德学家那样上升到道德审判的高度，而是诉诸人之常情、事之循例，常情循例却又偏不是用责备的口吻说出来，而是融汇到旋律性的叙事中有倾向性地表达出来，真如春风化雨，叫人不能不服。

明末张岱在《陶庵梦忆》中曾这样描绘一代书家柳敬亭说书：“余听其说‘景阳冈武松打虎’白文，与本传大异。其描写刻画，微入毫发，然又找截干净，并不唠叨。有时声如巨钟，说至筋节处，叱咤叫喊，汹汹崩屋。武松到店沽酒，店内空缸空甏，甏甏有声。闲中着色，细微至此。”①张岱这段记叙是写实也是评点，而且评点得很到位。据其记叙，可见柳敬亭之说书，在“书外书”的演绎上是极具功力的，细微之处竟能以空甏回声而入书。但这还不是最重要的，重要的是：在这跳出书之情节外的“闲中着色”处，说书人由“说”而“演”，直接把自己呈现出来，即“说至筋节处，叱咤叫喊，汹汹崩屋”！说书人在这里对武松之义勇胆色虽不着一赞词，但其语调的千变万化已显示出说书人对人物的倾情和认同，这种认同必然会引导着观众对武松的评价。教化就这么完成了！

曲艺叙事是典型的旋律叙事，不同的曲艺门类又有不同的旋律特征。但正如薛宝琨所指出的，不管旋律特征如何多样，总以“清楚”“淡出”“质朴”为美。这种简单质朴的旋律承托着“事”的进行，同时又约束和引导着人们对“事”的看法，形成了曲艺叙事之“叙（事）、议（事）合一”的独特风格。

再举一个例子。河南坠子有《偷石榴》的名段，讲的是未成年孩子早早被父母结了亲，结果误入未来岳父家偷石榴，一顿好打，最后正要走脱，姑娘上来一顿数落：“小孩一听心欢喜，/扛着篓，牵着牛，牛角上头挂灯笼/脖子上挂着花兜兜，兜兜里边装石榴。/小孩转身刚要走，/姑娘上前把他揪，/叫声‘小孩，先别走，/有两句言语你记心头：/你要有心成配匹，/等到三九把麦收，/等到三伏雪花落，/等到大河往西流，/单等日出西山后，/再叫你爹妈把亲求’。”首先，这是一件具体的事；其次，这件事是用旋律叙述出来的。但重

① 张岱．陶庵梦忆·卷五［M］//薛宝琨．中国的曲艺．北京：中国国际广播出版社，2010：46．

要的是,其中还暗含着对这件事的评价,这件事就是旧社会常见的“小丈夫”现象。对“小丈夫”这件事怎么评价合适?站在道德高度批判陋习,还是站在人权高度呼吁关注?这都不合适。因为“小丈夫”这种事固然丑陋,但它又不是大是大非的问题。在这段唱中,姑娘和着音乐旋律连说四个不可能之事,显示出她对这件事的坚决拒绝之心,但又不说在人家脸上,事情、人情就都有了。更妙的是,姑娘说完,“小丈夫”则是“小孩闻听一咧嘴,嗤不喽兜一喽兜”,更是和缓了其中的道德指责意味,将这件事的评价完全放到了日常人情中去。可以设想,这件事的叙述如果没有旋律托着,这样既不能道德指责又要有所谴责的话,该怎么说出来呢?完全不可想象。

## 三、曲艺叙事在新媒体时代的“机”与“危”

明了曲艺叙事的艺术特征与主题特征后,接下来的问题是:以旋律叙事为艺术特征,叙、议合一为主题特征的曲艺叙事,在新媒体时代还有没有存生延续的可能?

要回答这个问题,先得考察新媒体时代的叙事诉求是什么。也就是说,要想知道曲艺叙事的旋律化,叙、议合一能否在新媒体时代落地生根,先得探一探新媒体时代这块“地”的壤情如何。

新媒体时代,人们的叙事诉求是矛盾的:一方面是人们对超长规模网络小说的追捧与热爱,显示出线性叙事在新媒体时代的强大存在。网络小说是线性叙事的膨大畸变状态,它的载体虽是网络,但它的叙事方式仍然是传统的线性叙事,不管是穿越、仙侠还是其他各类,都是要靠情节和场面推动来讲一个引人入胜的故事,这与小说叙事不仅无异,而且更突出。另一方面,人们对“好莱坞大片”叙事模式的热衷,又显示出旋律叙事在新媒体时代有其存在位置。就其叙事内涵而言,好莱坞大片与网络小说表面虽相同,其实差异甚大:好莱坞大片的叙事是典型的程式化叙事,也就是那种一眼能看到底的叙事方式,这与网络小说的讳莫如深其实完全不同;好莱坞大片以程式化叙事为主干,通过其他艺术要素的修饰,同时呈现出了明显的旋律性,即叙事程式的一再反复。因此,好莱坞大片又具有旋律叙事的特征,人们对它的热爱体现出了与对网络小说追捧不同的叙事所求,其实就是对旋律、游戏、单纯叙事的内在渴望。

既对网络小说的线性叙事沉溺其中,又对好莱坞大片的旋律性叙事情有独钟,因此,新媒体时代的叙事诉求其实是多元的,并不是如有些学者所认为的,新媒体时代,以线性叙事与逻辑推进为王。在新媒体时代,资讯爆发所引发的信息挤压使人们倾向于去追求一种体现美的旋律和自由形态的叙事,在此意义上,曲艺叙事满足了人们内在的叙事诉求,在新媒体时代必有一席之地。

不仅如此,曲艺叙事在新媒体时代的必然存在还有一重机遇,那就是它特有的议事特征在网络时代的独特意义。在新媒体时代,我们还发现一个突出的现象,即人们异乎寻常地对"事件"的关注。"事件"构成了新媒体时代的鼓点,人们对"事件"的论争形成了当下舆论的主要内容。然而,仔细分析可发现,新媒体时代,人们对"事件"的论争不仅无法辨明是非,更由此带来了无穷无尽的内心烦扰。这显示出,在这个多"事"的时代,人们完全失去了通过处理"事"而获得生活充实感的技能。在此意义上,曲艺叙事的叙(事)、议(事)合一可为人们提供有益的借鉴。事实上,我们也看到了这种借鉴扩大开来的迹象,比如越来越多的曲艺人才跨行到新媒体平台,用他们特有的曲艺叙事讲事、议事,说事、平事,使人耳目一新。

因此,新媒体时代,基于人们对旋律叙事的内在诉求和对处理"事"的现实诉求,曲艺叙事必有一席之地,这是其"机"。然后,有"机"必有"危",新媒体时代曲艺叙事的"危"也是隐约可见的。

曲艺叙事之"危"的表现之一,在于"碎片化"叙事。曲艺叙事是旋律叙事,是多个叙事单元的回环往复而形成的美的节奏,材料是叙事"单元",关键在于叙事的"节奏"。但在新媒体时代,视听节奏急剧加快,极容易导致曲艺叙事的"节奏"来不及展现全貌,光剩下叙事"单元"的无节奏杂凑,从而形成"碎片化"叙事。这样的叙事之"危"其实已经出现,最突出地表现在小剧场曲艺中。差不多是从新世纪初,小剧场曲艺迎来了它的第二春(第一春是在20世纪90年代初中期)。为了迎合日益"观光化"的观众群体和缓解巨大的商业压力,很多小剧场曲艺演出开始大量套用"段子",这些"段子"直接、现实,带有很大的煽动力,但"段子"与"段子"之间几乎毫无节奏可言,不仅形不成美的旋律,连完成完整的曲艺文本形态都不可能,整个作品就是一堆“段子”的杂烩。这样的曲艺，其实与艺术已是不沾边儿了。

曲艺叙事之“危”的表现之二，在于“议事”变成了“笑事”。曲艺叙事是叙（事）、议（事）合一，曲艺对“事”特殊的解决能力在于它的旋律化叙事方式。如上所指出的，当曲艺演出为迎合日益“观光化”的游客，变成了一堆“段子”的时候，它对“事”就失去了真正的分析、议论能力，无法为人们提供合乎人情事理的看法和解决方案，于是只好“一笑了之”。就是通过演员的插科打诨将所有的“事”往娱乐化上去演绎，抖机灵将观众斗得哈哈大笑，好像是解决了问题，但正像侯宝林先生在相声《抬杠》里所说的，“我这哈哈一乐没事了，账主子门口等着我呢”。曲艺必然是面向现实的，它要通过它所特有的“讲故事”的方式，让人们回到现实的人情事理中去找应对现实的根据，从而增强人们生活的勇气和智慧。如这般让人蒙着眼睛的“哈哈一乐”，其实是诱人以甘、误人子弟，这样的“曲艺”在新媒体时代即使能存活下去，也将是不长久的！

（原文发表于《曲艺》2017 年第 3 期，有改动）

拾贰

# 青年的"严肃性"与曲艺作为社会学教师

## 一、曲艺再"青年"

曲艺艺术从来不是个人消遣的"花瓶",它与时代之间声息相关的关系是我们关注曲艺艺术的大前提。

在中华文化传统中,曲艺艺术历史悠久,而作为具有鲜明艺术特色的艺术形式和有明确队伍的出现,则是在民国时期。早在清末民初,中华曲艺已基本形制完备。北方的各类鼓曲、相声,南方的评弹等都已经在艺术上达到了炉火纯青,成为中国曲艺发展史上的一座高峰。而在新中国成立前,曲艺艺术高度发达,因时代的关系,作品多以吟诵旧朝故事为主,对当时与未来的中国并不敢做过多的展望。

新中国成立后,曲艺各界与新中国共进退,不仅在艺术形式上有所创新,更重要的进步在于"唱新说新"。从新中国成立到20世纪末,在那些流传甚广的作品中,曲艺家们对新中国的唱诵是非常普遍的现象:他们把新中国比喻为正在健康成长的"小青年",虽然莽撞但充满活力,勇往直前。正是在此时,曲艺与"青年"结缘,或者称之为"青年曲艺",以与新中国成立前的专门讲诵前朝故事的曲艺相区别。到了20世纪八九十年代之后,一直到21世纪之前,此时的曲艺似乎步入了"中年":没有了"青年"的意气风发,开始注重自身的生存,于是,曲艺盈利的问题开始成为主要的问题。在这时，曲艺在盈利的道路上，可谓“八仙过海，各显神通”，表面上轰轰烈烈，各种茶馆、剧场曲艺重新出现，似乎是又迎来曲艺的春天。然而，这个时期，其实也是曲艺脱离主流的时期，曲艺在更多人的认识中，重新变成了闲暇时的小道、无伤大雅的东西。因此，曲艺在此时的繁盛，其实某种程度上是衰落。

进入21世纪，确切地说是在2008年的金融风暴之后，世界形势风云突变。西方价值观对中国的凌逼变得紧张起来。这种紧张的形势，被中国从2008年至今良好的发展态势所掩盖了。而新的变化在于：话语政治重新成为中国和西方价值观斗争的焦点。什么是“话语政治”？西方学者福柯曾在他的学说中提出了“话语权力”的概念，他认为：新时代的政治斗争将不是战争上的战争，而是“话语”的战争，“话语”包含着特有的意识形态，因此，当我们选择了某种话语，其实是选择了这种“话语”之后的意识形态。“话语政治”一直存在，但直到进入21世纪，它才正式地凸显出来。西方的好莱坞电影、消费主义、系列畅销读物，其实一直在执行着话语输出的任务。

中国曲艺是典型的“中国话语”，在曲艺这种“话语”中，包含着真正属于中国特色的意识形态。因此，21世纪以来，人们看到，中国曲艺从原先的“老好人”变成了一个“是非窝”，各种争端与争斗经常在曲艺界中看到，这种争斗从更深的层次上而言，正是典型的“中国话语”与“西方话语”斗争的表现。

那么，在这样的“话语斗争”的形势中，曲艺应该怎么办？是不是还要像以前一样，高高挂起满足于小世界的浅吟低唱？是不是还认为，曲艺与时代无关，只是一个“逗乐”？曲艺正处在“话语斗争”的一线，这些看法明显是不合适的，曲艺能够做的，就是以自己特有的应对世界的方式，面向未来、面向世界。在此意义上，曲艺似乎又从“中年”，甚至是“老年”的状态变成了“青年”！

事实上，当代中国的青年，他们对曲艺情有独钟。很有意思的是，似乎也恰好是从21世纪开始，我们看到，曲艺活动中青年的身影多了起来。从广为人知的“德云女孩”到目前已经成为显著现象的“校园曲艺”，都能说明这一点。青年为什么爱曲艺？从客观原因而言，曲艺作为文化活动，恰好迎合了青年的需求。首先，大部分青年是清贫的，他们并不富裕，而曲艺活动比起其他的文化活动而言，比如电影、交响乐、攀登等运动，可以说是俯拾即是、价格适中，即使花钱去剧场或茶馆，大部分青年也承担得起。其次，曲艺形式精悍、朗朗上口,能在较短的时间内给予人完整的审美体验。我认为,正是以上两个原因,使年轻人对曲艺情有独钟。

## 二、当代曲艺的"老年"与青年人的严肃特征

21世纪以来的曲艺已经成为"中华话语"对抗西方话语的前沿战场,可喜的是,青年人对曲艺这种形式也充满了热爱之情。然而,我们也应看到,当代中国曲艺对自身"话语斗争"的属性,或者说,对自己本身应体现出的"青年"属性,事实上缺乏觉悟。

21世纪以来,不少人尤其是青年人,把曲艺当作了逃避时代的工具。新中国以来建立的曲艺传统,到了20世纪90年代,它的弊端显露无遗:远离鲜活的生活,一味唱高调。所以到了21世纪,以德云社为代表的曲艺群体"检讨"曲艺,认为曲艺本身其实对时代不必承担太大的责任,相声就是逗人一乐。从曲艺发展史角度来看,这种"革命"有自己的价值,它重新恢复了曲艺的生活性,使人们重新爱上了它。在21世纪振兴曲艺的过程中,德云社有自己的价值。然而,在此之后,轻车简从,没有时代责任压力的曲艺却越来越不堪入目,不仅是去除了时代责任,而且罔顾曲艺的艺术特征,曲艺规矩想改就改,一切都为能"抓人"服务。更加要命的事,曲艺变成了"笑艺",不管合适不合适,都要加上一些低俗的笑点,21世纪的曲艺似乎又回到了1949年前天桥"耍把式"卖艺的水平。曲艺以网络流行的段子为题材,完全没有生活,只能做一些无关紧要的游戏,缺乏真正思考的勇气和对艺术的赤诚。

事实上,这样的曲艺,我们称之为"油滑"的曲艺,它只会将我们的年轻人带入沉于湖底的境界,并不能真正唤醒他们身上的青年特征。

什么是青年人?什么是青年文化?"青年文化"在中西方思想视野中,都是重要的命题。在中华文化中,人分为幼年、少年、青年、壮年、老年四个阶段。在《礼记》中,人的青年状态就是"成人"状态,这在中华文化中是独有的。中华文化中有成人礼,男子为冠礼(二十岁),女子为笄礼(十六七岁)。这些成人礼异常复杂隆重,在《礼记》与《仪礼》中都有详细的记叙。"冠礼"与"笄礼"在今天依然存在。

事实上,中华文化中的"成人礼",对青年的要求是将外在之"责"内化为

内在之“责”，这是关键。设若这种“责”只停留于仪式本身，则“责”不能内化；成人之礼的要义，在于使冠者切切实实领会这种离弃父母、孤身上路的孤独，而促使其有能力将外在之“责”转化为内在之“责”。可以设想，如果观者与自己的父母仍然是若即若离，则内在之“向外”的勇气激发不出来；如果真正“被抛”“沉沦”，儿子真正在“见于母，母拜之”“见于兄弟，兄弟拜之”“见于乡大夫、乡先生，以成人见也”中体会到孤独，则内在的勇气才能真正得以激发，外“责”化成内“责”，才能真正达到成人礼的目的。

因此，青年文化的实质是严肃的，不仅仅是嬉笑玩闹；逃避现实可以作为青年人暂时的喘息，但目的应当是对自己的前途负责。青年文化如此，作为“青年”的曲艺，作为充满斗争的曲艺，也应当是严肃的。唯有如此，才能使青年人从曲艺中真正学到应对世界的合理方式，而不是一味逃避。

对我们中国而言，青年人发挥着越来越重要的角色。不能否认，当下的现实对青年人是残酷的，他们的付出与收获其实并不对等，针对年轻人的不公平事情时有发生。在西方20世纪60年代，当青年觉察到对他们的不公平时，他们爆发了声势浩大的游行，彻底改变了西方文化的格局。然而，代价却是巨大的，换来的是西方文化将近一个世纪的无根。当代中国青年可以在曲艺中暂时喘口气，但这绝不是目的，重新焕发自己的勇气，面向未来，才是当代中国年轻人的目的。当代中国曲艺的发展，决不能以成为青年人的逃避场所为目的，而应当成为青年人应对社会问题的“社会学教师”。

## 三、曲艺可以成为应对时代问题的艺术与“青年”

那么，曲艺本身是否具有能力来应对时代问题呢？答案是肯定的。

通常认为，曲艺作为说唱艺术的意义在于让人们放松，这是误解。新中国成立之初，曲艺在说唱新中国的意义上就发挥过重要作用。当时曲艺艺人大部分文化水平低，收入微薄，处在生活的最底层。新中国成立后，他们成为所有艺人中最先觉悟的一批人，相声、评书、鼓曲、评弹等众多曲艺艺术都产生了各自名扬一时的作品。

新中国成立后，党和国家领导人对曲艺艺术尤其喜爱，毛泽东、周恩来等多次单独约请曲艺艺人表演，陈云同志对曲艺尤为关注。陈云同志很早就喜欢评弹艺术,他一生关于评弹与曲艺的书信达到300多封,中国曲艺出版社出版的《陈云同志关于评弹的谈话和通信》就是其中的一部分。他在20世纪50年代、70年代、80年代都对曲艺发展提出了明确的看法。陈云同志对于青年对曲艺的意义特别看重,他说:“(在曲艺方面)后来必须居上,才能发展;后来不居上,就是倒退。这是发展规律。”[①]他还说,“青年富有朝气,对青年要多鼓励,但表扬要恰如其分,不要捧。特别是对共产党员和共青团员的表扬,要适当,否则,他们会孤立,因为人家不服,他们自己也可能会骄傲,这样影响会很坏。不能靠共产党员、共青团员的称号吃饭”[②]。他还多次建议有关领导部门认真采取措施,加强领导,逐步解决曲艺发展中的一些重要问题。苏州评弹学校、中国北方曲艺学校、中国艺术研究院曲艺研究所、江浙沪评弹工作领导小组等机构都是在他的直接关心和支持下先后成立起来的。其他国家领导人对于曲艺在时代中的作用也多有肯定。可以看出,曲艺与其他文化形式相比,在新中国成立之初,在责任担当方面具有举足轻重的作用。

进入20世纪八九十年代,即使在曲艺赢利成为主流思想的时候,优秀曲艺也没有放弃自身的责任。比如姜昆的相声《户口脱险》,这部作品我们通常认为是对日常生活中的小事刻画入神而成为经典,其实还有更深的意思。这部作品塑造了一个“青工”,描述他周日游园遇到的“麻烦事”:掉老虎洞了。任何经历过20世纪八九十年代中国的人,都能强烈地感受到这部作品中所描绘的“花园”一样的中国,正是那时他们最深刻的国家感受:十一届三中全会确定了联产承包责任制,人们的干劲儿正足,对国家、未来充满了向往。其中“青工”正是那个时代人们的写照,并没有完全变成体制内的人,虽然清贫但是充满生活的乐趣。因此,《虎口脱险》表面看上去与国家无关,其实真正是新中国启航的预言。2017年,同样是姜昆的作品《新虎口脱险》演出,却没有引起那么大的轰动。究其原因可能在于,二十几年过去了,人们心中对国家、时代的看法已悄然发生了改变,失去了与作品之间的共感。这就是曲艺介入国家发展、时代前进的合适方式,它用自己独特的“人情世故”来应对这个大发展的时代!

---

① 陈云.陈云同志关于评弹的讲话和通信[M].北京:中国曲艺出版社,1983:25.

② 陈云.陈云同志关于评弹的讲话和通信[M].北京:中国曲艺出版社,1983:10.

曲艺并不只是浅吟低唱，它有自己应对时代发展的独特之道，那就是诉之于中国传统的“人情世故”，从中国人守护的“清理”考虑事情，做出自己的判断。比如著名的刘兰芳版的评书《杨家将》，是中国曲艺史上的精品。评书《杨家将》相比历史上的《杨家将》文本，做了较大改动，其中最明显的，就是这部作品讲出了人在面临“小家”与“大家”、“家庭”与“国家”矛盾时的真实心态，同时，用中国人特有的合情合理的态度去解决它。刘兰芳先生的这部评书可以说是朗朗上口，英气凛然，使人不由自己而生家国之心，截然不同于今天只以故事“抓”人的当代评书。

因此，曲艺完全可以成为应对时代发展的强有力武器，它不仅是“软”的，而且还是“硬”的，这就是它身上真正属于青年人的地方。青年人钟情曲艺艺术，曲艺应当成为他们认识与应对世界的工具，这样的曲艺才有希望。

## 四、尾声　曲艺作为“技术”与“青年”

事实上，曲艺在根本上并不是现代意义上的艺术，它更多的是一种“技术”。不管是北方的鼓曲、梆子，还是南方的评弹，都包含着各种严苛的“规矩”，正是在这些规矩的基础上才产生了曲艺的“艺术”层面。21 世纪以来曲艺的发展，其突出的趋势是：大家都在谈曲艺艺术，而忽略了它的“技术”，按照京剧的术语叫作“刻模子”。曲艺之于青年人，不仅曲艺本身可以作为青年人探索世界、应对时代的有力武器，而且对于从事曲艺的青年人而言，曲艺本身的“规矩套子”也能对青年人产生“苦其心志，饿其体肤”的作用，能极大地增强他们本身做事的毅力和决心，培养其刚毅的精神。曲艺使人在曲艺的“技术”训练中，能够感知自己的身体、语言，从而从身体到心灵，形成自己独特的人格。

对于当代年轻人而言，曲艺是很多可能选择中的一种，甚至在从事一段时间后可能会离去，但曲艺这种艺术形式，以及它本身对世界特有的“人情世故”的理解方式和作为“刻模子”的技术形式，必将在年轻人的心灵成长历程中留下深痕。

（未刊）

拾叁

# “喊麦”与曲艺

## 一、“喊麦”与曲艺都与民间文化相关

在新媒体语境下,机遇与危机同在,当代中国曲艺比任何时代都充满了变数。在这样的时代,曲艺已经被融入各种各样的文化形态中,要使曲艺获得发展的生机,就没办法不去关注这些包含着“曲艺要素”的东西。在多种多样的文化形态中,“喊麦”似乎是特别应该给予注目的。

什么是“喊麦”?“喊麦”是网络直播的一种形式。这里的“麦”即是“microphone”,“喊麦”就是主播在直播间自己做DJ,通过演唱而吸引观众的形式。在当代中国,“喊麦”大致发端于2008~2013年。早在移动直播秀场化模式之前,就有YY欢聚时代的秀场直播。其目标则是三、四线城市的青年群体,为的是给这个人群单调、乏味的生活提供娱乐方式,而“喊麦”最早则产生于YY欢聚时代这样的秀场直播中。在这个时期,“MC石头”的喊麦歌曲《情债》首次被网友在A站捧红,他多样的喊麦风格以及带有方言口音的英语成为他的标志。以此为契机,“MC石头”还成立了自己的工作室,举办了多场喊麦演唱会,被多方大众媒体报道后,“MC石头”甚至做起了商业,成功地改变了自己的生活。作为喊麦的第一代标志性符号,“MC石头”的成

名，让喊麦开始正式进入大众视野，并树立起了自己的风格。[①]

但今天我们所熟知的“喊麦”第一人并不是“MC 石头”，而是“MC 天佑”。“MC 天佑”的真名是李天佑。2014 年前，李天佑的人生颇有传奇性：他做过很多工作，曾因挪用网吧的钱款而被人赶了出来。根据现有的资料，他最后的一份工作是“在校门口卖肉串”。后来，他经过熟人的引介而进入秀场直播，开始喊麦。[②] 2014 年 11 月，李天佑进入 YY 直播，从拥有3,000名粉丝的主播到变成几万人知名的主播，再到后来粉丝人数突破千万，拥有自己庞大的“佑家军”，同时也是公认的人气王，喊麦主播已晋升为新一代网红。2016 年，移动直播兴起后，李天佑的影响更是成倍扩大。他的作品如《一人饮酒我独醉》《女人们，你们给我听好了》等广为传播，已经超出网络的范围，而在现实中发生影响。

“喊麦”的影响到底有多大呢？在百度“MC 天佑”贴吧，共有316,323个关注者，发帖8,508,347次。此外，在微博以#MC 天佑#为话题，阅读量达到1,609万，长期占据热搜榜的榜首。[③] 奥运版的《一人饮酒我独醉》深受大众喜爱，著名主持人撒贝宁也在节目中表演喊麦，还有众多综艺节目如《超级演说家》等频频邀约天佑，如此等等。

因此，在这个时代，“喊麦”的确形成了难以忽视的影响。它的特征是什么？李天佑曾经将自己的作品传到全球原创音乐的现金榜 T 榜，却遭拒。T 榜给出了自己的拒绝理由，认为：“喊麦作品多使用经变速、变调的非原创伴奏，在原创性上存在瑕疵；同时喊麦作品在节奏上的单一性，使其距离公共音乐作品的审美也还有较大提升空间。”[④]应该说，这个评价相对准确。“喊麦”的音调很简单，有不少学者将之称为“莲花落”的曲调，其实它比“莲花落”还简单。在曲词的内容上，“帝王”“红颜”“江山”“长枪”“热血”等是频频出现的关键词。“喊麦”通过简单的曲调和曲词，实际上抒发的是现实社会中的自我压抑，自我满足虚幻的人物角色，其实是用幻想蛰伏进虚幻的世界来抗拒现实。在“喊麦”的世界中，他们也有秩序：“英雄”就是“喊麦”的

---

①②③ 未名. MC 石头：归隐四年，喊麦第一人重回网络江湖[EB/OL].（2017－07－28）[2020－03－04]. https://www.sohu.com/a/160804583_696911.

④ 大条. 年入 8000 万却不被主流文化所接受，MC 天佑的喊麦到底是哪群人的狂欢？[EB/OL].（2017－05－05）[2020－03－04]. https://www.sohu.com/a/138549229_305277.

人,他在“喊麦”的世界中表现得越仗义、越霸气,则越受众人推崇。比如当今“喊麦”第一人“MC 天佑”的名言就是“我被骂了无所谓,但绝不能让咱家兄弟受委屈”。无分公理、难辨真假,大家就是肝胆相照。在这样的“喊麦”世界中,人们获取了在现实世界中无法获得的归属感。

“喊麦”与曲艺有什么关系?我们注意到,两者其实都与“民间文化”相关。中国传统曲艺属于典型的民间艺术,它的内容、形式还有大部分的作者都是从下而上的,来自民间,而不是发源于王公贵族的庙堂之上;而“喊麦”呢,根据现在所掌握的资料来看,没有一个科班出身的人涉猎其中,与“喊麦”相关的人群绝大多数都是生活在社会边缘和底层的人群。这就不能不让人对“喊麦”与曲艺的关系产生联想!

严格地说,中国古代社会中从事曲艺的主体其实与今天“喊麦”的群体并不相同:前者指缺乏土地而租用他人土地过活的人群,后者则指拥有并出卖自己“劳动力”的人;前者在很大意义上,与官府、精英分享相同的文化传统,后者则发展出了与官方、精英鼎足而立的大众文化。但从二者都处于“极端生活状况”的意义上来看,两者又是一样的。

因此,在传统中国社会中,由劳动人民而产生了今天的“曲艺”传统;而在今天,同样是处于民间的大众人群,则产生了“喊麦”。那么,两者在这个意义上就具有了比较的价值。

## 二、“喊麦”与曲艺都采用了“简单节奏”

我们应先考察两者的相同之处。

“喊麦”与曲艺,最大的相同之处是“简单节奏的运用”。在传统中国曲艺中,它的创作和接受人群大部分是社会的中、低层。在传统中国社会中,文化的话语权主要掌握在精英知识分子、官方手中,“礼不下庶人”的传统使得较大一部分的“庶民”实际上是作为文化话语的下游接受人群,因此,在这个群体中,他们在接受主流文化的同时,也接触到了其他文化。与上层社会的衣食无忧不同,他们经常处于衣食无着的边际。文化上的仆从地位和经济上的窘迫与贫困使得他们实际上经常处于人生的“紧急状态”。曲艺正产生于这种“紧急状态”中。

在《诗·大序》中有言:“诗者,志之所之也。在心为志,发言为诗,情动于中而形于言。言之不足,故嗟叹之。嗟叹之不足,故咏歌之。咏歌之不足,不知手之舞之足之蹈之也。”[①]其中提到“言之不足,故嗟叹之”,为什么会“言之不足”呢?对于传统社会的下层人民而言,应是处在文化下游和经济上的贫困状态,他们在社会与文化上整个是“失言”的,或者即使说了也没人听,因此,他们必然有“言之不足,故嗟叹之”。“嗟叹之不足”,就是说言语不能表达,因此,叹气、嗟叹,这还嫌不够,因此才要“歌之”“手之舞之足之蹈之”。

传统中国曲艺必定是发生于人的“紧急状态”,必是人在惶惑无着中的吟唱,这一点在传统曲艺研究中说到的的确不多,但对曲艺艺术的传承来说是关键的。

在进入富裕社会之后,比如我们今天的当代社会,相比于古典社会,今天的国家与社会更稳定,而人们在社会中的认同也得到了极大的增强。在这样的情况下,曲艺又往哪里去呢?我们看到,大体有几种情形:第一,在相对安闲和平的社会中,曲艺艺术从原先的“草根艺术”渐增繁华,慢慢成为“雅乐”或“高雅艺术”;第二,曲艺艺术的简洁,使它容易被其他文化同化,因此,很容易变成其他文化的代言,在这个意义上,可以说,虽然没有丧失自身的艺术风格,但早已不是传统的曲艺艺术了;第三,同样是在相对平安的社会中,有的曲艺人固守着自己的“草根”本位,拒绝与精英文化和主流意识形态发生关系,却走入了怪力乱神,于是我们看到:在许多小剧场艺术中,曲艺演出荤词儿迭出,不堪入耳,其艺术水平是相当低的。

曲艺传统与“清贫”相关,与人在“紧急状态”中相关。从这个角度来看,“喊麦”这种形式其实与我们在当代社会中新的“危机”有关。

对于当代社会,我们应该怎么认识?这是一个问题。从某个角度而言,我们应该处身于“二战”以来最为平安的时代,国家的约束力与人们对社会共同体的认同,都达到了史无前例的程度。在人类文明发展史上,我们生活的这个时代,堪称黄金时代。然而,我们这个时代,有没有危险呢?很多学者指出,我们这个时代是一个“不稳定”的时代:在资本与传媒社会中,主要的主宰力量是资本与跨国传媒,而正如马克思主义政治经济学指出的,资本

---

① 郭绍虞.中国古代文论选:第一册[M].上海:上海古籍出版社,1979:21.

的生命力在永恒的流通中,而传媒的意义,也在于不断地信息传递,因此有人把我们这个时代称为“建立在流沙上的王国”。我们这个时代,险中求生、流动中过活成了人生中的常态。在此意义上,当代社会中人们固然免于饿殍、屠戮,但这并不意味着内心的安宁;相反,变动的时代给予人的感觉甚至比传统还糟糕、还焦灼。

“喊麦”作为音调简单的呐喊,即是对当代社会这些“流动性”的反应。仔细考察“喊麦”的人群,我们会发现他们无一例外地都来自于社会底层。“MC 天佑”曾经做过的工作包括送快递、网管、卖烤串等。这些人的生存状态绝不是如其他人一样进入小康,而是真正地“挣扎在生命线上”,这种情形与传统曲艺中曲艺艺人的生存状态非常相似。在这样的生存状态中,他们不仅是文化上的弱势群体,更是经济上的弱势群体,他们本身的生命意志遭到了极大的压制,正如某些喊麦人所陈述的,“总觉得心里憋得慌”。“嗟叹之不足,故咏歌之”,在他们无法用语言表达自己的时代,“简单节奏”的喊唱就成为情理之中的事情了。这些“简单的节奏”如他们的呐喊,要把心中憋的气喊出来。当代中国,从 21 世纪以来,我们发现这些类似于“喊”的行为越来越多:类似于《小苹果》这样的快歌“神曲”越来越多;在老年人的广场舞中,快歌“神曲”更是他们用来抵御复杂社会的方式。在当代中国,这些具有“简单节奏”的喊麦,使人们发出了郁闷已久的“胸中闷气”,也使人们在复杂的信息社会中找到了简单快捷的方式,这也难怪它的受众面竟如此之大!

当前曲艺研究中,还缺乏对曲艺作为人生“紧急状态”中之“简单节奏”的研究,但是,我们只有从这个角度才能看到,在传统曲艺之外,类似于“喊麦”的行为中所包含的与曲艺同源的素质,才能从根本上把握曲艺的特征。

## 三、“喊麦”与曲艺有着重大的不同

然而,“喊麦”毕竟与曲艺有重大的不同,我认为,这种不同体现在以下四个方面。

### (一)“喊麦”与曲艺的文化定位不同

“喊麦”从文化定位上而言,应是大众文化,而曲艺则应是古典文化,它的美学思想仍然是中华美学思想，两者有质的区别。“喊麦”固然来源于社会底层，但从政治文化而言，它又是资本文化的产物。在资本社会，固然有跨国的文化传媒诸如好莱坞等文化工业，但奇妙之处在于：资本社会的娱乐传媒，不仅产生自本阶级的作品是其表达，而且对立阶级的作品也在为它服务。“喊麦”的主体是社会底层民众，他们挣扎在生命线上，但他们的作品却被自己的阶级“敌人”待若上宾：“喊麦”的“简单节奏”一方面是创作主体的表达，另一方面，这些“简单节奏”又被资本包装，以原始化的力量打动人。因此，“喊麦”表面上来自底层，但其又有着强大的资本背景。曲艺则不同：在传统社会中，出身下层的曲艺艺人，他们从自身强烈的生存意志出发，向精英文化学习、靠近，因此，曲艺本身形成了自己的美学形态，明代中、后期以来，就有很多文人成为曲艺创作的主力军。因此，两者的定位并不相同。

**（二）“喊麦”与曲艺的创作心理不同**

“喊麦”的创作，是从人们强烈的求生意志出发，但往往会停留于原始意志的表达，甚至在主播室中，越是非理性，越被视为情性毕现，则越受人尊崇；而曲艺则不同，它是理性的创作行为。在黄宗羲的《柳敬亭传》中有则故事说：“云间有儒生莫后光见之曰：‘此子机变，可使以其技鸣。’于是谓之曰：‘说书虽小技，然必勾性情，习方俗，如优孟摇头而歌，而后可以得志。’敬亭归而凝神定气，简练揣摩，期月而诣莫生。生曰：‘子之说矣。’又期月，生曰：‘子之说能使人慷慨涕泣矣。’又期月，生嗜然曰：‘子言未发而哀乐具乎其前，使人之性情不能自主，盖进乎技矣。’”①柳敬亭是晚明的说书大家、曲艺名宿。莫后光对他的评价很有意思：先是“使人欢愉唏嘘”，再是“使人慷慨涕泣”，最后“使人之性情不能自主”。② 这个过程应该是一个创作者以自己的作品使观众逐渐脱离自身粗俗的审美趣味而入于高妙之境的过程。观众能如此，作品与创作者也是如此。好的曲艺作品，绝不仅仅是使人从情感上对其产生认同，而是使人从“理”上明白道理，使人从“美”上产生莫名其妙的

---

① 黄宗羲. 柳敬亭传［M］//罗宗强，陈洪. 中国古代文学作品选：第4卷，明清近代卷. 北京：高等教育出版社，2004：223.

② 黄宗羲. 柳敬亭传［M］//罗宗强，陈洪：中国古代文学作品选：第4卷，明清近代卷. 北京：高等教育出版社，2004：224.

感动，这就是曲艺动人的力量。与之相比，“喊麦”仅停留于情感的阶段，只是人内部情感的发泄，而缺乏向“理”和“美”的升华。

### （三）“喊麦”与曲艺的现实效果不同

从现实效果而言，“喊麦”与曲艺也不相同。“喊麦”作为网络狂欢，人数众多，声势浩大，但从根本上却是缺乏社会责任的一群“乌合之众”。在“喊麦”中，以“喊麦”主播为核心，许多人聚集在一起。在这个群体中，缺乏公正标准，江湖义气、哥们儿情怀是通行的逻辑，因此，“喊麦”的人群其实是大众围拢取暖的地方，对社会上发生的事情，他们的态度偏激而强烈，更不具建设意义。但曲艺不是。在贾凫西的《历代史略鼓词》中有这样的一段话：“论天谈地，讲王说霸，第一件不要支离不经；第二件切忌迂腐少趣。须言言可作箴铭，事事堪为龟鉴。教那刚胆的人，听说那忠臣孝子，也动一番恻隐；那婆心的人，听说那贼徒奸党，也发一阵嗔怒。如说到那荆轲报仇，田横死节，要使人牢骚激烈，吐气为虹。说到那长沙逐臣，东海孝妇，要使人感喟唏嘘，挥泪如雨……”[①]听听，曲艺对自身的社会责任期许有多么高！曲艺不仅以此自命，而且在中国传统曲艺史上，它的确是作为短、平、快的武器在发挥着作用。在中国曲艺史上，曲艺一方面是人们“糊口”的职业，另一方面则是这个人群履行自己社会责任的答卷，与之相比，“喊麦”就差太多了。

### （四）“喊麦”与曲艺的作品形态更是不同

从作品本身而言，“喊麦”与曲艺的作品形态更是有所不同。“喊麦”的作品，正如大家所看到的，就是单调。“喊麦”的单调，并不是这种作品失去了进化的能力，人数众多、传唱频繁。令人奇怪的是，自从 2014 年“喊麦”面世以来，“喊麦”几乎没有变化，或者是变化极少。原因正在于，“喊麦”的单调正是它独特的魅力，它在复杂的媒体社会中给人以应对的力量。曲艺则否。在老舍的《老残游记》中记叙了鼓书艺人的表演：“王小玉便启朱唇，发皓齿，唱了几句书儿。声音初不甚大，只觉入耳有说不出来的妙境：五脏六腑里，像熨斗熨过，无一处不伏贴；三万六千个毛孔，像吃了人参果，无一个毛孔不畅快。唱了十数句之后，渐渐地越唱越高，忽然拔了一个尖儿，像一

① 贾凫西．历代史略鼓词［M］//车振华．清代说唱文学创作研究．济南：齐鲁书社，2015：242．

线钢丝抛入天际，不禁暗暗叫绝。哪知他于那极高的地方，尚能回环转折；几啭之后，又高一层，接连有三四叠，节节高起。恍如由傲来峰西面攀登泰山的景象：初看傲来峰削壁千仞，以为上与天通；及至翻到傲来峰顶，才见扇子崖更在傲来峰上；及至翻到扇子崖，又见南天门更在扇子崖上：愈翻愈险，愈险愈奇。”①描写甚为传神，但首先是曲艺演唱本身的出神入化。在曲艺发展历程中，曲艺从下层社会产生，一方面是大量落魄文人的加入，另一方面也是曲艺本身不断向上升华，所以，曲艺作品中不乏堪与中国最优秀精英文化比肩的作品。以相声而言，新中国成立前后，一大批老艺人成立了“相声改造社”，在老舍、赵树理等人的帮助下，很多优秀的作品诞生了，不少粗陋的作品则沉没在历史中。在资本的制约下，“喊麦”原地踏步，曲艺则大步向前，这种对比使人深思。

## 四、“喊麦”对当代曲艺发展的启示

当代曲艺的发展遭遇了难题，这是今天所有身在其中的人都能看到的现状。那么，为什么会这样呢？关于这个问题，除非是专业的曲艺研究工作者，一般人很少考虑。

在我看来，曲艺在当代的衰落是必然的，原因有三点：

其一，时代已经变化，人们的接受心理已经发生巨大变化。传统中国社会是农耕社会，人们的生活节奏较为缓慢，精神生活较为贫乏，而且在那个时代，君主集权的政治生态，使人们的接受心理倾向于接受富有节奏并且格调优美的作品，曲艺作品作为典型的富有韵味的作品，在下层劳动人民那里广受欢迎；但在当代，生活节奏变得越来越快，“节奏”的需求在人们的日常生活中变得不合适，在此意义上，根本就没有多少人停下来欣赏曲艺。

其二，曲艺的内容没办法与当代人的生活发生共鸣。在当代，人们的日常生活已充分国际化、媒介化，新的问题和矛盾在日益凸显，但在我们的曲艺中，不管是传统曲艺还是新中国成立后出现的“新曲艺”，视野仍然停留在富有人情味的过去，而对于现在的很多问题都没有涉及，这也是人们抛弃曲

① 刘鹗(老残).老残游记[M].西安：三秦出版社，2016：9－10.

艺的原因。

其三,曲艺缺乏“政治味儿”,这也是大家远离它的原因。什么是艺术的“政治味儿”?比如这些年出现的各种各样的“宫斗”剧,为什么那么多人喜欢看?就是因为在这些电视剧中,人们看到了人与人之间互相斗争、竞争的政治意识,从而产生喜爱之情。当代社会,已不是奉行中庸之道的传统社会,人与人之间的博弈、争斗是我们这个社会的宏大命题。

“喊麦”给曲艺提供了什么?我觉得至少也有三点启示:

其一,在当代社会,曲艺要关注劳动人民的真实生活,真正做到“为人民服务”。在传统社会中,曲艺属于典型的“下里巴人”的艺术,是贩夫走卒、引车卖浆之流所喜爱的艺术。新中国成立后,曲艺获得了中央高层的重视,曲艺人成了“吃公粮的人”,而曲艺本身也进入了体育馆、电视演出,与下层社会实际是越来越远了。进入当代社会,许多媒介学家指出,并没有完全消灭了社会不平等,社会分层反倒是越来越突出了,而且所谓“下层社会”更加庞大、结构更加复杂。在此意义上,“喊麦”之所以大受欢迎,就是因为它的下层拥护者日众。对于曲艺而言,应当强化对下层劳动人民的重视,重新在“回到底层”的意义上获得认可。

其二,节奏的简化与创新。曲艺的魅力其实在于它那朗朗上口的节奏。在今天,我们看到的“喊麦”其实在某种意义上接过来这一优势。“喊麦”的节奏都很简单,没有什么繁复的变化,但无穷内容、大千世界都包括在这种简单之中。我们认为,这种“简单节奏”表面单纯,其实则大有文章。曲艺是说唱艺术,我国传统相声大师侯宝林先生就特别注重相声与其他曲艺形式如大鼓、单弦、坠子之间的配合演出,认为这样才合适,这是很有道理的。在这个时代,曲艺一方面在内容上要反映时代的新矛盾和新问题;另一方面则应加强曲艺的节奏性、韵律意识,创造更加丰富的曲调,从而让曲艺为时代发展服务。

其三,应注重对新媒体的借重和利用。当代社会与传统社会最大的区别就是新媒体在日常生活中的广泛应用。新媒体是指以移动通信为依托所产生的各种各样的媒体形式。“喊麦”为什么会受欢迎,与新媒体的广泛应用密不可分。曲艺在当代的发展,再也不能鼓吹什么“平地扣饼”,应该充分借重新媒体的种种形式,将之发扬放大。通过各式各样的新媒体平台,曲艺应当在不抛弃自己独特艺术形式的前提下，积极反映新时代的矛盾和问题，成为时代的“轻骑兵”，这才是曲艺从“喊麦”身上应该获得的启示。

“喊麦”与曲艺进行比较，我认为有重要意义。正如我们前面指出的，在当今时代，“喊麦”是我们看到的从下层民众中产生的一种文化形式，它所具有的“简单节奏”，像是艺术，更像曲艺。因此，仔细考察这种文化形式，并且与曲艺进行比较，指出两者的异同，对于认清曲艺的本质是十分有价值的。当今时代，曲艺到底应该怎样发展，是所有曲艺工作者面临的问题。今天，并不是曲艺失去了自身的表达形式，问题在于，正是这种表达形式变得日益多样，它把曲艺撕裂了，分散在各种文化形式之中，似乎到处都是曲艺的影子，但又捕捉不到。曲艺发展的难题本身是独特的，我们要做的不应是拼命维护有形的曲艺形式，而是要在多种文化形态中寻找曲艺的影子。在中国传统曲艺发展史上，从一开始，曲艺并不是作为独立人的日常生活而产生的艺术形态，它在根本上是人“糊口”的手艺，但它从粗到精、由表入里，逐渐发展起来，才产生了“曲艺”的形态。也许，进入资本与媒介时代，曲艺经历了一个独立化的轮回后，要重新从其生活形态来考虑它的发展?!

（未刊）

拾肆

# 融媒体时代曲艺批评的引导意义

我们已进入融媒体时代,这是每一个人都能看到的事实。融媒体时代使许多传统上看起来永恒的东西发生了改变。当代中国的曲艺经历了20世纪五六十年代的改革期,在八九十年代曲艺艺术迎来了自己的辉煌期。进入20世纪90年代末,曲艺发展呈现出多元化趋势,主要原因就是媒介技术的发展。

融媒体是媒介技术的高级表现,它指的是广播、电视、报纸与网络因为技术的发展实现了互补,在人力、内容、宣传等方面进行全面整合,实现"资源融通、内容兼容、宣传互融、利益共融"的新型媒体。融媒体对曲艺的发展提出了诸多问题,由此影响到对曲艺的批评。

## 一、融媒体时代曲艺巨变的四个方面

曲艺批评的对象是曲艺。那么,在融媒体时代,曲艺本身发生了什么变化呢?我认为,大体有下面四个方面的变化:

第一,曲艺活动的"艺术政治"化日趋明显。

在传统文化中,曲艺与诗、词、歌赋一样,本来是"小道",甚至比诗、词、歌赋的地位更低,是下等人在闲暇时休闲的东西。新中国成立后,曲艺被认为是时代的"轻骑兵",它的说唱形式被认为能很好地为社会服务。即使如此,曲艺也没有成为全民曲艺。21世纪以来,曲艺突然以意想不到的速度热了起来。曲艺中的相声、小品以及其他体现幽默性元素的艺术获得了大众的追捧。至于原因,从大的方面而言,我想应是当代中国承平日久,人们需要笑声;小的方面则是随着人们对春晚的反思以及以德云社为代表的相声团体的努力,人们发现了曲艺这个“廉价而有效”的消费品。20 世纪 90 年代后期,人们对曲艺的热爱渐趋狂热;而进入 21 世纪后,人们对曲艺的期待似乎已不止于成为“粉丝”。

大约在 2014 年,郭德纲推出了作品《论五十年相声之现状》。姑且不论这部作品在艺术上的水平,它的特别之处在于它从头到尾的“控诉”:控诉相声界中的“不平等”。从此以后,德云社相声一直沿用这种打时政擦边球的做法,对当下社会新闻嬉笑怒骂,因此赢得了广大的拥趸。不能否认德云社的功劳,它让大众重新重视曲艺,但却引导大众用完全不一样的眼光去看待曲艺。我们看到,2014 年后,通常认为“平静”的曲艺圈风波乍起。在网络上展开的却是有关社会问题的争论,社会平等、贫富之分、屌丝,等等。曲艺以它简洁易懂的方式,似乎成为人们宣泄表达不满情绪的最好的方式。在此意义上,曲艺距离“艺术政治”似乎越来越近了。

第二,部分曲艺与曲艺的部分审美特征得到了充分关注,大部分曲艺真正的审美品格却被忽略。

曲艺的种类非常丰富,据不完全统计,现今活跃于民间的曲艺形式多达 400 余种。然而,令人惊讶的是,随着媒介的进化,所呈现出的曲艺种类似乎与之成反比。

20 世纪八九十年代,电视与广播中尚能看到或听到京东大鼓等曲艺形式,但在当前融媒体时代,则是相声(小品)一家独大了。相声(小品)的一家独大与央视春晚影响力的扩大有关,然而,与融媒体时代的到来则有着更大的关系。融媒体时代,网络通信融汇了广播、电视与报纸,同时也使这些媒体的影响力膨胀。相声(小品)是曲艺中以“笑”为特色的曲艺,因此,它们在消费时代尤其迎合了人们的需要,从 20 世纪 90 年代末以来,相声(小品)已成了曲艺的代名词。不仅如此,曲艺中能在融媒体时代大行其道的,同样是其中幽默、搞笑的部分,不仅是曲艺中偏向幽默的形式膨胀了,而且不少相对严肃的曲艺中的幽默部分也被强化了。

第三,人们对曲艺作品的获知信息多元化,由此也导致在人们的接受视野中,独立自足的作品难以产生,曲艺作品与其他作品、文化及社会事件交织在一起。

融媒体时代,曲艺的发展还有一点极其值得关注:人们对曲艺作品的接受,已不像过去一样只专注于作品本身,各种媒介边界的"浸润",使人们在关注曲艺本身的同时,也会收到关于演员、创作过程的一些"八卦"消息,这些消息多少总会与社会热点事件相联系,因此,我们表面上是在欣赏曲艺,其实所接收到的是比曲艺文本广阔得多的当代社会与文化。

这直接导致了一个后果:在融媒体时代,再也没有以独立自足作为美的对象的曲艺作品了。独立自足的作品应是不管背景如何,我们对这个曲艺作品本身都能够看得懂、看得高兴,比如侯宝林、马三立、刘宝瑞这些大师的作品都是如此。但今天看德云社、嘻哈包袱铺、青曲社等说的相声时,始终没法将其与郭德纲、高晓攀、苗阜等人作为时尚人物分开,这些人最近一段时期被媒体披露的行踪,总使我们不能停止联想。因此,融媒体时代,曲艺作品已变成了更加广阔的社会文化背景的"中介点"。

第四,曲艺与其他艺术形式之间的边界越来越难以区分。

融媒体时代,曲艺不仅消融于社会文化背景中,而且它也积极地将自己独有的艺术因素与影视、综艺等其他文化艺术活动相结合,产生了更加广阔的"泛曲艺"。

新中国成立以来,马三立、侯宝林等前辈拍摄了《笑破情网》,这应是新中国成立以来国内首部相声电影。随后至 20 世纪 90 年代末,冯巩、杨少华杨议父子等相声名家投身影视,产生了不少佳品。马季、姜昆师徒以相声风格主持了春晚,姜昆更是长期担任春晚的主持人。新时期以来,德云社等相声团体与电视综艺节目展开深度合作,推出了许多节目。尤其是近十年以来,相声与其他文化艺术部门的跨界合作更为频繁,可以说,相声(小品)在跨界中已逐渐失去了自身的艺术特色。

融媒体时代的"艺术政治"趋向、曲艺中幽默要素的凸显、曲艺消融于更加广阔的社会文化背景,以及曲艺的频繁跨界,这些是曲艺在新时代发生改变的四个面向。总体而言,曲艺与融媒体崛起相比,主要的变化应是它从"审美"变为了"微观政治"。所谓曲艺的"微观政治",指曲艺在新时代已不全为独立的审美对象,而是与社会、文化等更多的东西勾连在一起,曲艺成为人们参与互动的主要方式。

## 二、曲艺批评的“引导”内涵与“文人批评”的区别

融媒体时代，同时也是曲艺逐渐成为“微观政治”的时代，曲艺批评应该如何做？

曲艺批评不同于曲艺理论研究，后者是对曲艺进行广泛的研究，目的是得出曲艺发展的内在规律。曲艺批评针对的是具体的曲艺作品或现象，批评的目的在于对曲艺发展的当代状况进行反映、批评或肯定。如果说曲艺是“时代的轻骑兵”的话，那么，曲艺批评则是这个“轻骑兵”的马勒头。

曲艺批评在新中国曲艺发展史上具有重要地位。新中国成立前后最著名的两位曲艺批评家是老舍和赵树理，20 世纪 60 ~ 90 年代，王朝闻、罗扬、吴文科、徐城北、崔凯等许多著名学者纷纷对曲艺发表了精彩的评论。然而，一直到 20 世纪 90 年代的文艺批评，主流仍然是“文人化”的批评。

比如老舍先生，他不仅是曲艺批评大家，其本人也是写作曲艺的大师。老舍先生一生大概有 40 多篇曲艺研究、批评的文章，包括《谈讽刺》《谈相声的改造》等。老舍先生的批评文章是典型的“行内人”文章，因为他本人熟谙曲艺，所以在谈到曲艺时，常常从曲艺创作的立场去评价，遵循的批评标准也是曲艺本身的规律，常常给人一针见血的感觉。再比如赵树理先生，他同样是曲艺写作的名家，他曾经主办曲艺刊物《说说唱唱》，提出“其实《水浒传》《红楼梦》都是用评书形式写成的”。赵树理的曲艺评论作品虽然不如老舍先生丰富，但他同样是从“行内人”角度进行批评的批评家。20 世纪 80 年代以来，王朝闻、罗扬、吴文科、徐城北、崔凯等名家将曲艺批评发扬光大，紧跟时代潮流，对曲艺批评的角度慢慢地转向对作品价值观与意识形态的批评。

点数新中国成立以来的曲艺批评，我们认为，当前的曲艺批评并不能令人满意。当前大多数曲艺批评家根本就不懂曲艺创作的规律，是从抽象的理论角度对曲艺进行批评，使行内人看着生厌，行外人完全看不懂。因此，许多有识之士认为，我们这个时代需要的是“行内人”的批评，需要他们从曲艺作品创作本身出发来进行批评。

然而，笔者认为，仅仅从曲艺作品创作本身出发进行批评还不够，融媒

体时代的曲艺批评,应是以熟悉曲艺作品的规律为前提,从中产生“引导”意识:引导曲艺批评走上先进、文明的方向。

这个意思颇难说明,但也不是完全难以说明白。

首先,如我们在前边指出的,在融媒体时代,曲艺作品消融到了更加广阔的社会文化背景中去,单纯要求从曲艺作品本身的艺术规律出发,其实是要将曲艺从与之盘根错节的生态中剥离出来,这本身就是掩耳盗铃的事情。其次,融媒体时代的曲艺批评,我们要谈到一个曲艺发展“方向性”的问题。

曲艺发展是有“方向”的吗？这里牵涉到一个文学艺术发展的规律问题。这个问题可以演化为:曲艺发展的规律是纯粹“客观”、根本没有任何“方向”可言,还是,曲艺发展是有“方向”的,它应当朝着更先进、更文明的方向前进？

不少人认为,曲艺艺术的发展规律应当是纯粹“客观”的,其中并无可发展“方向”,融媒体时代曲艺的发展,应当听之任之,让曲艺去选择自己的道路。然而,马克思和恩格斯的文化观念与这种看法相抵触,他们认为:文化的发展有其自身的规律,文化艺术作为上层建筑,要受到经济基础和政治意识形态的影响,这是马克思和恩格斯文化观的核心。从这个角度而言,曲艺艺术的发展如果受经济基础与政治意识形态影响的话,在经济发展、政治意识形态前进的情况下,曲艺艺术应当是有“方向”的,这个方向就是更高级、更先进。然而,从另一方面而言,曲艺艺术又是无“方向”的,曲艺的发展并不是谁的命令,而是数不清的曲艺人合力作用的结果,因此,曲艺并无“方向”可言。

从这个角度而言,曲艺发展其实是没有“方向”的“方向”,一方面是曲艺自身内在的发展,另一方面则是在“引导”(绝不是指导或命令)下的发展。这应是曲艺发展的实质。融媒体时代,如果任由曲艺自由发展,那么结果必然是曲艺的完全消亡,因此,尤其要注重对曲艺的“引导”。这个“引导者”是谁？应当是融媒体时代的曲艺批评者。

融媒体时代的曲艺批评应从这个高度去理解,才是曲艺批评应该有的正确的位置和批评家们在这个时代应有的身份。“批评”传统来自西方,并非中国学术。它在英文中的含义比较固定,“criticize”指的就是个人以自己的学识、道德与价值观而对他人或他物提出自己的意见。“批评”在西方传统中是典型的精英文化，它表达的是个人意见。然而，在融媒体时代，完全脱离时代的个人精英是否合适？融媒体时代，曲艺日渐变成了“微观政治”，曲艺与更加广大的社会、文化背景融合在一起，在此前提下，对曲艺作品只是做置身事外的“批评”是否合适？答案显然是否定的。融媒体时代，曲艺批评应有的一个姿态应是充满责任感的“引导”：从把握我们国家与民族的命运出发，从更大的政治形势出发，对曲艺的发展提出自己的意见。

然而，这里特别要强调的是：“引导”并不意味着“命令”！“命令”是权力部门的行为，曲艺批评者的身份仍是学者，当然是充满责任感的学者。曲艺批评对曲艺“引导”的前提，是对曲艺规律的内在把握，“引导”曲艺走向更先进、更文明的阶层，必须是在尊重曲艺规律的前提下才能发生的，这一点必须要把握住，否则，曲艺批评的“引导”将毫无意义。

我们提出融媒体时代曲艺批评的“引导”意义，即在充分尊重曲艺艺术规律的前提下，趋向先进与文明的发展方向，这种判断基于我们曲艺发展已经进入了一个崭新的时代。从这个角度来看，我们当前的曲艺批评大部分趋于两极，并不能令人满意。

## 三、曲艺批评“引导”曲艺发展的五个方面

融媒体时代，面对曲艺的新变，曲艺批评应当在充分尊重曲艺艺术规律的前提下，起到“引导”的作用。这种“引导”作用，我认为可以从以下五个方面着手。

第一，曲艺批评应从曲艺本身的艺术规律出发，基于此艺术规律进行社会主义核心价值观的引导。

融媒体时代的曲艺批评，其实并不缺乏“引导”意识，然而能正确做到“引导”则并不是一件容易的事情。仅具有“引导”意识，不尊重曲艺艺术规律，那么，这样的“引导”就是武断的“命令”，最令人生厌。在尊重曲艺艺术规律的前提下，基于对时代的责任意识而产生的“引导”意识，这才是正确的。以前几年出现的小品《开会请关机》为例。对这个作品的切入点在哪儿呢？《开会请关机》是嘻哈包袱铺近几年创作的一部优秀作品，作品的结构、铺垫都非常出色，最出色的还是演员的表演，五位演员可以说是人人独当一

面。然而，说这个小品好是不是就因为它取得了一定的幽默效果呢？我认为，还不全是如此。《开会请关机》之所以这么好笑，先是因为它创造了一个吸引我们高度认同的场景："家"的情景。我们来看，在这个集合中，每个人都有自己的事情，作为这个集合的"头"则千方百计想让大家专心一些。你看他，堵了这头丢了那头，像不像我们现实生活中的"家长"；而那些职员则像是家中调皮的"孩子"，他们围着"家长"展开了妙趣横生的追逐。正是有"家"的氛围在前，所以其中的幽默才使人会心一笑、笑得畅快。因此，这个小品从价值观而言，其实是对中华传统文化核心价值观("家")的传承，在此意义上，这个小品是个好作品！我们对这个作品的批评，并不是从外在价值审视这个作品，而是从这个作品本身的艺术规律出发，将之升华，从而谈到了中华传统文化核心价值观，这正是"引导"的批评逻辑，是从艺术规律角度来谈社会主义核心价值观。再比如姜昆、唐杰忠的代表作《虎口脱险》，很多人能注意到其中细节的幽默，大家看这个"青工"，他热情、好奇、胆小但又生机勃勃，这个人物正是20世纪80年代中国在走出"文革"后人人欢欣鼓舞的最好的形象写照，这个作品最有价值的不是它的细节，而是对这个人物的刻画。

第二，曲艺批评应认识到曲艺本身的艺术性，曲艺作为说唱文学具有文学性和音乐性的特点。

曲艺作品是艺术作品，它不仅包括要"说出的东西"即内容，还包括"怎么说"也就是它的形式。融媒体时代的曲艺，因为它本身作为人们辩论与各种言论的发声平台，所以，人们常常忽略曲艺本身的形式性，事实上，这造成了曲艺在当代传承的很大问题。

以相声为例。有人认为，相声没有形式的意蕴，讽刺怎么有力怎么来，这其实是错误的看法。相声的"包袱"本身就包含着音乐性在内。相声的"包袱"要有适当长度的铺垫，然后"抖"出来才响。从"铺垫"到"抖出"就是相声本身的韵律，相声的行家里手特别擅长编织情理之外、意料之中的"包袱"。我们来看马三立先生的《秘方》，在最终抖出"包袱"之前，他起码将这个故事讲了有十分钟，在这十分钟里，几乎没有任何获取观众掌声的地方。关于这个观众的"沉默"，我们怎么看？当代许多相声演员受不了这么长时间的"沉默"，向观众要掌声，几乎不到一分钟一次掌声，我们也以观众的"掌声”大小来评价演出的成功与否。其实，正是观众的“沉默”显示了相声的艺术韵味，在“沉默”中，观众积蓄着冲动，涵茹着冲动，真正进入了审美状态。最后包袱抖出，“挠挠”！出人意料，情理之中，观众哄堂大笑，但是这种笑声已经不是那种“动物式”的笑声，而是理性的、审美的笑声。诸位请看，我们的批评在关注这个作品时，不是关注笑声，而是关注其中的“沉默”，这就是其中的艺术向度。

第三，曲艺批评应对曲艺艺术中深厚的人情与责任意识特别关注，认识到曲艺的幽默并不是一味逗贫，而是从深厚的人情味之中产生的欢乐。

融媒体时代，曲艺似乎变成了“碎嘴子”的别称，人们对曲艺的要求变得很单一，就是“你让我笑起来就可以”。曲艺的本质不在于搞笑，而在于对富于人性的现实世界的深情刻画。马季、姜昆等人的作品，我们看到，幽默素质并不是特别高，并不如德云社、开心麻花的作品那么逗笑，然而，每当我们听到他们的相声的时候，会觉得很幸福平安，原因正在于：在他们的作品中，所刻画的就是一个花园样的中国。

再比如快板名家李润杰的《劫刑车》，其中有这样的描写：“看见老头他们就捉，/什么大胡子、小胡子、长胡子、短胡子、黑胡子、白胡子、花白胡子、黄胡子……/他们还满不论颜色；/那天老头还真不少，/他们抓了足有三百多，/结果还是都抓错了，/闹了半天县里是要抓姓蓝的胡子/您说这事儿缺德不缺德？/那一次把老头全都吓病啦，/这个事还不让说哪！”[①]这是个精彩的桥段！本来说是抓“蓝胡子”，结果抓了一堆“胡子”，还是弄错了！这里出现了生活中的夸张，这种夸张很适度，让人想到了自由自在的日常生活。“这个事还不让说哪”，更是将本来残酷的画面变成了稚气十足的场景。这就是作品中的“人情”。曲艺的根本在于表现日常生活中的人情世故，曲艺不能一味逗贫，应当写出责任与快乐。

第四，曲艺批评应对曲艺作品中辩论说理的部分给予特别关注，曲艺中的辩论说理并不是强硬的命令，而是从人情世故中产生出的议论，这对于我们形成有中国特色的公民意识具有重要作用。

融媒体时代，信息媒介的多元使得各个层次的人都获得了发言的机会，

---

① 李少杰. 李润杰曲艺作品集[M]. 天津：天津人民出版社，2016：123.

因此,“微观政治”是融媒体时代的主要特征。在这个时代,“微观政治”的发达使人们的公民意识空前高涨,因此,辩论说理作为公民的基本素质就成了重要需求。曲艺绝不仅仅是逗乐,也不仅仅是对日常人情的展示,其中更有着大量发自人情、非常值得我们学习的“辩论说理”。

比如20世纪60年代左右产生的二人转作品《三接丈母娘》就很好地说明了这个问题。这个作品并不复杂,讲丈夫“玉良”一心扑在公社的事务上,这引起了妻子的不满。妻子让他去接自己的丈母娘,结果半途又因为公社事给耽误了,妻子大怒,想跟“玉良”吵一架。那么,这个矛盾是怎么解决的呢?《三接丈母娘》处理得非常巧妙,它不是让妻子或丈夫出场,而是让丈母娘替女儿“出了一口气”,她是这么数落“玉良”的:“我今天批评批评你玉良,别看你各项工作都像样,家庭教育可不算强。桂香有错你不管,疼爱得不是正地方。今天你为啥要撒谎,你要把根源说具详。”①丈母娘表面上是在责备女婿,实际上则是在责备女儿,看这个处理多巧妙。下面还写道,被帮助的人家来谢“玉良”,带点东西来做谢仪,“玉良”不收,我们看人家是怎么说的:“玉良他起早贪黑干工作,带动得老少爷儿们总是帮咱困难户的忙。玉良他帮我们买猪,丢猪还帮着找,没有他这两头小猪准喂狼。我们全家心里像盆火,给小光送件花衣裳。这点东西谈不上什么礼,就算是我们全家的一片心肠。你们收下我好回家交任务,若不收,你大哥那脾气我可难挡。”②给别人送东西,别人不接受,《三接丈母娘》的处理就非常到位:不是自己的意思,是家里大哥的意思。有时,我们仔细领会咀嚼以前的曲艺作品,真为其中对人情万象的呈现而佩服。做当代曲艺批评的人,不应当将眼光仅仅盯在眼前的曲艺作品,应当多看看以前的曲艺作品,上下融会贯通,方能领会于心。

第五,曲艺批评应树立曲艺本体论的意识,在曲艺边界日益模糊的时代,强化自己对“何为曲艺”的认识。

融媒体时代,曲艺的跨界在所难免,影视、综艺、戏剧戏曲等多种多样的形式,都在借鉴曲艺的手段和技巧。曲艺跨界说明了曲艺本身是有生命力

① 群众文化编辑委员会.曲艺选[M].北京:新华出版社,1983:13.

② 群众文化编辑委员会.曲艺选[M].北京:新华出版社,1983:14.

的，但是，因为跨界，也带来了“何为曲艺”的问题。在后现代文化大行其道的今天，追问“何为曲艺”其实是一件煞风景的事情，因为，如果不去管这个问题，那么，曲艺终将会变成网络段子、一堆笑话和满腹牢骚的集合，最终人们会放弃曲艺。

当年梅兰芳先生在谈到传统京剧的现代改革时，曾提出“移步不换形”，就是说虽然形式变了，但是京剧的精神不能变。这条规律对曲艺的当代发展也是适用的。那么，曲艺的本体和精神到底是什么？当曲艺进入别的艺术或文化形式中，如何能做到自身的精神不丢？曲艺在融媒体时代的新生又体现在什么方面？我想，这应是每一个融媒体时代的曲艺批评家应该考虑的问题。如果仅仅对曲艺跨界抱欢呼的态度，却不去思考曲艺的本体问题，这样的消费主义要给曲艺带来大灾难。

## 四、结语

融媒体时代的曲艺批评，应当从尊重艺术规律出发，唤起自身的责任意识，起到引导作用。我们这样说，对曲艺批评而言，相当陌生，因为人们习惯了曲艺批评置身事外的“指手画脚”。但是，置身事外的“指手画脚”，并不是曲艺批评的应有姿态！融媒体时代，曲艺面临着前所未有的变局，自身日益趋向“微观政治”，逐渐消融到社会文化背景中去，作为具有独立审美批评意识的曲艺作品已经非常罕见，在此情况下，曲艺批评的引导作用更值得提倡。在我们这个时代，曲艺批评家其实有两方面的功力要练：一是对曲艺作品的熟悉，以及对曲艺规律和曲艺发展史的学习；二是对融媒体时代“微观政治”的熟悉。两者缺一不可。因此，融媒体时代的曲艺批评实际上比传统的曲艺批评对批评家的要求更高、更难，更加具有政治性。

（未刊）

拾伍

# 曲艺直播是“生活中曲艺”的呈现与展开

## 一、直播是全面展开的媒体形式

从演出形式而言,近代以来,曲艺演出的载体有几次变化:曲艺最开始是“撂地”,就是拿石灰粉在街头边撒边念叨,以此“黏人”,然后开始表演。这基本上是新中国成立前才有的事情。新中国成立后,曲艺工作者成为国家工作人员,曲艺演出也慢慢走上了“舞台”,这些舞台包括:剧场、体育场、广场和一切具有仪式性的场合。与曲艺演出舞台化同步进行的,是广播、电视也成为曲艺演出的平台。在20世纪90年代,不少曲艺演员有感于曲艺上了“台”却远离了观众,所以产生了大量的“小剧场”。截至目前,全国的演艺市场应是“舞台”“电视”“网络”“小剧场”并行,而在这其中,效果最好的,还是小剧场。

事实上,曲艺演出在网络上呈现已不是新鲜事,但大部分是录播,主要借助网络载体。2020年1月突如其来的一场新冠肺炎疫情,使得“小剧场”“舞台”等形式被全面禁止,于是就出现了曲艺网络直播这一形式。目前,网络上能看到的有杭州滑稽团的直播、上海评弹团的直播,还有演艺团体嘻哈包袱铺从2020年4月开始的直播,等等,影响都比较大。另外,在网上还有一些个体曲艺行为的呈现,比较著名的如西北艺人张尕怂在网上的演出等,网络载体大多为抖音、快手、B站等。

可以说，曲艺遭遇直播是突然发生的事情。对于曲艺演出而言，不管是观众还是演员，大家其实对那种“面对面”的演出更热衷：对于观众而言，具有浓厚的仪式感；对于演员而言，面对观众，演起来其实是特别“有感觉”的。因此，很长时间以来，曲艺直播并没有出现。

此次疫情来势汹涌，应该说逼着曲艺与直播遭遇，然而，直播这种形式是什么呢？

从传播的角度看，如果说，网络录播主要借助的是网络本身的弹性形式的话，直播则大不一样，它借助网络，却有着与其他网络播出形式完全不一样的内涵。

曲艺直播就是曲艺演出通过网络直接传播出去，从原则上来说，直播拒绝剪辑（尽管在中国的直播中，这并不少见）。“舞台”演出，演出的作品必须要经过演出人员的精心组织，呈现给观众的是一个美的“成品”，如果出现了纰漏，观众就会不认同。直播不是“舞台”演出，它同样要给观众带来完美的“作品”；但它不同的地方在于，它是以“作品”为中心延伸开去的呈现形式，这种呈现形式中可以有访谈、谈论作品甚至是后台化妆，等等。如果说曲艺的舞台演出是“点”的话，那么曲艺直播则是“点—篇”，这是两者最大的不同之处，也是曲艺的魅力所在。

所以我们说，直播是全面展开的呈现形式，曲艺直播与曲艺的“舞台”呈现不是一回事，这是我们做曲艺直播要注意的事情。

## 二、曲艺遇上直播是曲艺的全面生活化

曲艺遭遇直播，是不得不做的事情。当曲艺开始直播时，绝不仅仅是变换传达载体的问题，它需要从根本上改变曲艺的呈现形式。

以 2020 年 6 月上海评弹团的直播为例，我认为就提供了很好的经验。上海评弹团的这次直播，主线仍然是评弹作品，各位大师在镜头前吹拉弹唱，一丝不苟，与平时的舞台演出没有区别。然而，很有意思的是，在不同的作品之间，则是主持人对演员的访问，或演员与演员之间的交谈，或演员对某个作品的赏析，就这样，“作品 + 评论赏析”构成了整个直播的形式。这种形式虽然不算创新，有点类似于晚会，但放在网络直播中，却是很恰当的。

然而,从直播的角度看,上海评弹团的直播还是有问题的。止像我们说的,正常直播应该是从作品扩开,从这一点来看,上海评弹团的直播还是像“晚会”。他们的直播从演员的结对入场开始,从做派、言语来看,很明显都是精心准备好的。包括节目之间交叉的访谈与采访,很明显太精致了,少了随意与日常。我们说,“直播”的魅力在于呈现作品本身的质感,也就是作品周边的全面生活场景,从这个角度看,上海评弹团的直播的确是迈出了可贵的一步,但并没有把握这一关键。

杭州滑稽剧团的直播就稍微放得开了。杭州滑稽剧团直播的优点在于,没有丢掉作品,作品仍然是得到了完整的传达,这一点很重要。在作品呈现之外,他们的直播还呈现了演员的化妆、闲聊等,作品周围生活场景的尺度明显比上海评弹团的直播大,因此看上去也比那个有意思。但是,杭州滑稽剧团的直播仍然不能说是完美的,整个直播中,很明显可以看出,主办单位没有放下以前“国营剧团”的架子,一板一眼很有分寸,但也正是这一点,削弱了直播的魅力。

与上述两个有着“国营剧团”背景的演艺团体相比,作为民间演艺团体的“嘻哈包袱铺”的直播就更进步了。“嘻哈包袱铺”是较早涉足直播领域的曲艺团体。它因为没有“国营剧团”的包袱,所以很放得开:它的直播,没有确定的线索,相声、小品、滑稽戏等各种曲艺形式层出不穷,作品的完成度不高,但是包袱密集,笑声不断,叫人听得淋漓酣畅。而且,作为灵魂人物的高晓攀在直播当中,不仅逗笑,还笑观众板起脸来讲道理,让人有“由夏入秋”的感觉。个人认为,“嘻哈包袱铺”的直播目前来看是相当成功的,这一点我们不能否认。

然而,“嘻哈包袱铺”的直播也给我们提出了问题:我们知道,曲艺直播要想取得好效果,其中的道理很简单,那就是直播的尺度越放得开,越能与观众“打成一片”,效果越好,那么,如此一来,曲艺网络直播到最后与咯吱观众有什么区别?所以,曲艺直播不能与“舞台”一样,这只是事情的一个方面;另一方面,曲艺直播又不能完全和吃喝拉撒的日常生活一样,关键是尺度问题。这个下面我们详细谈。

以上三个之外,还有西北艺人张尕怂在网上的作品。张尕怂的网络作品并不属于直播,是录制好之后剪辑再上传的录播。但是他的录播在表现时，与通常刻意表现的完美作品不同，他呈现的花儿等曲艺形式，看上去是很粗糙的，在配乐、词曲等方面都具有即时完成的特点，而且在演唱过程中，他保留了很多暂停、重唱以及周围朋友的点评等，与完美的作品相比，他的作品更像是有着太多毛边的作品。然而，在笔者看来，这种类似于直播的录播，艺术感染力却十分巨大。它不同于规规矩矩的直播，也不同于那种放到没边的直播，尺度把握得刚刚好：既不死板，又不放浪，最后使人们感受到了“生活中长出的曲艺”的巨大魅力。

## 三、直播中的曲艺不能丢了“魂”儿

曲艺直播不仅是换了载体的媒体呈现，当曲艺进入直播后，它要求曲艺要突破以“作品”为中心的呈现形态，从“作品”扩展到“生活”，将“生活中的曲艺”呈现给观众，这是曲艺直播的最大魅力。

“德云社”“嘻哈包袱铺”等曲艺团体的直播，效果火爆，然而我们的疑问是：曲艺直播要展现“曲艺”立足其中的“生活”，那么它是否与生活完全一致就是最好？

应该是从2008年以来，随着德云社的演出以及各种曲艺综艺节目的播出，曲艺尤其是相声、小品与滑稽戏等形式开始具有了巨大的受众面。然而，随着曲艺热潮的到来，在这个消费时代，曲艺与“笑声”被联系在了一起：为了能够逗大家发笑，曲艺可以说慢慢地无所不用其极，父母哏、伦理哏，原先在曲艺前辈那里大家纷纷躲避的区域，现在在台上满天飞；曲艺舞台成了个人对社会不满的发泄区，这些发泄引来了众多的喝彩；曲艺的表达已经失去了曲艺的形式和美感。可以这么说，新时期以来的曲艺舞台已变成了火爆、炽热但又不能说是美的舞台。

曲艺首先是艺术。曲艺艺术在近代以来，经过马三立、侯宝林、苏文茂等大家的精心锤炼逐渐变成了“美”的艺术，正是在这个意义上，我们欣赏曲艺才是美的享受。然而，在消费文化的今天，曲艺是否可以不作为“美”的形式，而是作为引人发“笑”的形式存在？如果是这样，还要曲艺干吗？一人一把痒痒挠就行了。

曲艺直播时代，仍然要坚持以作品为中心，坚持“美”的、“完整”的艺术作品,这就是曲艺的魂儿。曲艺直播的核心,是要呈现出“作品”的“生活形态”;“作品”是中心,“生活形态”是周边,两者不仅是“中心”与“边缘”的关系,也是“高”与“低”的关系——作品是“高”,生活是“低”。曲艺直播中的“生活呈现”应该有“作品”的维系,一切都是为了完整度很高的作品。

曲艺直播时代,也是消费主义泛滥的时代。对曲艺作品而言,曲艺的“生活”在哪里?这不是一个容易回答的问题。在曲艺演出中,完整的作品呈现和它所表现的生活其实是向两个相反方向努力的:完整的作品遮掩它的生活;而生活却是散漫无序的,完全看不出作品的影子。我们一直认为,曲艺是与现实生活中的人情事理相关的,善有善报、恶有恶报是它基本的价值观,因此,我们在欣赏曲艺时,感觉它既离生活很近又离生活很远。然而,在消费文化鼓动下的曲艺,为了追求最大化的利益,着意夸大其中的某些环节,按照行话说就是“绝话”,以此赢得最好的演出效果。在当前的曲艺直播中,我们看到了这种现象,而且越是受欢迎的曲艺团体在直播时,越热衷于展示“绝活”,效果不错!

但是,这样在网络直播中呈现出来的曲艺是“生活中的曲艺”吗?它对人情事理精到的观察与表达到哪里去了呢?我们看这样的曲艺直播作品,当时觉得效果不错,然而,直播结束还能留下什么呢?这都是我们应该深思的。

曲艺直播的本质应该是“生活中曲艺”的呈现与展播,直播能逼着我们去发现和呈现曲艺的“生活之根”,让“曲艺”演出具有质感,但也有可能让我们把“消费文化”误认为了生活,这就很成问题了。

(未刊)

拾陆

# 《新虎口遐想》为什么没有成为社会“大事件”？

## 一、一个现象：《新虎口遐想》没有火

2017年央视春晚，姜昆、戴志诚合作的《新虎口遐想》登台亮相，这注定成为社会舆论的一个事件。原因自不必细说，对完整经历了改革开放第一个十年的一代人来说，姜昆的经典作品如《虎口遐想》《电梯奇遇》就像是一个个暗号，彼此声闻，会心一笑，大家总能从人群中认出彼此。《新虎口遐想》脱胎于30年前姜昆与唐杰忠合作的春晚作品《虎口遐想》（1987年央视春晚），中国人古来就有“三十而立”的观念，故此《新虎口遐想》的亮相，对不少人而言颇有回首前尘的意味。从事前事后的大众舆论来看，“怀旧”也的确成了大众收看《新虎口遐想》的舆论主调。

然而，在这个时代，“怀旧”实实在在当不得饭吃，情怀退去，还得靠作品口碑说话。令人欣慰的是，《新虎口遐想》表现不俗，据2017年1月29日央视公布的鸡年春晚收视率数据，《新虎口遐想》总收视率为36.36%，位列总收视率排行榜第四位。

这着实叫人欣慰，总还有人念旧！但还是那句话：情怀当不得饭吃。在《新虎口遐想》打榜成功的同时，跳出业界思维，《新虎口遐想》与当年的《虎口遐想》相比还是“退步”了：20世纪80年代的《虎口遐想》是造成社会群体集体扬动、众人争说的“大事件”，而《新虎口遐想》的打榜成功只是在业界产

生竞争优势的“标准事件”。从“大事件”到“标准事件”,掂量出的是作品影响社会的力度减弱,是艺术撼动人心的向内收缩。但说句公道话,从“大事件”到“标准事件”,问题并全不在于作品本身,《新虎口遐想》没能产生如《虎口遐想》那样的“大事件”效应,是作品与时代双重作用的结果。这里边的事儿还挺复杂,得从头开始说。

## 二、当年的《虎口脱险》

《新虎口遐想》为什么没有产生社会“大事件”效应?我们得先从《虎口遐想》的“大事件”效应说起。

熟悉新当代中国文艺史的人都知道,20 世纪 90 年代中期之前,因文艺活动而造成巨大社会影响的案例不少,从较早的“胡风案”到后面的“《渴望》现象”,这些事件所引出的话题真是一个接着一个,没有谁刻意组织引导,人们发自内心地去评论、传播,1987 年央视春晚《虎口遐想》的亮相即是一景。

《虎口遐想》能引起巨大的社会效应,无外乎不离现实、把握诉求。但这部作品能在当时那么多同样切近现实的作品中脱颖而出,主要原因还在于它观照现实的方式极具艺术创造性,这种创造性可概括为:以“天真之眼”观照现实,无往不是“新鲜事”。

相声比其他作品更应关注现实,这个道理谁都懂,但是不是就顺着观众的心情骂其所骂、赞其所赞?事实证明,观众其实不买这个账。对观众而言,他希望的是你比他更高明些,希望通过艺术作品看到一种更具创造性的现实观点,顺着他的感受来还得让他服。《虎口遐想》在现实观照上独具特色:它没有对现实做简单的“好”“坏”判断,而是通过独特的情境设置让生活变成了处处充满人情趣味的“新鲜事”乐园。作品设置的情境高明——“掉老虎洞里了”!妙在动物园的老虎不吃人,却着实让大家着急了一把;大家都想着救人而呈现出集体的善意,尽管这个有惊无险的“事件”掩盖了现实生活中人心的复杂多样,却激发了人们踊跃做好事的多样性,于是喜剧效果就出来了:解腰带的、扔拐棍的、丢钢笔让写遗书的,如此等等。仔细琢磨下这其中的诀窍,就是《虎口遐想》对现实生活的刻画搁置了“好”“坏”评价,而以“天真之眼”将现实生活处理为处处透着新鲜的善意丛林，不赞“好”，不批“坏”，天真、好奇，生活中充满无限可能，因此自然而生高兴之心！

正因为整个作品是以发现“新鲜事”为观照现实的起点，这便造成了《虎口遐想》独特的“狂想式”结构。打个比喻，传统相声可看作是由一个个“包袱”勾连而成的整体，《虎口脱险》中的“包袱”却边际模糊，因为贯穿始终的是作品中人物的连绵“狂想”。打从“掉老虎洞里”开始，作品就巧妙地让主人公在滔滔不绝的“求助”中放开了“说”，因为缺乏对话对象，主人公的“说”更像是“自言自语”；也因为看什么都“新鲜”，主人公在滔滔不绝的“自言自语”中“狂想”跌宕。现场表演时，姜昆和唐杰忠的拿捏极其到位：一个不管不顾地放开了说，一个在后边宽厚地托着，二人相得益彰，使作品的“狂想”风格得到了淋漓尽致的表现，产生了美妙的旋律感。

《虎口脱险》所形成的这种旋律感很有艺术感染力，它引导着观众进入无往不是“新鲜事”的社会大花园，不管当时现实的实际情况如何，作品勾画出的是一个人心淳朴、互助友爱的“社会主义大家庭”美好图景。记得与《虎口遐想》同时有首儿歌非常流行：“太阳光金亮亮，红鸡唱三唱，花儿醒来了，鸟儿忙梳妆……”歌中所描绘出的前工业时代中国的美好、欢欣，正与《虎口遐想》所描绘出的理想现实相同。人们听《虎口遐想》而发笑，并非全是被包袱引带，大部分是因从作品中感受到“社会主义大家庭”安全、庇护而产生的舒心畅意。但特别有趣的是，这种身在“社会主义大家庭”的幸福体验，却又是通过讲述一个“淘气”孩子（作品中的“青工”）“遇险”的故事而获得的。说到这里，不难看出《虎口遐想》其实是讲了一个温馨的“周末家庭故事”。

正是这种“周末家庭故事”俘获了当时人们的心。20 世纪八九十年代，改革开放的中国如万吨巨轮驶出港口，人们既觉得事事新鲜又有点患得患失，而《虎口遐想》在很深的层次上捕捉到了人们的这种复杂心理，同时又给予了人们“社会主义大家庭”的欢乐抚慰，必然地与社会集体心理发生共振，成为社会“大事件”。

## 三、《新虎口遐想》的娱乐意义

正是《虎口遐想》以“新鲜事”策略编织现实，贴合改革开放大潮中人们渴慕新鲜又有点害怕的集体心理，两相共振，便使作品成为了社会“大事”。但到2017年央视春晚《新虎口遐想》再登台时，社会心态已发生了巨变，作品效应也从社会“大事件”变成了娱乐行业的“标准事件”。

《新虎口遐想》延续了《虎口遐想》的“新鲜事”策略，虽关涉现实却不剑拔弩张，而是一如既往地以“天真心”看世界，谈交通问题、环境问题、自媒体问题、反腐问题，等等，总带着好奇好玩的眼光。如前所述，这种“新鲜事”策略在20世纪80年代极具感染力，但在2017年的中国却出了问题。进入新世纪，资讯发达，人人都是巨量信息的掌握者，说到知道多少“新鲜事”，人人都是一个黑洞，因此当演员在台上“告诉你个新鲜事”时，坐在台下的观众从心里是俯视你的，这迥然不同于20世纪80年代台上与台下对“新鲜事”信息的掌握是对等的。资讯时代，信息即正义，当台下观众掌握更多自以为是的“内幕”时，台上演员再以此事逗乐，他可以陪着你笑，那也只是客气了。

不仅如此，《虎口遐想》的旋律式结构将观众带到赞美“社会主义大家庭”的美善境界，这对观众营造理想、消解戾气具有重要作用，而《新虎口遐想》打破了这一结构，变成了短兵相接的“议论文”。整部作品可以分成几个“论点”：“掉进虎园，大家围观，不救人，而是拍照、直播发朋友圈”（讽刺自媒体过热）；“报警找110来救，说110堵在路上”（调侃交通拥堵问题）；“你这个岁数，我怕把你救上来，你说是我推你下去的”（抨击老人跌倒而不敢扶现象）；“记者对姜昆掉进老虎洞现场直播，对其逃出老虎洞所可能拥有的方法进行有奖问答”（批评媒体）；“明白人”（调侃假专家）；“动物园园长昨晚被检察机关带走”（反腐）；抨击食品安全、环境破坏、雾霾毒空气；“老虎害怕出来，因为现在，老虎苍蝇一起打！”（反腐）不到十分钟的作品，囊括了差不多十条社会现象批评，层次很分明，但观众会怎么想呢？当然是觉得解气，但不仅仅是解气，中间还有因掌握更多信息而产生的“异见”呢！这些“异见”人士他们会开怀大笑吗？他们只是觉得：你尽拣不重要的说！从1987年到2017年，时代变了，变化最大的是当代中国公民意识的形成，越来越多的“异见”人士出现，他们也看“春晚”，而且他们还是社会舆论场谈论“春晚”最活跃的群体。

因此，《新虎口遐想》注定无法形成共振式的社会“大事件”，再现辉煌，但这却并不妨碍它成为一种“事件”，标准事件！很有意思，我们注意到，在

2016 年 11 月底，姜昆将携《新虎口遐想》再返春晚的新闻就已出现，在不同来源的新闻中，《新虎口遐想》被贴上最多的标签是“讲反腐”。实际上，作品中的“反腐”只是其中一个层次，但媒体却认识到它具有大众号召力。从“事件”角度看，《新虎口遐想》的“事件”性，是在失去人同此心的社会轰动性后，由媒体推动打造的娱乐“事件”，可称之为娱乐“标准事件”。

## 四、新相声传统对当下的启迪意义

再现万人齐说的社会“大事件”已经不可能了，时代变了；媒体起哄催生的“标准事件”也不必太当真；远离“事件”谈《新虎口遐想》，才算回到就事论事的正道上来。

谈《新虎口遐想》无法避开对新中国成立后新派相声的评价，因为这部作品的根儿正在于新派相声。新派相声产生于 20 世纪 50 年代相对特殊的政治环境中，意识形态倾向明显，因此有人又将之称为“歌颂相声”，以马季先生及其门下弟子为主力。

20 世纪 90 年代中后期，随着相声小剧场兴起，一批所谓的“草根”“非主流”相声演员出现，他们痛批新派相声传统，力捧“老段子”，对新派相声传统大有清算之意。这相当不公平！新中国成立后的新派相声传统有自己独特的艺术成就：它强调作品的时代责任感，主动向国家主流意识形态靠拢，但并不因此而使艺术成为简单的政宣口号，而是通过着力挖掘社会现实中的人情之美、日常生活之趣味，使“国家”形象落实、细化在以“社会主义大家庭”为核心意象的感性图景中，对强化民众的国家认同起到了不可替代的作用。新派相声的艺术成就并不低，甚至可以说得上很高。与传统相声相比，在结构上，它没有将“包袱”作为中心，而大多以作品中人物的主观感受来连贯全篇；在形象上，它塑造了一系列天真、好奇、人性本善的人物形象，给人以美的感受，如此等等。可以说，新中国成立后的新派相声实际上实践了侯宝林先生对相声的理想：创作美善合一的相声。

21 世纪以来，随着小剧场及娱乐资本的快速崛起，那种突出强调冲击性、狂欢化的相声出尽了风头，人们没法从美与善的角度去欣赏相声，而《新虎口遐想》正是在这样的大众接受前景中出现的。

姜昆先生是马(季)派相声的中坚,也是新派相声的代表性人物。《新虎口遐想》且不论作品本身是否臻于完善,单就创作行为本身而言,有三点延续了新派相声的艺术传统,这对当下相声业界极具启示意义:

**(一)社会责任意识**

在央视春晚结束后的一次访谈中,姜昆谈及《新虎口遐想》时说"再上春晚只为身上的责任"①。不知道从何时起,罔顾责任成了相声取悦大众的一大法宝,"相声担不了那么大的责任""就是一乐"被理直气壮地说出来,台下一片叫好,台上得意扬扬!这有什么好的?在这个看似双赢的局面中,输了的是人们积极向善的精气神和甘为人先的社会良知。对此相声岂能无责任?《新虎口遐想》的创作动机以"责任"为先,这首先值得称道。

**(二)作品本位意识**

《新虎口遐想》的央视春晚亮相不简单,在此之前这部作品已在地方舞台演出多次。2015 年上半年,闲不住的姜昆做了一个大型相声创作——《姜昆"说"相声》,《新虎口遐想》(最初名为《虎口瞎想》)即产生于这个创作过程中。作品首次登台是在 2015 年 11 月的福建晋江,以后辗转全国各地,多次演出,现场效果非常好,央视春晚呈现出的版本已是多次打磨后的结果。这种"一遍拆洗一遍新"的创作方式是中国传统相声中特别宝贵的遗产。在中国传统相声传承中,几乎所有大师都注重对作品本身的雕琢,马三立先生甚至对自己作品中某一句话的长短都特别在意。近几年来,随着网络段子的盛行,不少相声作品大量注水,笑料不够段子补,搞得作品整个成了拧麻花,文气不通、前后相失,缺乏的正是这种在多次"拆洗"中打磨作品文本的耐心。由此而言,《新虎口遐想》的作品本位意识特别值得推崇。

**(三)艺术理想意识**

对照《虎口遐想》与《新虎口遐想》,我们会发现作品中有一个最大的"不变",那就是作品中塑造的主人公形象。《虎口遐想》中那个周末无事逛动物园的"小年轻"有很强的时代典型性:20 世纪 80 年代,改革开放的实绩

---

① 姜昆. 再上春晚只为责任[N]. 今晚报,2017-01-29.

开始呈现，人民物质富足，生活稳定，经历十年“文革”的压抑后，人们开始对外界充满好奇，跃跃欲动；但同样是在80年代左右，市场经济尚未全面展开，人们的国家认同、家庭归属、社会责任感还未遭受重创，人心质朴，根正苗红。好奇与质朴的叠加形成了20世纪80年代特有的心态、人格与文化，这是一个兼纳开放与回归的“理想”时代，《虎口遐想》中的主人公身上所体现出的就是这样一个“理想”人格。20世纪80年代之后的故事，大家应当都知道了：在市场经济的推动下，社会心态日益复杂，认同缺失，《虎口遐想》中那个天真、好奇的“小年轻”早就没影了。进入21世纪，20世纪80年代的一切更是成了网络世界的“传说”。但《新虎口遐想》特别可贵的地方是没有遗忘，而是选择了坚持。时隔三十年后，我们在姜昆投入的表演中看到那个“小年轻”一点儿没变老，天真如初、质朴如初，我觉得这不能轻率地称之为落后，也许称之为理想更合适。

（原文发表于《曲艺》2017年第3期，有改动）

拾柒

# 马季先生的精神遗产与当代传承

今天对马季先生进行怀念，必然是要看他对今天我们相声发展有何启示意义。对马季先生的反思，一定要放在今天相声发展的大前提下，因为，较之其他相声大师，马季先生的探索最能凸显这方面的意义。

## 一

我觉得马季先生的精神遗产，有以下三个方面的内容：

**（一）坚持相声来自现实的现实主义精神，持之以恒地到民众中做调研**

文艺调研是中国文化发展的古老传统。早在周代，《诗经》创作就有“振铎采风”的制度，到近代毛泽东“在延安文艺座谈会上的讲话”，始终坚持的是文艺来自于人民大众、为人民大众服务的方针。

自20世纪50年代直到八九十年代，中国文艺工作者对“文艺到民间”的传统一直是恪守不渝的，很多知名的艺术家都有着扎实、严肃、长时间的“体验生活”。马季先生也是如此。今天通过各方面的信息渠道，我们得知马季先生的“体验生活”是如此量大而持之以恒。最出名的几个地方如：为创作《新桃花源》，他出入湖南桃花源十几次；在山东文登，他有自己的体验方式，就像回家一样，常去常新；另外，他常常以深入生活加演出的方式，边演出边体验，一次就是几个月。我认为，马季先生的“体验生活”应该有专门的统计与研究。

这样的“体验生活”放在今天，意义更是非同小可。今天的相声，表面上很热闹，但仔细看看，会发现危机重重，可以说，当代的各种消费文化形式正在磨蚀着相声的内核，使相声消失在如汪洋般的文化大潮中。为什么相声再也不能凝聚起来？关键在于，它离生活越来越远了。在今天，相声创作主要来自对老段子的“拆洗”和网络，而对于什么是我们今天的生活，什么是今天生活中的主要问题，什么又是我们当代生活中笑的力量，相声创作者几乎无从知晓，大量地从网络和老段子中找灵感。这就难怪观众不买账，你融不到他们的生活中去，他们对你笑，也不是由衷地发笑。事实上，今天的生活比之以前更复杂，因为影像与网络文化的加入，使我们的生活日渐虚拟化了。但是，生活总有不能虚化的地方，如何把握住这种带质感的生活，然后把它表现出来，这应是这个时代相声演员的天职。

然而，与马季先生比起来，我们今天的当代相声演员实在是有愧。马季先生“体验生活”的空间轨迹是怎么样的？他“体验生活”的方式和路径是什么样的？对于从生活到相声艺术的转化，他又是怎样完成的？这些题目，应该是我们向马季先生积极汲取的地方。

**（二）坚持相声与主旋律唱和，勇做时代的排头兵**

相声起自于民间，本是生活流离与落魄之人的“职业”。但自新中国成立以来，相声却常常被委以重任，作为时代的排头兵与急先锋，发挥着时代之矛的作用。马季先生就曾经被周恩来总理加派过任务：赶紧创作几个反映球场不文明的段子，讽刺下这种现象。

相声到底能不能担起这个责任呢？我们看到，自侯宝林先生主持“相声改进小组”以来，新中国的一代相声人即勇敢地接过了这个时代重担，这其中最突出的就是马季先生。从20世纪50年代一直到马季先生去世，我们总能看到马季先生的创作身影：从50年代的《打篮球》《英雄小八路》《找舅舅》《登山英雄赞》，到60年代的《三比零》，再到“文革”后的《舞台风雷》《白骨精现形记》。他自己曾说：“干了一辈子的相声，创作了300多个相声，每个时期都有反映那个阶段生活的作品。如果没有《新桃花源记》《百吹图》《五官争功》，没有与时俱进的新作，老是《戏剧杂谈》，那就不会有今天。”这就是一个老艺人的时代风范，在他身上，我们看到的是，中国传统老艺人为家、为国、为人民的胆识与气魄。

相声到底处于生活中的什么位置?相声到底是应该自甘下流,为满足人们的浅层欲望,还是应该有一颗为国、为民之心?20 世纪 90 年代以来,相声逐渐成为人们茶余饭后的消闲,这也没什么;但在郭德纲等人的相声观念中,却发展出了抵制相声向上走、带有教诲意义的一系列说法,这就有点过了。相声如同其他艺术形式一样,总会有为国、为家、为民的层次发生,如果这是自然而然发生的,应该说这恰恰是相声的升华;如果一味地将相声放置于低端层次,这其实是违反艺术创作规律的。

在当代中国蒸蒸日上的时代,相声没法不歌唱这个大时代,马季先生的做法值得我们借鉴。马季先生以其深入民间的"体验生活",把握生活发展的大动脉,组织了一支能说会唱的团队,使相声在电视机崭露头角的时代产生了巨大的影响。今天,我们去看几部以 20 世纪 80 年代为背景的电影,马季先生的声音构成了哪个时代的典型声音。马季先生的《宇宙牌香烟》播出后所引起的巨大社会反响,是今天的我们所不能想象的。可以说,相声到了马季先生那里,达到了社会影响的最高峰。

**(三)马季先生的相声艺术还没有得到全面研究,其中的艺术规律值得我们借鉴**

与马三立、侯宝林等大师的相声艺术相比,马季先生的相声艺术独具特色,但没有得到足够重视。我们知道,马三立、侯宝林等大师生前对自己作品的艺术特色非常重视,尤其是侯宝林先生,在 20 世纪 70 年代,曾有感于相声有实践无理论,侯先生告别舞台,专做研究;马三立先生的"马氏相声"特有的斯文、文哏,这些年研究得越来越多;还有天津的"常氏相声""杨氏相声"等,也是研究者众。

与这些具有浓郁风格的相声相比,如实地讲,马季先生的风格并不突出。我们听马季先生的相声,包袱的出现比之马三立先生要密集得多,比之侯宝林先生要随意,没有经典传统相声那种缜密、巧妙和严肃的气质;相反,我们听马季先生的相声,感觉似乎是在唠家常,他在我们面前塑造的是随意的、生活化的、没有艺术家架子的形象。因此,许多听惯了经典传统相声的人,对马季先生的相声很不以为然。还有,经典传统相声因为时代的原因,

“不谈政治”，谈的多是我们的日常生活；但在马季先生的相声中，他大部分的相声所反映的都是我们生产、生活一线的鲜活生活，“歌颂”意味特别浓。因此，很多人认为马季先生先生忒“俗”，不入法眼。

但是，我们可以想：在那个时代，在那个与旧中国相比，发生了天翻地覆变化的新中国，相声能做什么呢？是不是还去搬弄那些老段子？事实上，这样做不仅在政治上通不过，广大观众也会排斥。其实，我们今天这个时代与马季所处的那个时代相比，共同性大于差异性。在我们这个时代，随着网络的影响越来越大，相声也面临着自己的选择。在此意义上，马季先生的相声创作，尤其是他把“新”的现实生活融汇到“旧”的相声形式中去的做法，特别值得我们琢磨、借鉴。

什么是经典的艺术？念旧的人会把传统艺术视为经典艺术的前提，但其实这种看法是有问题的。从某种意义上而言，马季先生的相声创作塑造了完全不同于传统的相声经典。马季先生是怎么做到的？他的艺术作品区别于传统相声的特征是什么？他的观众观念是什么？如此等等，都需要我们深入学习和研究。

## 二

马季先生作为相声艺术“承上启下的一代”，其相声创作的意义已经完全超出了艺术作品本身，他的探索为相声在新时代的发展提供了有益的借鉴，那就是：向前看，保持与时代同步的精神，勇做时代的排头兵，同时双脚要深扎在大地之中，与人民共呼吸、同命运，这是相声在我们这个时代应有的姿态。在此意义上，马季比之马三立、侯宝林等人更具新时代艺术家的气魄与胆识，这应是他留给我们的最重要的精神遗产。

还有一个问题：马季先生的精神遗产继承与传承的问题。我个人认为，对马季先生精神遗产的传承是有特殊性的。相声是我国的非物质文化遗产，对于不少新中国成立前大师的遗产传承，相对明确，因为他们的个人艺术风格很明显，比如马三立先生的儒雅、侯宝林先生的干脆，等等，但马季先生则不然。马季先生的相声正处在新旧相声交替的历史时期，马季先生本人的传统相声造诣很深，这在《扒马褂》等段子中表现得很明显。但马季先生的表演还有一个要求,就是要到生产一线、反映时代,这注定他的相声无法像侯先生那样表演,更多是拿旧形式套新内容,有时甚至新内容本身都找不到合适的旧形式,比如《登山英雄赞》《找舅舅》等成名作,仔细体味,可发现其中的“包袱”在旧相声中很罕见,整个作品的叙事性特别强,这与旧相声又有巨大的区别。

因此,面对马季先生的作品时,我们感觉不到很突出的个人风格,更像是我们熟悉的人在说家常。那么,如此相声艺术,我们到底怎么传承呢?

我觉得,马季先生的精神遗产,最突出的就是面对新时代,积极介入生活,写新、创新的特点。新中国成立以来,相声如同其他曲艺形式一样,都面临着“移步换形”的问题。从相声发展的现状来看,这一问题不是解决了,而是更加突出了。自20世纪90年代以来,随着相声小剧场的出现,人们在面对面的相声表演中获得了感动,同时也产生了推崇传统相声、贬低新时代相声的问题。时至今日,随着网络新媒体的融入,表面上看,相声的古今之争似乎已远去,其实则不然。

正是在这一问题未曾得到解决的背景下,马季先生的意义就格外凸显出来。马季先生师从侯宝林、刘宝瑞、郭启儒、郭全宝等诸位大师,但他自觉遵循毛主席“为人民服务”的宗旨,积极下到生产一线,到农村、工厂、厂矿,甚至越战前线,边调研边演出,让自己的作品与广大人民群众相连,从而创作了丰富的、饱满的、打动人心的作品。正是这样的精神我们要继承,而且是必须、马上!在今天,我们的相声演员与生活的隔膜实在是太大了。演员离开生活,我觉得有两个方面的原因:一个方面是今天的相声演员大部分毕业于大中专院校,他们与真实而带有质感的现实隔膜太深,而对电视、网络等虚拟生活则浸淫日久,因此,网上的段子等就是他们所认为的“生活”;另一方面原因,就是“何处是生活?”这的确是个问题。我们不少相声演员愿意深入生活,但在今天,随着城市化进程的日益加快,真正粗粝的生活被湮没在灯火酒绿中,不少演员认为此“生活”就是真“生活”,因此,他们在作品中,常常是将现在的“生活”照搬照抄,少不了一种俗气。

马季先生的“体验生活”绝不是浅尝辄止,而是成年累月地与大众生活在一起,感知他们的苦恼和欢乐。今天,我们的相声演员,有几位能够做到如此下功夫呢?在今天,我们的相声演员应该拿出比马季先生更大的勇气来,从生活的海洋中采撷,因为,现在我们的生活更加多样、复杂,难以辨别。马季先生"体验生活"的方式方法是什么?他把人民生活转化成作品的契机又是什么?对于这些东西,都应积极总结,它们将成为我们今天相声演员体验生活的指南。

对马季先生的"体验生活",我们要积极传承。再有,马季先生精神遗产的传承应是一项整体性的工程。

天津宝坻电视台开播有一档栏目《马季相声会》。这档栏目的价值是不言而喻的,作为马季先生本人的专题栏目,必将对马季先生的相声文化起到极大的传播作用。《马季相声会》的内容挺精彩,最精彩的是约请当事人谈马季先生一些名篇的创作过程。但我认为,这还不够。马季先生的相声遗产不能零敲碎打地传承,而应当被后人做整体性的认知。

现在想来,马季先生的相声文化,从整体的角度考虑,可以有这样五个方面:一是对马季先生的生平经历做仔细的考证。马季先生经历了新中国历史上颇为动荡的一段时期,而且与毛主席、周总理等人颇有交集,应当对他的生平、交往多多做些考证工作,力图使其以完整的面貌示人。二是马季经典作品的赏析与创作。马季先生一生的作品将近有 400 篇,不乏像《三比零》《找舅舅》《五官争功》这样的经典作品。这些作品的艺术性、结构以及创作的来龙去脉,都需要了解清楚,以利于后人理解。三是马(季)派先生传人的艺术活动。马季先生的高徒众多,并且产生了巨大的影响,姜昆、冯巩等人都在其列。马季先生的相声,从他在新旧传统之间变换的意义上,已成一派,对于马(季)派艺人的活动也应广泛关注,考察马(季)派相声艺术的传承与变化。四是马季相声的文化传播。马季先生生前极为重视曲艺文化的传播。今天,在美国、加拿大、新加坡等国家,有很多人对马季先生非常熟悉,很多人都是他的再传弟子。关注马季先生相声文化的传播,这对今天曲艺的发展意义很大。五是与马季先生有关的社会活动。

## 三

马季先生在中国相声史上是独特的一个人物,他传承了传统相声的衣钵,却面临着新中国成立以来的新形势、新任务。传统相声的任务在某种意义上，还是“高台教化”，但马季先生的当代相声却是作为生产“任务”出现的，他的观众也变成了有恒业、有信仰的群体。我们看到，马季先生以其团体性力量，基本成功地完成了这个任务，马季先生的相声不仅在当时是成功的，而且直到20世纪90年代，他都深深地塑造了我们对相声的观念。在新媒体的今天，我们的相声似乎又到了“穷则变”的时代。在这样的时代里，我们应多多地回顾马季先生脚踏实地、勇敢创新的作风，也许这样能给我们在新时代为相声求一线生机的勇气。

（未刊）

# 第四编

# 传统节日在古与今之间

拾捌

# 从过节到看节:“中元节”的神圣内涵及其失落

## 一、中元节的神圣性

“中元节”作为中国传统节日体系的重要组成部分,在当代日渐兴起的传统节日研究中似乎并没有得到应有的重视,这与“中元节”在中国传统节日体系中的实际价值和重大意义很不相称。中国传统节日体系,就其整体功能而言,可视为民众用以措置各色“人与宇宙关系”、构造“人与宇宙共通感”的时间赋值系统;在这套时间赋值系统中,中元节则是人们处理“人与鬼”之间关系的,是对于人之生死这一头等人生主题的措置,在此意义上,“中元节”与“春节”具有同等重要性。

“中元节”研究的缺乏,在很大程度上是人们将“中元节”简化为了所谓的“鬼节”,从而导致关于“中元节”的研究说来说去还是怪力乱神那一套。近来有关“中元节”研究的两种视角标志着该领域研究的突破:一是刘铁梁教授提出,中元节中,关于“鬼”的分类与祭祀仪礼包含了亲属制度的结构套用;二是民族民间文艺发展中心李松主任认为,“鬼节”不是汉族“中元节”的专称,在少数民族节日传统中也有各种各样以“鬼”为祭祀对象的节日形式,并认为“鬼”虽然是设想出来的虚无之物,但“鬼”的存在使得节日主体所处的世俗世界发生了立体性、整体性的变化,从而在世俗世界产生了神圣性升华。节日神圣性的问题,在当前价值虚无主义的大背景下,显得特别具有现实意义;我准备顺着这个思路深入下去,探究"中元节"中神圣性发生的机制及其失去的诸种问题。

在中国,自2009年国家将传统节日纳入法定节假日后,传统节日复兴的问题就成为官方与大众互动博弈的文化把手。但令人感觉奇怪的地方在于:在两者的博弈中,双方争论的焦点似乎是要不要将更多的传统纳入法定节假日,让大众享受更多的假日娱乐;但当官方想尽办法使传统节日变得更多样、更好玩时,从大众那里得到的评价却是传统节日"越来越没意思"!为什么会这样?人们不就是想要一个欢乐的节日吗?当欢乐的节日被真正给予的时候,为什么人们又觉得"没意思"了呢?事实上,在此官方与民众的相互博弈中始终存在一种错位:双方都将传统节日的享乐化作为传统节日的目的所在,而传统节日的本质恰恰不是"好玩儿",而是其承载的文化严肃性。当代中国近十年的传统节日复兴之路,在各种纷扰、各种探索之后,时至今日,也许就是以其种种失败证明了节日"不好玩儿"!

传统节日就其本质而言是神圣文化体系,是文化传统中实现世俗意义凝聚与升华的节点时刻。任何一种文化传统,都有其丰厚博大的神圣世界,在中国文化传统中,宗教、道德、艺术与节日可视为神圣价值的四大源泉。在中国近现代化进程中,随着宗教、道德在世俗化进程中的黜落,艺术日益变成享乐化的形式,传统节日可以说是中国文化传统中的神圣价值实现当代传承的仅存硕果,而"中元节"以独特的节日主题,又将这种节日神圣性掩藏得极深,从而也是葆育较好的节日传统。

## 二、中元节的神圣性如何实现

那么,传统节日的神圣性是如何实现的?李松主任的探讨实际上已触及这个问题。他认为在少数民族的"鬼节"中,"鬼"的存在以其虚无性对现实世界实现了补足,使人们的社会现实得以立体化、整体化,从而实现了神圣性显身。这是个特别有意义的启发:从中西宗教哲学而言,神圣体验的核心其实就是"整体感"的体验,而神圣形式的典型特征则是"整体形式"。李松对"鬼节"整体性的揭示是探讨了"社会整体形式"的构成,那么在节日时刻还有别的整体形式吗?回答是肯定的,比社会整体形式更本质的是"时间整体形式”和“空间整体形式”;在节日时刻,时间整体形式的涌现又是诸种形式整体性内涵中的主要内容和突出表象。要言之,节日则是使时间整体性得以形式化呈现的节点时刻。

追问在继续:什么使得节日中的时间整体性得以呈现?答曰,是身体。节日样式多种多样,但所有的节日都有一个共同点,即亲身参与,也就是身体在场。在节日场所中现身的身体是特殊的载体,其特殊性是指人们通过节日中的身体所获取的不仅仅是感官现实,而且包含了更深刻的层次。身体感觉世界的方式是独特的,即“此地此时”,也就是说,身体在空间中的存在必然是连续性的,它不能忽略或省掉某一段空间而活动,而“时间”与“空间”是等位的,不存在没有“空间”的“时间”,反之亦如此;所以,身体在空间中的连续性体验必然成了时间上的连续体验性,但在日常生活中,这种体验的连续性因主体过强的功利指向而常常是断裂的。而在节日时刻,身体获得了从功利目的指向中抽身出来的机会,获得了专门掇拾、连接时间体验“碎片”而使之“整体化”的契机;种种节日符号、仪式以及象征行为,其目的在于“点醒”人们向自己的身体体验上寻找时间的整体体验,并借助符号等象征行为,使时间整体性(同时也是空间整体性、社会整体性等诸种整体内涵)得以形式化显身,最终呈现节日时刻的神圣世界。因此,节日是一种提醒,是对人们因功利目的而遗忘的自身身体整体体验的提醒,而在此过程中,身体是载体,也是唯一可能的发生。

下面重点分析“中元节”中神圣性的发生。我采用的主要是鲁中莱芜地区“中元节”的田野调查个案。“中元节”,当地人常称为“七月十五”,是当地人特别看重的节日,其隆重程度堪比春节。在当地,“七月十五”给人的神圣性暗示是无处不在的,仅“请家堂”即将祖先请回家过节就对身处节日现场的人产生了强烈感染:当家堂被挂起时,人们自然有一种敬畏感,烟雾缭绕、杯盏俱全的“拟宴”(仿照现实餐宴而给祖先魂灵设置的饭菜酒席)使那些曾是我们亲人、现在是鬼魂的无形力量似乎真正莅临,产生了一种强烈的约束力,但“七月十五”使人神圣体验产生的关键还不在此处。

我把整个“七月十五”的节日仪式分为四个阶段,在不同阶段中,“身体”呈现出不同的在场状态:第一个阶段是“忙活”,早晨起来洒扫庭院,收拾齐备,挂上家堂;在这个阶段中,“身体”是实现目的性行为的工具载体。第二个阶段是“请家堂”（有的人家会去祖先坟茔“上坟”），由家里的男性长辈烧纸、磕头、祈请、引路，将祖先的魂灵请到家中来；在这个阶段，“身体”与前一个阶段的在场状态是不一样的。操作祈请仪式的人似乎突然之间变了一个人，凭空幻化出了一个对象，喃喃自语；此时此刻，因为他的眼前其实无所见，所见的只是自己的想象和自我行为，在这种状态中，“身体”不是用来做什么，而是回到了“身体”自身。在农民的世界中，这样的“身体”回归到自身的时刻是不多的，只有在节日仪式上才会呈现，我们将之称为“身体时刻”，其实就是仪式理论中所说的“阈限”阶段。“身体时刻”在传统节日中广泛存在，比如“春节”中的“守夜”时刻、“中秋”中的“团圆”时分、“端午”中的“佩饰”时刻，等等。当“身体时刻”发生时，身体的目的性指向停止了，人们静静地谛听或感受，“该想起来的全想起来了”，劳苦民众在这一刻回顾这一年的历程，以此为标志便出现了可以望向时间原野的“时间节点”。站在节日的“时间节点”上回望过去，一种关于自身整体性的境界便突然豁亮了。这就是节日中的神圣意义。当然，这种对“七月十五”的节日阐释已超出了人类学的解释框架，通过田野调查很难实证，而需要通过对节日文化的美学与哲学关注，需要对仪式中的动作、细节、表情等美学形式进行观照才能真正把握；从学科合作而言，则需要人类学、美学、哲学与宗教学的通力合作，才能对节日文化的“身体时刻”“神圣价值”给予揭示。“七月十五”节日仪式的第三个阶段是“家宴”，在“家宴”时刻，家人之间总要谈论一番。在传统“中元节”中，“家宴”上谈论的话题基本都是固定的，不外乎是追念祖先事迹，往往是由家里长辈回忆“咱这一家子”是怎么来的，而被谈论的那些“主人公”正是此时被供奉在“家堂”上享受烟火的“祖宗”们，这样就造成了已逝去的“祖先”似乎也在和我们一起餐宴，即所谓“缺席的在场”。“祖先”作为过去时间的象征，此刻在我们“家宴”谈论中的显身使得我们的时间体验突然有了“过去”，而对“未来”的期望则往往发生在“家宴”即将结束的长辈劝勉中，这就使得“家宴”时刻成为“过去”、“现在”与“未来”聚首的整体性时刻。第四个阶段是“送家堂”，同样是由家里的男长辈“念叨念叨”送走，同样是跪拜如仪；送完“家堂”，供桌的菜被撤下来，然后这家人又开始“忙活”了，而“身体”又回复到了它的目的性工具这一定位。四个阶段操演完毕，我们可以看到，在“七月十五”的过节过程中，“身体时刻”也就是身体回归到自身无目的性状态是节日中的主调。在“身体时刻”,民众的行为不能简单地理解为只是简单的仪式操持,在其中发生着因身体回归而产生的对时间整体性、空间整体性等诸种整体性的瞬间感知和形式呈现,在老百姓的日常生活中一直被遮掩却从未丧失过的节日神圣性由此冉冉而生。处于节日操持中的民众,此时他们内在的心灵体验状态是细密、敏感的,就艺术韵味而言,其实一点都不比所谓的艺术家要差。

在“七月十五”的田野调查中,当地人过“七月十五”称之为“过节”,这是非常有意思的,这个简单的俗语折射出民众对节日的体认。“过”在日常语言中,我们通常将之理解为“过去”“经过”,是经历过的意思;但在民众的语言体系中,“过”包含着更深的内涵。比如老百姓还说“过娘家”“过亲家”等,通过词义比对,我们可发现老百姓用“过”这个词表达的是一种奇特的行为状态,即对一些根源性对象的造访,但这种造访又被故意表现出“游戏性”的不在意状态。因此,“过节”不是凌越而过的“经过”,而是对自身根源性传统的“游戏性”造访;“过节”游戏不是人“过”节,而是人被节“过”。这种人在其中的节日在场状态,毫无疑问是由身体在“空间—时间”中的状态所引发的。

## 三、中元节的神圣性为什么消失

“中元节”如同中国其他传统节日一样,以“身体”为载体而实现神圣体验和呈现,这就是“过节”。然而,在当前的节日文化实践中,“中元节”如同其他传统节日一样,“身体”在场已被逐步取消,人们通过日益多样的视觉工具进行“身体”缺席的“看节”。从以身体为载体的“过节”到身体缺席的“看节”,是“中元节”等传统节日的神圣性逐渐消失的关键。

通过对莱芜地区“七月十五”的田野调查,我们认为“七月十五”节日中的神圣性消失的具体原因体现在以下四个方面:

第一,在“生产性时间结构”已成为人们日常生活主体时间结构的前提下,过“七月十五”被强行纳入了原本不属于它的时间体系。比如莱芜地区,人们回家过“七月十五”基本都是从工厂单位请假回来过节的,这就使得人们在过“七月十五”的时候把它当成了马克思所说的“补充体力”时间,而

“身体”在此情境中被定位为一个疲惫的、需要休息的身体，休息好了继续回单位“再工作”，“身体”完全朝向未来，而失去了对过去和现在的感受体验，使“七月十五”中原先所具有的过去、现在、未来谋面而呈现时间整体性的可能性消失了。

第二，在“城市规划空间”已成为人们日常生活主体空间结构的前提下，人们失去了身体“表演”的空间场所。在传统“七月十五”仪式中，总有一些特殊空间是人们感受与展演自己身体的，比如祈请祖宗的十字路口（或“村口”）、从十字路口用香火引领祖宗魂灵回家的道路（“魂路”）、家庭中行跪拜礼仪的中堂之地、家宴展开的厢房，等等；但在“城市规划空间”中，“十字路口”“魂路”等都已变成了现代交通要道，而家庭中的中堂位置也早已被电视机占据，家宴的展开更是因陋就简、不成礼数，这一切都使身体“展演”失去了可能，导致了因“身体”而揭示出的节日神圣性在空间层面也不复存在。

第三，在“消费化、娱乐化身体”已成为人们日常身体主流观念的前提下，人们失去了对“身体礼仪”的热情和尊重。在传统“中元节”中，有许多专门的“身体礼仪”，比如跪拜、上香、敬酒、洒扫，等等，但在现代“七月十五”的过节现场，如果再进行上述“身体礼仪”的话就特别行不通了，而且很可能会成为众人围观的笑谈。

第四，在“传统家庭已被现代生产结构逐步瓦解”的大前提下，节日中的“家宴”已不再是慎终追远的场所，而成了家庭成员之间或者不同家庭之间相互炫富攀比的场所。在传统“七月十五”的节日仪式中，“家宴”是特别重要的一环，在“家宴”上，人们在谈论中将“祖先”邀请“在场”，以时间整体性的形式呈现；但现在的“七月十五”，短暂的“家宴”往往会成为社会角逐的微观再现，谈论的话题不再是“祖先”而是“社会”，是当下的生活与怨怼。这样的“家宴”使过“七月十五”的人们觉得过节越来越无趣。

总之，时间上被控制，空间上被规划，身体姿势被取消，谈论话题日益世俗化，使得“七月十五”中的“身体”虽然在场但已失去“身体时刻”的神圣性，而变成了“看热闹”的“身体”，“过节”成了“看节”。

那么，“中元节”的“过节”与“看节”之分是一个典型的现代性现象吗？并非如此。在明代，文人张岱在《西湖七月半》的文章中描述了西湖边上过“中元节”的场景：“西湖七月半，一无可看，止可看看七月半之人。”这说明以满足感官之乐的“看节”早在传统社会就已存在。其实“中元节”的“过”与“看”,即“中元节”作为神圣价值体现与作为感官娱乐载体的两种区分,早已埋伏在“中元节”自身的双重节日结构中。

“中元节”的核心功能是安抚鬼魂,但“祖先”只是众多鬼魂中的一类,可称之为“家鬼”,而另有一类鬼魂则是无人招引的流浪鬼,是为“野鬼”。在“中元节”的鬼魂安抚中,“家鬼”与“野鬼”有不同的待遇。对于“家鬼”即祖先的安抚,是通过请、引、享、送的一套仪式来完成的,在这套仪式中,人们是以家庭为单位亲身参与的,是“身体”在场的神圣节日;而对于“野鬼”,其安抚仪式则有很大不同。根据文献记载,安抚“野鬼”往往是在家庭之外的场所进行,其中的仪式包括祭典、念诵,有些地方还有强制性驱逐等,仪式相对简单粗糙。而且安抚“野鬼”的仪式往往是由村落乡镇的佛道僧众联合地方商家进行的,这使得安抚“野鬼”仪式更多变成了一种民间欢娱,比如在各地的盂兰盆会仪式上就有数之不尽的民间饮食、杂耍,等等,众所周知的“放河灯”其实是专为安抚孤魂野鬼而产生的观赏活动。因此,安抚“野鬼”的“中元节”仪式发展出来的就是神圣意味较淡的“看节”。

因此,从中国的“中元节”传统来看,“过节”与“看节”在节日发展中是并行存在的,即“中元节”的神圣价值趋向与感官娱乐趋向共同开进,两者保持着平衡态势,共同分担着传统中国人对于神圣升华与世俗享乐的两种诉求;但在以“家庭”为核心的中国传统社会,神圣体认应是“中元节”的主流。由此推广开去,是不是可以做大胆的推测:中国传统节日,就其节日内涵而言,其实都包含神圣与世俗两个层面,不会是单纯的“神圣”或“世俗”。以此言之,中国传统节日的当代传承,完全还归到神圣的一极固然没有必要,也绝无可能,而在现代消费文化的引导之下使“中元节”完全成为“好玩儿”的“迪士尼时间”,则更是失掉了传统节日的精髓。“中元节”,包括其他中国传统节日的现代发展,亟须揭示其中的神圣价值层面,使之成为传统节日在当代发展语境中必然产生的娱乐趋向的引导力量。

(原文发表于《节日研究》2012 年第 4 期,有改动)

拾玖

# 年节的民众觉醒与社会培育

——以“好客山东贺年会”为个案

## 一、春节传承之困与贺年会年节发展的决策创新

中国传统文化的显著特征是以家庭为本位的伦理文化,春节作为中国传统文化的节日载体,其中,家庭伦理的节日再现是传统春节的文化特质。就节日认同而言,“回家过年”是唤起人们向往春节的有力号召;就节日习俗而言,传统春节几乎所有的习俗都可在家庭伦理的框架内得到解释;而就节日传承而言,传统社会中家庭传统的稳固性是春节传承的前提。当下春节传承的困境,究其根本,应是当代中国现代化进程中家庭本位的日益缺失。

然而,家庭本位的现代化缺失却并未导致春节文化的彻底消没,更为复杂的情形渐次产生:家庭本位的实质性缺失引发了社会性的缺失焦虑,焦虑引发诉求,而广泛的诉求最终造成了家庭本位在当代社会的复兴假象。伴随家庭本位缺失而产生的复兴假象,作为家庭象征符号的春节应运而生,成为人们实现诉求的寄托。如上述诊断属实,我们可以看到当代春节复兴的重大危机,在于春节复兴是建立在忽视当下家庭危机的前提之上的;不去反思如何在正视当代家庭危机的前提下重建春节文化,一味鸵鸟主义,抱残守缺,只能导致春节文化建设的失败。

事实上,从西方现代化进程来看,家庭危机在带来价值阵痛的同时也带

来了价值新生,以社会契约为纽带的现代社会取代了以血缘伦理为纽带的传统家庭,重新成为人们实现价值认同的载体。以此认识为前提,当下春节的复兴与传承,其节日文化必须实现从传统家庭本位向现代社会本位的转向,在此年节社会化转向中,春节成为现代社会中人们缔结社会契约、现场共在的特殊时空。当下年节传承实践中,由山东省旅游局牵头举办的“我们的节日——好客山东贺年会”,自2009年至今已成功举办两届,是年节社会化转向的出色个案。

“好客山东贺年会”(以下简称“贺年会”)是由山东省旅游局策划并组织实施,在元旦至春节和元宵节期间举办,有文化、商业、交通、旅游等多行业参与,国内首创的重大区域性节事活动。贺年会的举办宗旨是打造“我们的节日”。从其年节实践来看,贺年会中的“我们”起码包含了四个参与群体:年节文化的决策群体、产业群体、学者群体与民众群体。但是,在实现节日的“我们”认同上,贺年会中的四个参与群体所发挥的作用却并不相同,质言之,民众的年节文化觉醒是核心,节日文化的决策、产业与学者群体则是唤醒民众年节觉醒并给予社会培育的承担者。

就贺年会的年节文化决策而言,决策群体高调参与,以决策创新引导全程。

贺年会的显著特点,是地方决策层的高调介入。山东省旅游局作为这一节事活动的发起者与监督者全程参与,效果颇佳。这似乎与当下渐成主调的一种意见相左,即传统节日发展政府管得越少越好,贺年会的年节实践证明了这种论调的偏颇。春节作为典型的民俗文化,其发展的动力固然植根于年节传承主体的节日自觉,但春节文化与中国文化传统一样,同样包含惰性,“日用不知”,因此民众的年节觉醒不能缺少外在的激活动力。官方决策之于年节发展不可或缺,关键在于,官方的主动介入是对民众年节觉醒的一种刺激,以此言之,合理的年节文化决策就是要给民众提供年节文化觉醒的可能空间。贺年会的节日文化决策实现了从“上层决策”到“多层决策”的转向,为民众的年节觉醒提供了可能。

节日文化的“上层决策”是在节日发展中执行长官意志,将政治逻辑横加于节日文化逻辑之上。与之相对,贺年会的年节文化决策的显著特点,是放下官架、兼顾多层的“多层决策”:

第一,贺年会的提出,是为实现区域民生民富而发的政策创意。贺年会的首倡、山东省旅游局于冲局长说,贺年会的提出"就是山东的冬季旅游太淡了,我们很多旅行社进入'冬眠',很多宾馆要关门,夏季住不上,冬季就非常淡。当时是想怎么来解决冬季淡的这个问题,是从这儿入手考虑的"①。可见,贺年会的提出虽然是政府行为,但行为发生却来自发展民生民富。

第二,贺年会的决策平台,在旅游局的牵头下形成了全省14部门的联动。这是年节文化发展的决策创举。试想,贺年会的决策如果像通常的做法政出一家,完全是在省旅游系统中执行,其执行效果将因行政壁垒而大打折扣;不仅如此,还会因为政出一家缺乏决策层面的相互监督,将使其决策行为带有浓厚的官方独断性。区域内多个决策部门联动,则有效实现了决策层面的相互监督,最大限度地发挥了为民决策的正面效益。

第三,贺年会的实现形式,采纳了体现民众自发聚集特征的"会"。在贺年会的官方陈述中,对于"会"有这样的理解:"'会'是中国传统文化最古老的元素,是人们在集中的时段内,以突出的文化目的和一定的文化主题而进行的系列活动,体现着和谐思想。'会'具有极为广泛的民众性。……贺年会的'会',即利用中国特有的'会'文化,借势组织和吸纳民众的广泛参与,形成大型传统节日期间民众的狂欢会、消费会、祝福会。"②这是贺年会的决策亮点,这一决策使原先的下层社会形式浮出水面,成为聚焦最大多数人的年节形式。

第四,贺年会的决策执行,充分吸纳了民俗学者积极参与。节日文化决策吸纳民俗学者的参与并不鲜见,但贺年会在决策上对山东民俗学界的倚重出现了值得关注的新现象:与通常民俗学者参与政府节事文化决策不同,贺年会的民俗学参与,不再是被动地图解官方决策意图,为官方决策找根据、做辩护,而是从包含参与立场的民俗学研究出发,对贺年会的政策意图进行民俗框定,对贺年会的决策执行进行民俗规划,在贺年会的决策行为与民众接受之间提供了有益的缓冲。

上述四个方面,使贺年会的决策平台更加多元,其共同指向则在于使贺年

---

① 好客山东贺年会北京高端研讨会纪要·于冲发言。

② 2011年好客山东贺年会背景材料。

会的节日文化决策对民众年节觉醒实现刺激、唤醒的同时，最大限度地规避了政策独断，不以官意断夺民意，这是贺年会在节日文化决策上的成功。

## 二、贺年会的年节产业社会化与社会展演

贺年会节日文化决策，必须要得到年节产业实践的承续。

春节就其社会属性而言，是民众的一种生活样态。在其是民众生活样态的意义上，官方的政策调控对其有影响但构不成根本影响，因为政策毕竟是抽象的，它无法对民众的节日生活形成真正渗透；与之相比，节日的产业运作却可深入节日生活的内部，它通过重新定义节日主体的消费需求便可釜底抽薪改变整个节日生活的结构。因此，对于节日文化的政策调控必然是与产业调控相联系的，年节产业对年节决策形成了不可或缺的承续关系。

以此言之，人们通常认为来自官方的专断是抑制民众年节觉醒的主要因素，这一看法不尽全面。政策专断对民众年节觉醒的抑制，若得实现，依靠的其实是与政策专断桴鼓相应的产业专断。年节产业专断，表现在将年节文化完全视为产业生产对象，从有形的年节载体到无形的年节认同都要在产业巨轮中经历陶炼，而完全忽视了年节文化作为“人们社会关系节日化”的完整性内涵。因此，与年节政策专断相应的年节产业专断，其实是将年节文化丰富的社会性化约为单一产业逻辑的“社会产业化”。

贺年会通过“多层决策”的决策创新最大限度地防止了政策专断，与之相应，其在年节产业实践方面也做出了可喜创新。

贺年会的年节产业，主打形态是年节旅游。但与通常的旅游定位不同，贺年会的旅游产业走的不是以旅游化约年节的“社会产业化”的道路，而是以旅游产业独特的产业属性为依托，使旅游业向社会服务部门延伸、交融，在旅游产业与社会服务体系的共融中，引导产业化行为转向社会服务行为，将年节旅游提升为年节旅游服务，走上了年节旅游“产业社会化”的路子。贺年会对年节旅游产业的定位非常明确，即“通过 14 个部门的参与和各地市县的广泛发动，实现了旅游与文化商贸、经贸、农业、工业、广电、邮政、银行等广泛的结合与交融，形成许多融合性的节令产品、跨界域的衍生产品，还有节事发展的新增长点”。也就是说，要在与社会整体的融合渗透中发展

年节旅游,年节旅游因此必然地涵盖产业性与社会性的双重内涵,这与以产业凌驾社会之上的产业专断作风截然有别。而贺年会之所以有这样的产业决策,在根本上还是源于其节日文化决策的多层面、非决断性的特点。

当年节旅游实现“产业社会化”的基本定位后,随之而来的是在产业引领之下年节参与主体的社会化转向,这主要体现在两个方面:

第一,在年节旅游产业的引领下,年节主体的消费行为实现了节日行为、产业行为、社会行为的三者合一。在凸显社会属性的年节旅游产业中,对于节日民众主体而言,节日消费行为不同于一般的产业消费,是“过年用的”,是一种节日行为;对于年节旅游产业而言,节日主体的消费毫无疑问是年节旅游产业中的一个环节,是一种产业行为;而对于整个社会而言,因为年节消费行为的社会属性凸显,所以年节主体的消费又是一种社会行为。贺年会在年节产品的设置上即把握住了节日消费行为三者合一的特点。其主打产品分为五大类:贺年福、贺年宴、贺年礼、贺乐、贺年游,分别转化利用了春节文化中的福信、饮宴、礼俗、欢娱与休闲等春节习俗与心理,将节日习俗和心理与当下的消费需求进行绾结打造,使贺年会的消费行为从内而外、由节日行为延伸成了社会行为。

第二,在年节旅游产业的引领下,年节主体的情感认同成了“神圣”与“狂欢”的杂糅。传统春节对于年节主体而言是一个“神圣时空”;然而,在年节旅游的重新定位中,春节时空正与国家的现代生产秩序相合拍,在时间上是国家的“法定假日”,在空间上是在“工作场所”之外的“家中”,春节因此成了现代生产秩序中释放生产疲劳的休闲狂欢时刻。这与传统春节的“神圣”情感杂糅,产生了当代春节情感认同中既“神圣”又“狂欢”的复合情感。与年节情感的“神圣”认同相比,年节“狂欢”包含着明显的社会性情感姿态。贺年会的产品设计同样对此作出了迎合。2010 年春节,山东省旅游局借鉴福建厦门的“博饼”民俗,在贺年会期间推出了“抢福”游戏,全省推广,大受欢迎。“抢福”游戏借助改造过的、带有吉祥意符的骰子,让人们在春节闲暇之余掷骰祈福,将现代博弈心理与传统祈福心理结合在了一起。“抢福”广受欢迎,虽然其所产生的节日文化之弊仍可讨论,但也显示了把握住在年节产业的引领下年节主体情感的内在嬗变已是当务之急。

当年节旅游实现“产业社会化”的基本定位后,还带来了节日展演形态的变换。

节日展演是节日旅游产业的核心要素，年节旅游的消费动机在很大程度上来自节日展演的促发。在通常的年节旅游产业中，节日展演是传统的“舞台展演”，即由政府或产业部门专门组织，划定特定展演地点，确定明确程序进行展演。节日文化“舞台展演”就其实质而言，是政策与产业独断性使然，它所满足的也是人们猎奇式的观赏体验。但贺年会在年节旅游的产业定位发生变化，从“社会产业化”转向“产业社会化”后，节日展演的形态也发生了变化。这个变化的要义是：年节产业凸显社会属性，产业平台因此具有了社会公共属性；对于年节主体而言，传统年节舞台不再是其表达自身节日文化的唯一舞台，年节产业在社会层面上开辟了多元多样的表演舞台，人们的年节消费行为同时具有了年节展演的特征。与传统的舞台展演相对，年节产业所呈现出的社会层面的展演，可以说是一种“社会展演”。对于贺年会而言，其“社会展演”体现在两个方面：

第一，贺年会拉长、拉大了春节展演的时间、空间。贺年会在程序设置上的一个重要创新，就是拉长了年节的尺度。中国传统年节本来就包含元旦、春节与元宵三个部分，后来在现代节日的冲击之下，“年节”缩微成了“春节”。年节的长短，其实质不是时间长短的问题，而是因时间长短而带来的年节认同问题。在年节即是“春节”的认识下，过年就是“过忙”，就是忙忙活活地备年、迎神，年节主体缺乏进行节日展演的闲暇；但当年节时间被拉长后，因为从元旦开始就“忙年”一直到元宵，所以在年节中就有了大量的“闲日子”，这使年节主体具有了充分的展演时间。在空间上也是如此。当过年仅仅限定在本乡本土时，人们之间的熟稔关系使其没有展演动力；但贺年会通过产业牵引使人们在年节期间流动起来，使人们置身于陌生化处境中，展演的冲动由此发生。当拉长、拉大的年节成了一场盛大的、年节主体普遍参与的社会表演后，人人既是观赏者又是表演者，人们在观看以及被看的双重关系中沉浸在年节的海洋里。

第二，贺年会强化了春节展演的地域认同感。贺年会在引导年节展演的社会化转向上的另一个举措，是唤起年节主体在展演中的地域认同感。贺年会在宣传舆论上的定调非常准确——“好客山东”。这一定位，一方面紧扣外省人对山东地域文化朴厚、好客的刻板印象；另一方面，“好客山东”

同时也是对本地域文化持有者的一种训育,这使得本地域文化持有者在年节表演中会有意无意间展现"好客山东"的文化特征,因此形成了贺年会多元多样的节日展演,在文化认同上又是一曲社会大合唱。

如果说,贺年会在年节决策上通过创新实现了"激活民众年节觉醒"的话,那么贺年会的年节产业实践则通过将年节旅游产业与社会整体相融合、渗透,使年节产业成了包含公共性的社会行为,在年节产业的引领之下,年节主体的消费需求与情感认同实现了社会化转向,年节展演转向社会展演,最终实现了以年节社会化对民众年节觉醒的社会培育。

## 三、贺年会的形式创新与觉醒之忧

政策创新与年节产业实践配合,引导了贺年会以民众年节觉醒为核心的年节社会化,让人们"走出家庭,走向社会"过春节,这是贺年会之所以成功的要旨。年节文化的转向也决定了年节形式必然要推陈出新,贺年会在政策创新、产业实践创新之后,年节形式的创新是又一大亮点。

节日形式是节日文化的有形载体。传统节日,其节日形式历经岁月淘洗具有了较为稳定的形态,这就是节日习俗;节日习俗是节日文化的外化与具象,后者与前者是根生与叶滋的关系。因此对于传统节日而言,节日习俗的失落不一定意味着传统节日本身的危机,但当传统节日文化发生变迁时,节日习俗一定会发生巨变。对贺年会而言,年节文化"走出家庭,走向社会",必然地产生了年节习俗的形式创新。

那么,贺年会年节形式创新的特征是什么?这需要确认贺年会年节社会化的实质何在。贺年会的年节社会化,并非是对传统年节的完全革命、连根拔起,"多层决策"的政策创新与"产业社会化"的产业实践,其目的在于唤醒民众的年节觉醒并给予社会培育,因此贺年会的年节社会化对传统年节文化而言,是遗形取神,要在现代社会的容器中实现传统年节文化的精神新生,寻找传统年节文化之精神与现代社会之形式之间的平衡点。这决定了贺年会年节形式创新的特征,是节庆传统与社会形式的创意组合。

以贺年会的特色活动"贺年会之最评选"为例。"贺年会之最评选"是2011年由山东省旅游局负责安排、旅游项目策划中心组织的贺年会特色活动，目的是通过“之最”形式凸显2010年贺年会年节形式的创新亮点。活动共收到省内各旅游部门、企业以及个人提交的各类参选方案504项，其数量之大、范围之广出乎主办者的预料。不仅如此，申报方案中富有创新精神、令人耳目一新的年节形式相当丰富。如贺年乐活动“孔府过大年”，是通过发掘、整理文献中孔府的年节仪式，以旅游开发的形式将其重新搬演，让游客在体验“入府仪式（过门槛）、内宅请安、兰堂试讲、过年服饰、写春联、贴门神、剪纸窗花、挂天灯、放鞭炮、请祖、除夕家宴、包饺子守岁、辞岁、发压岁钱、新年钟声、发纸祃、熬岁踩祟、大祭天地、祭祖、元宝验岁、释菜（祭孔）、新年素饺酒席、大拜年、燕享旅酬、孔府扮玩、龙灯会”等20多道仪式的过程中感受年味。再如贺年宴活动“中华泰山豆腐贺年宴”，同样是将泰山当地年节豆腐宴以年节旅游的形式推向市场，推向社会，其形式要点仍是把握住了节庆传统与现代社会的平衡点。

其他如“最大的万人祈福开光长卷”（贺年福，济宁泗水县旅游局）、“最具海岛风情的贺年祈福活动——长岛祭海”（贺年福，烟台长岛县旅游局）、“北方最古老的渔民祭海祈福文化艺术节——烟台八角湾渔灯节”（贺年福，烟台开发区旅游局）、“最具教育价值的祈福活动——祈福开笔礼”（贺年福，济南市旅游局）、“最有创意的祈福饺子钱”（贺年礼，烟台金都招远黄金珠宝首饰城有限公司）、“最大的陀螺”（贺年礼，潍坊市旅游局）、“最大的贺年富贵枣山”（贺年宴，日照港集团有限公司碧波大酒店）、“贺年会最小的枣饽饽”（贺年宴，烟台福山大面餐饮有限公司）、“白菜（百财）宴”（贺年宴，青岛胶州市阳光大厦）、“最长长街宴”（贺年宴，九顶塔中华民族欢乐园）、“一次性持续最长的999人‘接力撞钟’跨年（贺年福，《齐鲁晚报》）”、“北方规模最大、最古老的渔民祭海祈福文化艺术节——烟台八角湾渔灯节”（贺年福，烟台开发区旅游局），等等，这些富有创意的“贺年会之最”都可以说是节日与社会、传统与现代、精神与赋形融合转化的创意佳作。

“好玩游戏评选”是“贺年会评选活动”中的另一个亮点。“好玩游戏评选”着眼于贺年会产生的节庆游戏。通过各地报送上来的方案，可以看出，在各地节庆游戏实践中，最成功的节庆游戏仍然是综合了传统游戏与现代需求的产物。比如由山东济宁内府菜饭店报送的“好玩游戏”，是年节期间在饭店餐桌上将一些传统棋类游戏的棋盘，比如“打瞎驴”、“赶羊入圈”（又称“喝二壶”)、“鸡毛蒜皮”、“撑狗皮”(又称“撑死驴、撑四角”)、“四棋”(又称“顶子儿”)、“砍高粱”(又称“砍斜”)、“推大车”、“二十连”(又称“下三”)等印刻到餐桌上,使人们在餐前与餐后可下棋作乐。

“贺年会之最”与“好玩游戏”中有创意的年节形式凸显了贺年会取得的实绩,这从根本上应归功于贺年会决策创新与产业实践创新所引发的民众年节觉醒。然而,觉醒的民众年节文化该往何处去?这是贺年会发展的未来问题。

现代社会对年节主体的诱惑力是巨大的,而民众的年节文化觉醒在现代社会的诱惑之下很容易形成对年节内涵的误认,将年节变成追逐物质感官享受的盛宴。事实上,“贺年会之最”与“好玩游戏”活动中的一些方案,已让我们看到贺年会的潜在忧患。两个活动报送上来的方案共计700余项,除去部分包含创意的节庆新形式外,绝大部分方案仍是无中生有,脱离了年节文化的基本出发点。比如“最好玩的贺年会娱乐活动——抱犊崮真人CS野战游戏”“山寨最美的新娘”“最雷人的婚礼”,等等,基本上都是借年节做噱头,故弄玄虚。

特别值得分析的是2010年春节期间贺年会推出的“抢福”游戏。“抢福”游戏是山东省旅游局借鉴厦门“博饼”传统习俗推出的年节活动。“抢福”游戏落地山东贺年会,其合理之处在于,“抢福”游戏将人们的年节祈福心理与现代博弈心理相糅合,迎合了当代年节主体日益狂欢化的节日情感。然而,“博饼”习俗中的博弈特征与闽南沿海的地域文化相适合,却与崇尚质实守成的齐鲁文化明显冲突。“抢福”游戏在山东贺年会遍地开花,在活跃了年节气氛后,会不会对齐鲁文化形成内蚀?若果真如此,这个代价实在太大。

觉醒了的民众年节文化将往何处去?贺年会将往何处去?在坚持年节社会化转向的大前提下,明确春节的节日内涵,赋予民众的年节觉醒以传统,使其从年节觉醒向年节理性升华;挖掘与整理传统年节的多样习俗,使之成为民众年节觉醒视野中与现代多元文化形式相平衡的形式资源,这样才能真正使民众的年节觉醒在社会培育中持续生长。

“好客山东贺年会”是当下年节文化较为成功的个案,其成功的要诀在于通过政策创新与产业实践创新实现了年节文化的民众觉醒与社会培育。

对于普遍意义上的中国传统年节文化而言，贺年会的经验肯定不能照搬照抄，但其所坚持的年节社会化转向应是王道。中国传统年节文化传承发生于家庭本位日益缺席的现代化进程中，这是不可忽略的前提；仍然固守家庭本位来谈论年节的当代发展，这本身是不现实的。

但通过对贺年会的解读可以看出，年节社会化的关键，不是简单地以现代社会来替换传统节日，关键在于唤醒民众年节觉醒的前提下实现年节的社会化转向，只有这样，年节社会化转向才能真正实现年节传统的现代化与现代社会的节庆化。

（原文发表于《节日研究》2011 年第 2 期，有改动）

贰拾

# 从非遗到传统文化:中国传统节日研究的范式转换

## 一、"十大集成"与节日研究

"十大集成"的事很多人并不陌生,但也并非尽人皆知。20世纪70年代,在粉碎"四人帮"后,文化部联合国家民委和中国音乐家协会发起编纂了《中国民间歌曲集成》《中国戏曲音乐集成》《中国民族民间器乐集成》《中国民族曲艺集成》。随后,文化部、国家民委又与中国文联协作,发布了关于编纂《中国民族民间舞蹈集成》(1981)、《中国戏曲志》(1983)、《中国民间故事集成》(1984)、《中国歌谣集成》(1984)、《中国谚语集成》(1984)和《中国曲艺志》(1986)的通知。至1986年,由文化部牵头的"全国艺术科学规划领导小组"为组织实施领导机构,在中宣部、文化部、财政部、国家民委等部委的支持和指导下,中国文联有关协会、中国艺术研究院和全国各地文化厅(局)、艺术研究院所、民间文艺家协会及各地(州市)、县文化馆、乡镇文化站在领导小组的统一部署下,在全面普查、认真梳理、规范体例、逐级审定、统一出版、资料保存等各个环节展开对民族民间艺术展开整理,学界称之为"十大集成"工程。

"十大集成"被称为中国的"民间文艺的万里长城"。"十大集成"的编撰工作,从1979年开始到2009年结束,前后长达三十年时间。在这三十年的时间里,编纂工作特别值得称道的地方在于:它是由政府发起的,但却团结了全国近千名的学者[①];在这三十年的时间里,政府与学者之间的配合非常到位,几乎每一位学者都对此付出了巨大努力,甚至有人是毕生为此而努力。因此,“十大集成”是特别的,其难得之处就在于学者与政府之间的倾情合作。

“十大集成”工程中,学者与政府间的倾情合作,主要在于人、事与政府三个方面。首先,从人来说,改革开放三十年中,学者的中心思想浓厚,他们对政府本身是认可的。按代际年龄算,改革开放后的一代学者,大部分出生于20世纪五六十年代,20世纪80年代后,相对开明的政府为他们提供了较好的生存与工作条件,再加上中国传统士人本身就有爱国传统,因此,这一代学者对政府是向心、认同的。其次,就事而言,这个事(搜集民族民间文化资料)也正合他们心中所想。20世纪80年代以来,知识分子的心态非常复杂,甚至可以说是非常浮躁的,但由政府发起的搜集民间文化资料这件“事”却让不少人因此有了“事”,从而安定下来,并为之倾情奉献。最后,就政府而言,在从1992年兴起的改革中,经济发展是中心,各地GDP神话居高不下,因此,我们能看到不少地方是“卖文换钱”,但同时也造成了大部分“不能卖钱”的文化乏人问津,这无疑为不少民间文化资料提供了独特的“保护”契机。当政治主流意识形态不是文化而是经济的时候,大部分人都在关注可以“卖钱”的文化,民族民间文化其实是得到了保护的,这也为“十大集成”工程的最终成功提供了条件。

“十大集成”结束于2009年。恰好在这个项目将近完结时,作为国家社会科学特别委托项目的“中国节日志”(项目号:09@ZH013)立项成立,时间也是在2009年。我们认为,之所以“十大集成”之后有“节日志”,原因可以从以下三个方面去找。

首先,1992年改革之后,节日文化研究日渐凸显。前期改革专注于经济发展,但在政治体制与文化体制方面却有所忽略。因此,在深化改革启动之时,文化体制改革必然从隐没处向中心地带靠拢。节日文化作为中国人身在其中而习焉不察的文化形式,就在这时逐渐成为热点。节日文化研究,在

---

① 李松.从十大集成到国家文化基础资源数据库建设[N].中国文化报,2014-03-10.

1949 年之后，较长时间内缺乏应有的关注，“节日”一词往往是在比喻意义上得以运用。严格来说，对节日给予正面关注的第一篇文章是武复兴的《唐代诗人笔下的长安节日习俗(上)》(1982)①，此后对“唐代节日”的研究持续进行，并且对各朝代断代史的节日研究也渐成节日研究的主流。事实上，从1983 年直到2003 年，中国的节日研究大多是断代史节日风俗研究和民族节日研究，并没有成为公民公共话题。

但进入21 世纪后，人们开始较多地思考传统节日的当代性问题。比如，出现了一批像《幼儿园传统民俗节日教育的探讨》(2002)、《论青少年的传统节日文化熏陶教育》(2004)这样的文章，这些文章大都是对传统教育功能的探讨。还有像《文化的普适与包容——中西传统节日的文化差异与社会》(2002)探讨传统节日作为中西文化载体的文章，以及《节日符号在民族旅游开发中的运用及问题》(2003)、《民族节日文化的当代变异》(2003)、《淡化：全球化背景下的中国传统节日走势——以春节为例》(2004)、《大众传媒视野中的少数民族节日与生存——以彝族火把节为例》(2005)、《民俗节日的继承和演变》(2006)等②一大批紧密联系需求，进而希望传统节日能够提供传统智慧的研究成果。传统节日从历史学者或文学家的笔下走出来，开始面对当下生活，这个是21 世纪以来发生的趋势，愈演愈烈，形成了不容小觑的学术研究主潮。这是“十大集成”转向“中国节日志”研究的大前提。

其次，“十大集成”关注民族民间艺术逾时三十年，整体性需求内在于其

---

① 武复兴. 唐代诗人笔下的长安节日风俗(上)[J]. 人文杂志，1982(10).

② 周巍. 幼儿园传统民俗节日教育的探讨[J]. 学前教育研究，2002(4).
杨丽霞. 论青少年的传统节日文化熏陶教育[J]. 四川教育学院学报，2004(8).
张承平，万伟珊. 文化的普适与包容——中西传统节日的文化差异与社会[J]. 长沙电力学院学报(社会科学版)，2002(4).
孙九霞. 节日符号在民族旅游开发中的运用及问题[J]. 中南民族大学学报(人文社会科学版)，2003(6).
杨淑媛. 民族节日文化的当代变异[J]. 贵州师范大学学报(社会科学版)，2003(6).
王明美. 淡化：全球化背景下的中国传统节日走势——以春节为例[J]. 江西社会科学，2004(11).
王萍. 大众传媒视野中的少数民族节日与生存——以彝族火把节为例[J]. 贵州民族研究，2005(6).
程蔷. 民俗节日的继承和演变[J]. 上海大学学报(社会科学版)，2006(4).

日常工作中。“十大集成”的关注点是民族民间文艺，三十年来，学者们长期沉浸于民间歌曲、戏曲音乐、民族民间器乐、曲艺音乐、民间舞蹈等艺术之中，上通下联，形成了新中国成立以来罕见的学术共同体。就其编制体制而言，该工程约定每部丛书按行政区划分省立卷（香港、澳门卷在编，台湾卷暂缺），每省（直辖市、自治区）10 卷，共计 298 卷，约 4.5 亿字。收集相关资料逾 50 亿字（包括曲谱、图片）。这其中仅以民间文学为例，据文化部民族民间文艺发展中心“基础资源数据库”中对 2012 年的统计，就有以数字化方式保存的民间故事（包括神话、传说）44 万则，谚语 36 万条，歌谣 10 万余首，可谓洋洋大观。丰富是足够丰富，但就民族民间艺术而言，它却以支离割裂形式而存在，这本身就是问题。

民族民间艺术本身并非割裂存在，自身即是老百姓的生活。在此意义上，“十大集成”所关注的民族民间艺术门类是以互生的形态存在的，音乐、舞蹈、歌曲与谚语等各种形态是打成一片、囫囵混融的。“十大集成”将其分门别类整理，并且按照行政区划来做划分。如果从非物质文化角度来看，“十大集成”立足民间，确实是考虑到了对文化多样性的尊重；但除去“文化多样性”外，非物质文化遗产的“文化整体性”却在行政体制的干预下未能达成。

“十大集成”的专门行政部门是文化部下属的民族民间文艺中心。“十大集成”从立项开始到结束，可贵之处在于它的主要领导人物是稳定的。三十年辛苦不容易，因此，“文化整体性”，这个本就寓于民族民间文化之中的逻辑终于得以发生。现在，我们还不能确定 2006 年在国内立法通过的《非物质文化遗产法》对“十大集成”领导集体的影响，但“文化整体性”这个观念的确对他们产生了不小的影响，并且使人们认识到：从“文化整体性”的角度而言，“十大集成”所关注的各种现象，如果有一个共同载体的话，那就是中国传统节日。节日在这个意义上，开始进入“十大集成”的必然逻辑中。

最后，“十大集成”转向“中国节日志”与主其事者的知识分子情怀有关。“十大集成”从立项以迄结项，都与周巍峙先生相关。周巍峙先生在文化部时促生了“十大集成”，以后虽经历了多个岗位，但“十大集成”这个事情始终与其相关，而且他在担任中国文联主席时，还带动了中国文联与文化部之间的联系。后来,为了完成"十人集成",文化部专门成立了"民族民间文艺中心",李松主其事。李松长期以来作为周巍峙的秘书,与周先生保持着工作和私人关系。根据现行资料,周巍峙先生逝世于2014年,而在他殁去的前一年,他仍在为"十大集成"的工作而操心。"更加难能可贵的是,本世纪初,集成工作进入收尾阶段,还没完全结束时,巍峙同志又积极倡导和指导我们适时展开《中国节日志》和《中国史诗》两项重大项目的规划设计和组织实施。"①

"十大集成"是中国学术史上的奇迹,它的难得之处在于:横跨三十年,打造成了人数达1,500人的学术共同体,再就是三十年主其事没有受到行政本身的冲击。先是周巍峙先生,然后是李松先生,三十年立足民族民间的工作经验,使他们有充分的时间去揣摩、反思自己的工作,从而能够运用"文化整体性"的观念。从某种意义上说,"中国节日志"就是"十大集成"的延续,它在2009年起步,为200个左右的我国各民族传统节日著书立志,完成2,000余篇田野和专题调查报告,成果方式将以"中国节日数据库"、《中国节日志》大型系列丛书、《中国节日影像志》、重大节日专题研究报告、节日研究论文集等方式呈现。

## 二、非遗观念影响下的节日研究

正如我们上文指出的,我们不清楚"中国节日志"观念的提出是否受到非物质遗产观念的影响。但"中国节日志"作为官方立项的学术研究项目,的确是受到了非物质文化遗产运动的影响。

非物质文化遗产运动进入中国的发展历程,兹不赘述。但不可否认,在2006年之后,以"人"为中心的探讨在非物质文化遗产保护中已慢慢成为主流,在这个意义上,可以说中国形成了迥异于"法国模式""日本模式"的非物质文化遗产保护的特殊模式。然而,这还不是最关键的,关键在于非物质文化遗产保护在多大程度上影响了节日研究。

研究数量上的影响是非常明显的。根据中国知网(CNKI)的数据,2004

---

① 李松."打杂"的境界[J].中国艺术报,2016-07-20.

年,篇名为“节日”的文章是420篇,2005年达到742篇,而2006年达到了惊人的1,516篇。传统节日,作为典型的非物质文化遗产,应属于“社会风俗、礼仪、节庆”,因此研究数量突然增长是可以理解的。

为何是在2006年?2006年可以看作是中国的“非物质文化遗产”年。在这个意义上,中国传统节日研究也开始了自己的爆发期。然而,中国传统节日研究是否如中国传统文化一样在慢慢形成自己以“人”为中心的观念呢?

中国传统节日研究,在新世纪以前主要属于历史学、民族学的研究范围;进入新世纪以后,传统节日研究才从历史学、民族学研究的藩篱中逐渐脱离出来,而成为一个各学科纷纷涉入、具有极强公共性的话题。在2005年,出现了王笛的《中国城市的公共生活与节日庆典——清末民初成都的街道、邻里和社区自治》、徐赣丽的《当代节日传统的保护与政府管理——以贵州台江姊妹节为例》、鞠培霞的《上巳节与少数民族“三月三”节日文化的比较研究》等[①]从严肃的学术角度进行思考的传统节日研究论文。2006年,不仅是中国传统节日研究的数量激增,而且范式也悄然发生了转变。高丙中的《对节日民俗复兴的文化自觉与社会再生产》[②]是在费孝通“文化自觉”观念的指导下而对节日文化进行研究的。该文指出,节日文化是中华民族的重大遗产资源,在全球化时代,复兴节日有重大意义。很显然,该文虽没有出现非物质文化遗产的提法,但知识框架就是非遗框架。吴效群的《高扬春节的文化价值》[③]同样将中国的春节上升到全球化的角度来讨论。[④] 另外,这一年,也出现了王静的《论传统节日在重庆市中学生中的失落及解决对策》、宋嵋的《传统节日文化与山东节庆旅游资源开发》、万建中的《狂欢:节日饮

① 王笛.中国城市的公共生活与节日庆典——清末民初成都的街道、邻里和社区自治[C]//近代中国社会与民间文化——首届中国近代社会史国际学术研讨会论文集,2005.
徐赣丽.当代节日传统的保护与政府管理——以贵州台江姊妹节为例[J].西北民族研究,2005(2).
鞠培霞.上巳节与少数民族“三月三”节日文化的比较研究[D].北京:中央民族大学,2005.

② 高丙中.对节日民俗复兴的文化自觉与社会再生产[J].江西社会科学,2006(2).

③ 吴效群.高扬春节的文化价值[J].江西社会科学,2006(2).

④ 刘宗迪.从节气到节日:从历法史的角度看中国节日系统的形成和变迁[J].江西社会科学,2006(2).

食与节日信仰》[①]等一批有分量的论文。我们看到,在2006年,在非物质文化遗产观念的感召下,传统节日研究的数量不仅大幅增长,而且在学术范式上,非物质文化遗产的社区性、整体性观念正逐渐凸显。

随后接下来的2007年和2008年是节日研究的高潮期,先后有王霄冰的《文化记忆、传统创新与节日遗产保护》和《节日:一种特殊的公共文化空间》、张勃的《唐代节日研究》、苑利和顾军的《传统节日遗产保护的价值和原则》、钟宗宪的《民俗节日氛围营造与文化空间存续——以台湾民俗节日与商业性文化游乐园为例》、萧放的《全球化语境下的民族节日走向——以当代中国节日为例》、刘晓峰的《论中国古代岁时节日体系的内在节奏特征》、舒开智的《传统节日、集体记忆与文化认同》、李锋的《节日的功能及其社会学隐喻》、黄涛的《开拓传统节日的现代性》等[②]一大批文章问世。2007年,"文化空间:节日与社会生活的公共性"研讨会召开。在本年度的节日研究中,非遗观念渗透更深。王霄冰的文章从"文化记忆"角度来研究"节日遗产",将传统节日视为带有社区性记忆的载体,并在此意义上谈到了节日创新问题。张勃的博士论文仍然沿袭了传统节日研究的路数。而在苑利和顾军的研究中,已经直接将传统节日称之为"遗产"。在钟宗宪的文章中,他关注了传统节日对"文化空间"的营造。萧放、黄涛、舒开智以及刘晓峰等人的研究,则是将传统节日放在了全球化语境中给予观照,从而透视中国传统的社区化、整体化的特点,毫无疑问,这正是非物质文化遗产观念启蒙的结果。

---

① 王静.论传统节日在重庆市中学生中的失落及解决对策[D].重庆:西南大学,2006.
宋嵋.传统节日文化与山东节庆旅游资源开发[D].济南:山东大学,2006.
万建中.狂欢:节日饮食与节日信仰[J].新视野,2006(5).

② 王霄冰.文化记忆、传统创新与节日遗产保护[J].中国人民大学学报,2007(1).
王霄冰.节日:一种特殊的公共文化空间[J].河南社会科学,2007(4).
张勃.唐代节日研究[D].济南:山东大学,2007.
苑利,顾军.传统节日遗产保护的价值和原则[J].中国社会科学文摘,2007(3).
钟宗宪.民俗节日氛围营造与文化空间存续——以台湾民俗节日与商业性文化游乐园区为例[J].河南社会科学,2007(4).
萧放.全球化语境下的民族节日走向——以当代中国节日为例[J].民俗研究,2007(4).
刘晓峰.论中国古代岁时节日体系的内在节奏特征[J].河南社会科学,2007(6).
舒开智.传统节日、集体记忆与文化认同[J].天府新论,2008(2).
李峰.节日的功能及其社会学隐喻[J].河南社会科学,2008(4).
黄涛.开拓传统节日的现代性[J].河北大学学报(哲学社会科学版),2008(5).

郑土有的《一个民间信仰组织的“节日”生活——以江苏芦墟镇“旗伞社”为例》①，从社会组织逻辑的本土性角度来谈节日，尤其能体现非遗观念。耿波的《从过节到看节》②提及了中国传统节日的“整体性”，指出在所有中国传统节日中，罔顾“整体性”则难以把握节日的特征。刘铁梁的报告《身体民俗与节日文化主体》③，将节日文化主体追及人的身体直觉，在非遗的路上越走越远。赵世瑜呼吁“从本土经验提炼中国传统节日”④，则是非物质遗产“社区性”观念的集中体现。

因此，任何人都不能否认，非物质文化遗产观念对传统节日研究的影响在 2007 年和 2008 年体现得淋漓尽致。2009 年至今，非物质文化遗产观念，也即以“人”为中心的观念，已成为主流。然而，也是从 2009 年开始，根据中国知网（CNKI）的统计，中国传统节日研究的数量在逐年减少，但“中国特色”在强化。

这其间出现了洪尚郁的《中国传统节日的特点》、萧放的《中国传统节日资源的开掘与利用》、罗泽荣的《唯物史观视域下中国传统节日文化研究》、光映炯和张晓萍的《基于旅游人类学视角的民族节日传承与发展——以西双版纳傣族“泼水节”为例》、周文的《传统节日：文化、仪式与电视传播》、萧放的《传统节日的复兴与重建之路》、张勃的《当前语境下传统节日的困境与出路——兼及建构新兴节庆活动的一点思考》、陈勤学的《中国传统节日春节的视觉符号研究》、郭讲用的《传统节日仪式传播与信仰重塑》、张丽丽的《中国传统节日与对外汉语文化教学》、李军全的《民俗节日与革命动员：华北根据地、解放区乡村社会中的春节》、冯骥才的《传统的节日，我们共同的日子》、王加华的《传统节日的时间节点性与坐标性重建——基于社会时间

① 郑土有．一个民间信仰组织的“节日”生活——以江苏芦墟镇“旗伞社”为例［J］．节日研究，2010（2）．

② 耿波．从过节到看节［J］．节日研究，2012（6）．

③ 刘铁梁．身体民俗与节日文化主体［J］．节日研究，2014（9）．

④ 赵世瑜．从本土经验提炼中国传统节日［J］．节日研究，2015（10）．

视角的考察》等研究成果。[①] 即使没有完全读过这些文章，我们从这些文章的题目也可以看出，在2007年和2008年之后，传统节日研究成了各种研究方式的试验田，历史学、民族学、民俗学、传播学、对外汉语、符号学以及社会学等纷纷介入其中。张士闪的《"鬼节"与"鬼节"》一文涉及了"中元节"，他认为在这个节日中寄托了人们"常在常新的生命情感与生活愿望，并在千百年间凝聚为一种群体意志"[②]，真正做到了"还节日于民"，在民众的历史逻辑中解释节日，的确是非遗观念的典型体现。另外，2006年以后，山东省旅游局在节日的"非遗观念"的指导下，开展了为期5年的"好客山东贺年会"活动，将民众对春节的观念、民俗与符号作为旅游产品进行开发，取得了巨大的成功。[③]

在2007、2008年后的中国节日研究中，节日作为一种珍稀资源，其保护性已鲜有人提及。但非物质文化遗产作为一种观念在传统节日研究中从未缺席，传统节日研究这种百花齐放的状态本身就体现着非遗观念的社区性理念。

---

① 洪尚郁. 中国传统节日的特点[D]. 北京：中央民族大学，2009.
萧放. 中国传统节日资源的开掘与利用[J]. 西北民族研究，2009(2).
罗泽荣. 唯物史观视域下中国传统节日文化研究[D]. 长沙：湖南大学，2004.
光映炯，张晓萍. 基于旅游人类学视角的民族节日传承与发展——以西双版纳傣族"泼水节"为例[J]. 中南民族大学学报(人文社会科学版)，2010(1).
周文. 传统节日：文化、仪式与电视传播[J]. 中国地质大学学报(社会科学版)，2010(5).
萧放. 传统节日的复兴与重建之路[J]. 河南社会科学，2010(2).
张勃. 当前语境下传统节日的困境与出路——兼及建构新兴节庆活动的一点思考[J]. 山东社会科学，2011(3).
陈勤学. 中国传统节日春节的视觉符号研究[D]. 苏州：苏州大学，2011.
郭讲用. 传统节日仪式传播与信仰重塑[J]. 当代传播，2012(4).
张丽丽. 中国传统节日与对外汉语文化教学[D]. 郑州：郑州大学，2013.
李军全. 民俗节日与革命动员：华北根据地、解放区乡村社会中的春节[J]. 党史研究与教学，2014(1).
冯骥才. 传统节日，我们共同的日子[J]. 民俗研究，2015(1).
王加华. 传统节日的时间节点性与坐标性重建——基于社会时间视角的考察[J]. 文化遗产，2016(1).

② 张士闪. "鬼节"和"鬼节"[J]. 节日研究，2012(6).

③ 参见陈国忠《"好客山东贺年会"的体系构建与人文承载》，张士闪、李海云《春节文化的价值传承与形式创新》，耿波、董超君《"我们的节日"：年节的民众觉醒与社会培育》，三文均载《节日研究》2011年第3期。

## 三、从非遗到传统文化:节日研究该往哪儿去

因此,正如以上所言,非物质文化遗产观念对中国传统节日研究的影响是显而易见的,而且是长远的。就道理来说,非物质文化遗产运动是“外来的”,它产生于《保护非物质文化遗产公约》,为什么它能对两代学者都产生深刻影响呢?

其实,非物质文化遗产运动虽是外来的,但有其根由。当代中国的两桩文化大事其实是相互叠加的,一桩是开始于1979年并完成于2009年,时间跨越卅年的“十大集成”;另一桩则是开始于新世纪初,至今在中国已走过十余年的“非物质文化遗产运动”。在前者即将完成的五六年间,非物质文化遗产运动正在兴起。然而,二者的关系是什么?

较少有人追问这个问题,这在很大程度上是因为两班人马缺乏交集(前者以“民族民间文艺中心”为载体,后者则是由文化部非遗司推进),但不少人还是发现了两者之间是有联系的。祁庆富注意到了这个联系,正如祁先生所言,中国民族民间艺术的“十大集成”运动,就是中国的非物质文化遗产运动![①] 如果这一观点是成立的,那么,非物质文化遗产运动就不是外来的问题,它本就是中国传统文化的一部分。在“十大集成”以前,中国传统文化中本就有“振木铎以采风”,它将那些散落在民间不能被古人书写记录下来的“非物质文化遗产”采编而来,这无疑就是非物质文化遗产运动的先河。

因此,作为“外来”的“非物质文化遗产”在中国传统文化中到底是什么身份与位置,是我们必须解答的问题。非物质文化遗产在中国传统文化内部具有传统,这应是非物质文化遗产在中国知识分子群体内部获得认同并广泛流传的原因。

然而,非物质文化遗产既然是中国传统文化中本身就有的东西,这就不得不使人发问:非物质文化遗产所代表的那部分是否与士人所代表的、书写于纸面的精英文化相应呢?答案显然是否定的!在此意义上,非物质文化似乎意在指向非精英的、口头的、以“人”为中心的传统。

---

① 祁庆富.论非物质文化遗产保护中的传承及传承人[J].西北民族研究,2006(3):121.

既然如此，那么，2017年所发生的事无疑就与非物质文化遗产运动密切相关了。2017年1月，中共中央办公厅、国务院联合发布了《关于实施中华优秀传统文化传承发展工程的意见》（以下简称《意见》），这无疑是中国传统文化当代发展的大事。这个文件的发布出现于当代中国正日益步入全球中心、逐渐成为强国的背景下，因此有其特殊的意义。这个文件的政治意义超越于文化意义。在这个文件中，令人关注的地方是，"传统文化"前的"优秀"二字：对非物质文化遗产而言，注重文化的社区性、整体性以及以"人"为中心，文化无分优劣；但在《意见》中，则在传统文化前面加上了"优秀"二字，这就将文化区分出了高低优劣，仅此一点，我们就可看出《意见》与非物质文化遗产的区别。

在《意见》的任务实施部分，六条实施任务中，"保护文化遗产"是任务之一。而关于非物质文化遗产，其中有"实施非物质文化遗产传承发展工程，进一步完善非物质文化遗产保护制度。实施传统工艺振兴计划"。非物质文化遗产与中华优秀传统文化是什么关系？两者是否为包含关系？如果非物质文化仅是优秀传统文化的一部分内容的话，那么，优秀传统文化如何落实下去呢？这些问题需深入探讨，而不是简单判定。

非物质文化遗产应是传统文化的落实，而不是其中一部分。我们且看"非物质文化遗产"的定义："非物质文化遗产是指各群体、团体，有时为个人所视为其文化遗产的各种实践、表演、表现形式、知识体系和技能及其有关的工具、实物、工艺品和文化场所。"因此，从文化归属的角度而言，非物质文化遗产的实践性较强，与之相对，"传统文化"则精神意味更浓厚一些。如在《意见》中谈及"优秀传统文化"的内容时，认为"开展以天下兴亡、匹夫有责为重点的家国情怀教育""开展以仁爱共济、立己达人为重点的社会关爱教育""开展以正心笃志、崇德弘毅为重点的人格修养教育"，而"家国情怀""社会关爱""人格修养"在非物质遗产运动中都有所体现。我们说，非物质文化遗产应是传统文化的实践部分，确切而言，指它是一种"活生生"的传统文化，它在人的视、听、言、动中，并且随着具体的形势状况而变动。与之相比，《意见》所说的传统文化，则相对较为空泛。

非物质文化遗产是中国传统文化的实践部分，《意见》对这一点并未给予考虑，而是将之作为一部分。追究原因，这与中国传统文化的深层性格相关。《礼记》有云“礼不下庶人，刑不上大夫”。这种阶层之间相睽违的情形，中国传统文化却将之长久地保存下来。这导致了所谓民族民间文化，或非物质文化遗产，丧失其话语权；相反，那些能书写下来的传统文化倒是能够流传后世，更具话语权。《意见》作为政治的作品，它对文化的谈论只能是精英文化的，所以在《意见》中，“文化”和我们日常生活的“文化”是相差甚远的。

然而，在2017年发布《意见》后，中国传统节日文化研究该往何处去？

中国的学术研究与政治是高度同步的。从2007、2008年以来，中国传统节日研究受非物质文化遗产观念的影响是深刻的，但在《意见》发布后，中国节日研究该往何处去呢？现在《意见》还没有如非物质文化遗产运动一样，形成官方的推动机制，但在十九大后，传统文化的推动力度必定会加大，这是可以预料的事。在此情况下，从2007、2008年以来，沐浴在非物质文化遗产运动阳光下成长起来的一代学人，他们会不会无法接受呢？

我们的担心并不多余。在《意见》刚刚发布的2017年，1月份就出现了黄启哲的《让传统节日传播中华美德》、萧放的《文化复兴与传统节日的回归》、王廷信的《节日民俗与中国传统艺术精神的形成》以及杨定明的《文化自信视阈下传统节日的德育功能探析》等一系列文章①，学界中将中国传统节日与抽象的传统文化精神相联系的研究风气渐厚，但将传统节日与传统文化关系真正说明白的却不多。因此，与前几年传统节日研究向“下”说、较多是考察传统节日与人们日常生活关系相比，传统节日研究向“上”说的趋势逐渐增强，整个节日研究的质量在降低。

中国传统节日中蕴含着“道理”，这是不言自明的，但这些“道理”是否就是《意见》中所谓的“优秀传统文化内容”？比如中国的春节，磕头拿红包固然能体现敬老，但守夜又体现的是什么呢？在北方的农村中，春节到了，年三十一家人忙完之后，要守夜，面对着红红的炉火，万籁俱寂，长辈有一搭无

---

① 黄启哲．让传统节日传播中华美德[N]．文汇报，2017－01－29．
萧放．文化复兴与传统节日的回归[J]．中国德育，2017(2)．
王廷信．节日民俗与中国传统艺术精神的形成[J]．中国文艺评论，2017(2)．
杨定明．文化自信视阈下传统节日的德育功能探析[J]．佛山科学技术学院学报(社会科学版)，2017(2)．

一搭地说着陈年累月的事情,小辈则哈欠连天地听着,这里边又有什么样的精神呢?这些年来,电视的普及使得春晚占据了我们守夜的时间,一家人高高兴兴地坐在电视机面前看电视,这又能有什么道理呢?因此,传统节日是“活”的,是生态的,而不是抽象概念和精神的箩筐。

(原文发表于《枣庄学院学报》2018 年第 11 期,有改动)

# 第五编

# 农民画与铜鼓：相同的结论

贰拾壹

# “世界性命运”视角下的民间艺术与农民画

## 一、海德格尔对农民守护“世界性命运”角色的谈论

谈民间艺术,也许首先要提出的问题应是:农民为什么需要艺术?通常认为农民作为体力劳动者,应该与“艺术”相隔较远。所谓“艺术”,其在农民的日常生活中,“功能”的意义超过“精神”的意义,“艺术”更多是作为农民祭祀的功能性工具。当下,这也构成了国内对民间艺术的主调。

是否真的如此,我看其实未必。“农民”一词出自《谷梁传·成公元年》:“古者有四民。有士民,有农民,有工民,有商民。即士农工商四民。”北齐颜之推在《颜氏家训·勉学》中则有:“人生在世,会当有业,农民则计量耕稼,商贾则讨论货贿。”这说明在我国,“农民”的观念极其古老。新中国成立后,“农民”从拥有土地的一分子,然后到“农业合作社社员”,再到“人民公社社员”,直到20世纪80年代以后,变成具有重要政治意味的农民阶级。“农民”不管如何改变,他们与大自然相处日久、以朴素的原始信仰为精神核心的本质特征并没有改变,我们也是从这个意义上来谈论农民。

农民为什么需要艺术?在农民作为大自然常伴相守的意义上而言,实际上,古往今来,世界各地的农民具有共同性。与官僚、知识分子、商人等其他各阶层相比,农民的生活方式的确是独特的。然而,我们除了熟知农民的生活方式以外,对他们还知道什么呢?

对“农民”我们应该形成新的认识。在西方哲学家中,海德格尔对“农民”生活情有独钟。海德格尔晚年常居于黑森林中的小木屋,一个远离城市的所在,是与大自然最近的地方,这使得海德格尔对“农民”的生活方式有了真切的体认。在一篇写作于1933年的小文章中,海德格尔谈到了自己在大自然中认识到的生活和农民。

这篇文章颇为奇特,它虽然是散文体,但却谈的是哲学问题。这篇文章的名字为《充满生机的风物:为什么我们留在小地方》。文章的开头很奇特:“海拔1150米,在南黑森林一片开阔的高地的陡坡上,有一所小小的滑雪屋。小屋的地基宽6米,长7米。低矮的屋顶下面分出三个房间:厨房,卧室和书房。在对面同样陡的坡地上以及两坡间狭窄的谷地里稀稀拉拉地散落着屋檐极力向外凸起的农舍。沿着坡地上去,高山草原和牧场伸展着,一直伸展到长满杉树的森林,古老,高耸入云,色彩幽深。上面是夏日明净的天空,两只苍鹰在明媚的阳光下大回转地翱翔。”[①]这个开头让我们想起海德格尔在赏析古希腊神庙时所说的“建筑屹立于此”。这个开头和我们观察一般农舍的角度有别,我们通常的看法是越看越“真切”,也就是越看越小,从高天、大山到山隙、森林,然后是森林中的木屋;但在海德格尔的描述中,一切都反过来了!这个描述改变了我们看待农舍的角度,也就是给了我们一种新的看待农舍的方式。

这种新看法的核心,就是从“具体”的农舍去领悟它所置身其中的宏大的“世界性命运”[②]。何谓“世界性命运”?海德格尔在《艺术作品的本源》中说过这样的意思,他说:“一个建筑,一座希腊神殿,没有摹写任何东西。在岩石裂口的峡谷之中,它纯然屹立于此:这一建筑包含了神的形象,并在此遮蔽之中,通过敞开的圆柱式大厅让它显现于神性的领域。凭此神殿,神现身于神殿之中。神的这种现身是自身作为一种神圣领域的扩展和勾勒。然而,神殿及其围地不会逐渐隐去进入模糊。正是神殿作品首先使那些路途和关系的整体走拢同时聚集于自身。在此整体中,诞生和死亡,灾难和祝福,胜利和蒙耻,忍耐和衰退,获得了作为人类存在的命运形态。这种敞开

①② 海德格尔. 充满生机的风物:为什么我们留在小地方[M]//思的经验(1910—1916),陈春文,译. 北京:人民出版社,2008.

的相联的关系所决定的广阔领域，正是这种历史的民众的世界。只是由此并在此领域中，民族为实现其使命而回归自身。”[①]“世界性命运”很难说清，如果一定要说，那应是超越了当下具体事情的最大的尺度。它发生于人世间而无逾于人世，它不是信仰而是人们暗中遵行的准则。它是典型形态的“聚集”，是时间、空间、人事等所有的聚集，非常类似于博尔赫斯所说的那个“神秘的小球”。农民对它知而不能表达，但我们太多人并不能领悟。

在文章的后面，海德格尔讲自己的哲学工作等同于农人的工作，并且进一步对这种工作的情形进行描写：“我是在大的季节起伏中经验它每个小时的变化，经验它昼夜交替的变化。厚重的山脉，山脉原始岩石的坚韧，缓缓生长着的杉树，山地原野开满鲜花的明媚而又肃穆的壮丽，在辽阔的秋夜中山溪的流水潺潺，深雪表面严格的单纯，所有这一切景象都涌入脑际，润入心田，在那上面，与它们的交相激荡贯通了日常此在。”[②]然后，他说：“在冬天的深夜，当猛烈的暴风雪铺天盖地地袭来，在小屋周围打着旋儿怒号，然后，哲学的高潮就到来。”[③]海德格尔在此将一种精神性的探索和创造与农民等同，认为两者在察知并投身“世界性命运”的意义上是一样的。这的确是个大胆的判断。

下面部分是海德尔格尔进一步谈及这种“世界性命运”中人的情态。当人在这种“世界性命运”中时，人似乎显得无话可说，“当我有时在傍晚劳作的间隙与农人们围着炉灶坐在一起或坐在神龛下的桌旁时，我们通常一言不发。我们沉默地抽着我们的烟斗。其间也许偶尔蹦出一句”[④]。在真正沉浸到这种“世界性命运”中时，人们似乎无话可说，其实并不是没什么说的，而是因为他人已经知晓或领悟。然后，海德格尔谈到了“农人”或“哲人”，总之是山里人的“孤寂”。城里人不能理解，为什么“山里人”能这么长的时间可以待在这么寂寞的环境中，但海德格尔说“不对”。他说：“因为孤寂具有母于自己（ureigene）的力量，它不是把我们分成单个的人，而是把整个此在

---

① 海德格尔. 艺术作品的本源[M]//诗·语言·思. 彭富春，译. 戴晖，校. 北京：文化艺术出版社，1991：12.

②③④ 海德格尔. 充满生机的风物：为什么我们留在小地方[M]//思的经验（1910—1916），陈春文，译. 北京：人民出版社，2008.

放归一切风物之本质的宽阔的近旁。”[①]“本质”是什么,我们暂且不去追究,但此处提及的“广阔”其实是对“世界性命运”的恰切概括。

在这“宽阔”的“世界性命运”中,人看上去是“孤寂”的,但人在本质上又是在“缘在”中的。海德格尔在这篇文章中,向我们讲述了一个年老农妇对他的怀念。两人没有任何利益上的往来,但这个年老的农妇,在临死前的一个小时,还让人替她向“教授先生”问好。她在临死前的一夜,还在与她的亲属热切地谈话,好像“死亡”并不是什么可怕的事情,而是等待她赴约的盛会。在农妇的世界中,“死亡”其实应是“世界性命运”的一部分。

在文章的最后,海德格尔劝我们现代人(城里人)应给这些“山里人”适当的距离,“尊重他们简洁、坚韧的此在”,我们对他们过于接近或干涉,所破坏的将是几十年甚至上百年才积累起来的东西。

海德格尔通过调整我们看待农民的眼光,指示我们思索“农民”对“世界性命运”的独特角色。近现代以来,农民日益变为政治团体中的一部分,我们对农民的看法变得日益狭隘终至于错误,在此意义上,海德格尔的看法极具现实意义。按照中国古典的划分,士、农、工、商,知识分子、工人与商人,甚至包括官僚阶层,他们对“世界性命运”的遗忘速度是惊人的,这是因为在他们生活的世界中,很少出现具有“宽阔”的时刻,而在农民的世界里,他们与大地相伴而生的生活方式,决定了他们“宽阔”的时刻要更多。

## 二、“世界性命运”影响下的艺术观与民间艺术

在此意义上,我们在回答“农民为什么需要艺术”这个问题时,就可以这样回答:艺术是农民之“世界性命运”领悟的表达。对这个问题的深入讨论,我们应提及海德格尔怎么看待“艺术”,这部分内容集中在他的《艺术作品的本源》一文。

《艺术作品的本源》(以下简称《本源》)是海德格尔在1935~1936年发表的演讲,这篇文章距离他上一篇谈论农民的文章(1933年),前后相隔一两

---

① 海德格尔.充满生机的风物:为什么我们留在小地方[M]//思的经验(1910—1916),陈春文,译.北京:人民出版社,2008.

年，因此，我们完全有理由追溯“世界性命运”这篇文章中的回响。

《本源》这篇谈论“艺术作品”的文章，却从“物”开始，这迥异于通常谈论“艺术作品”的文章。海德格尔论述三种“物”的观念——“纯然之物”“质料—形式之物”“器具之物”，对前两种“物”的观念，海德格尔认为与“艺术品”无甚关联，有关系的只有“器具之物”：艺术品首先是作为“器具”的人工制品。

器具先要看其“器具性”，也就是它的可用性。器具是可用的，在器具的使用中，器具的可用性日渐耗去，但是，海德格尔认为，器具的可用性在被消耗的同时，却有新的东西产生了，于是就有了下面有名的一段叙述：“从农鞋磨损的内部那黑洞洞的敞口中，劳动者艰辛的步履显现出来。这硬邦邦、沉甸甸的破旧农鞋里，聚积着那寒风料峭中迈动在一望无际的、永远单调的田垄上步履的坚韧和滞缓。鞋皮上粘着湿润而肥沃的泥土。夜幕降临，这双鞋底在田野小径上踽踽而行。在这农鞋里，回响着大地的无声召唤，显示着大地对成熟谷物的宁静馈赠，表征着大地在冬闲的荒芜田野里朦胧的冬眠。在这鞋子上也浸透着对面包的稳靠性无怨无艾的焦虑，以及那战胜了贫困的无言喜悦，隐含着分娩阵痛的哆嗦和死亡逼近时的战栗。”①器具的可用性在消失的同时，却将使用者对此器具使用的所有时间、空间与过程，都刻写在器具上。

然而，“刻写在器具上”又意味着什么呢？海德格尔指出，这种“刻写”首先是“凝聚”。器具在使用中，可用性的失去意味着“凝聚”，那么“凝聚”又是什么意思呢？海德格尔说：“正是神殿作品首先使那些路途—关系的整体走拢同时聚集于自身。在此整体中，诞生和死亡，灾难和祝福，胜利和蒙耻，忍耐和衰退，获得了人类存在的影响和过程。”②器具作为“凝聚”，这在通常的器具中也许并不太明显，但在艺术作品中就比较明白了：艺术作品总要构造自己的一片天地，有背景、人物、情节和事件，艺术作品向我们展示了它之天地的一部分，而更加广阔的天地不能全部显现出来，尽管如此，读者仍能

① 海德格尔. 艺术作品的本源[M]. 诗 · 语言 · 思. 彭富春，译. 戴晖，校. 北京：文化艺术出版社，1991：35.

② 海德格尔. 艺术作品的本源[M]. 诗 · 语言 · 思. 彭富春，译. 戴晖，校. 北京：文化艺术出版社，1991：12.

够知晓,我认为,这就是艺术作品的"凝聚"义。

在作品作为"器具"之"凝聚"义全部被我们所获知时,海德格尔认为这就是作品的"世界性"结构。"成为一作品就是建立一世界。"①他进一步用古希腊的神庙说明了这种建筑的"世界"是什么意思:"屹立于此,建筑顶住了其上凶猛的暴风雨,同时也首先使暴风雨自身显现了其暴力。岩石的光泽和闪光,尽管它似乎只靠太阳的恩惠,但首先使它进入光明的是白昼之光,天空的宽广和夜色的黑暗。神殿坚固和耸立,使不可见的大气的空间成为可见的。作品的坚固性反射着海潮拍岸的巨涛,而它自身的宁静则显示出了海洋的凶猛。树木和野草、鹰和公牛、蛇和蟋蟀,首先进入它们确定的形态,因此显示出它们所是的东西。"②我认为,在此,他所说的乃是古希腊神庙的"世界性"的意义,也就是人与神的世界展现广阔的部分。在此意义上,海德格尔为艺术作品的理解贡献了极其重要的思路。从柏拉图开始,我们通常将艺术作品看作现实的反映,是比现实还低的"另一现实"。这种"模仿论"的观念在西方艺术史上很有市场,但海德格尔指出,艺术作品不仅不是现实的模仿,而且它要比现实世界宽广得多。在诸神消失了以后,我们在世的意义,要从此被赋予新的意义。从这个角度而言,海德格尔所说的"世界性",其实与王国维的"境界"说同调。

然而,事情还不仅至于此。在上面所引述的一段话的后面,海德格尔说:"古希腊早先称这种在自身和在所有物中出现和产生为 physis(还有创造意味的自然)。它澄明和启示了人靠何和在何之中,建立其居住。我们称这种基础为大地。"③也就是说,这个"世界性"的广阔并不是终极的意义(这是它超出于"境界"说的地方),它"澄明和启示了人靠何和在何之中"。事实上,从20世纪30年代开始,海德格尔就从先前《存在与时间》单向递进的方式转变为"相互牵引"的策略,即总要为一个主题找到它的相对者,比如为"真理"找到"非真理"、为"时间"找到"空间"、为"存在"找到"语言"、为"当前(在场)"找到"历史"、为"思想"找到"技艺",等等,以便让两者在交相辉

---

① 海德格尔.艺术作品的本源[M].诗·语言·思.彭富春,译.戴晖,校.北京:文化艺术出版社,1991:44.

②③ 海德格尔.艺术作品的本源[M].诗·语言·思.彭富春,译.戴晖,校.北京:文化艺术出版社,1991:12.

映中进入缘构成的(ereignende)境域,从而引发出超形而上学的纯思想意义。海德格尔认为,与作品作为“器具”所开启的“世界性”相对的是“大地”。这个“大地”非常难理解,海德格尔为此还强调,“此词所说不相关于其它沉积的物块的观念,也不只是相关于行星的天文学观念。大地是一切敞开者向其敞开之地并且作为这样一种敞开者回归之地,在敞开者中大地作为庇护者而现身”①。“作品回归之处和在这种自我送回中所显露的,我们称之为大地。大地正是显现和保护之地。大地,自我独立,无所促迫和不屈不挠。立于大地之上并在大地之中,历史的人们在世界中奠定了其居住。通过建立世界,作品显现了大地。这里所谓的显现,此处必须用其严格的语义。作品使大地进入到世界的敞开之中,并使它保持于此。作品使大地成为大地。”②大地,乃是双重的敞开:作品的“世界性”呈现是第一重敞开;此敞开必有一回归,这“回归”不是封闭,乃是回归本源之地的敞开。“世界性”的回归与“大地”的崛起之间,构成了本源的冲突。

这种“世界性”与“大地”的本源冲突,就是海德格尔意义上的“真理”(……)。真理本质上乃是敞开,乃是遮蔽的敞开。艺术作品作为一人工制品,在本质上是“真理的自行设入”,也就是说,艺术作品就是“世界性”与“大地”的争斗的“罅隙”(Riss)。海德格尔的结论是:“世界是在历史性民众的命运中,简单和基本决定的宽阔道路的自我显露的敞开。大地是那永久的自我归闭者及其庇护者的无所迫使的显现。世界和大地相互根本不同但又不可分离。世界建基于大地,大地通过世界伸出。……世界和大地的对立是一种抗争。……作品怂恿这种抗争。”③

真理就是“世界”与“大地”的本源性冲突,艺术是真理的自行设入,这就是海德格尔的结论。在这篇文章中,海德格尔没有谈及这里的“诗人”(艺术家)的社会身份问题。但是,联系到这篇文章与前边同为描画农民的文章前后相距不远,其实我们有理由联想“农民”这个结论中的优先性。“农民”即是处在“世界性”命运中的人,根据海德格尔的说法,“艺术”是“世界性”与

---

①② 海德格尔. 艺术作品的本源[M]. 诗·语言·思. 彭富春,译. 戴晖,校. 北京:文化艺术出版社,1991:12.

③ 海德格尔. 艺术作品的本源[M]. 诗·语言·思. 彭富春,译. 戴晖,校. 北京:文化艺术出版社,1991:48.

"人地"的本源冲突,那么,在农民所创造的艺术中(即民间艺术),必是有海德格尔意义上的"本源中途",即真理的发生。这个推测对不对呢?我们就来看看中国的民间艺术。

中国民间艺术品类纷繁浩佚,源远流长,但就其构图心理而言,我觉得还是王朝闻先生在总结金山画家时说得最为到位:"农民从自己的爱好和兴趣出发,画他们头脑里的东西。农民画家阮四娣说:'我的画笔是随心走的';画画为了好看,画最'有趣'的画。这些话很有道理,传统艺术论不是有'言为心声'的论点吗?"①中国民间艺术与现代绘画总体的区别,就在于民间艺术是去画自己觉得"好"的东西,而现代绘画则要画出眼前所见。

但这样会产生进一步的问题:在有限的时空之中,就是所谓民间艺术作品的"边框"中,农民之"爱好"与"兴趣",也就是他们"善"的意志是非常充沛的,他们最终的目的是要"填满"时间或空间。对于民间文化而言,它与精英文化的最大区别正在于后者是缺乏克制的,总要在有限的时空中表达完整。但问题是:在有限的时空中,这种"善"的意志所产生的"材料"怎么摆布才是最理想的呢?

在民间艺术中,因为所出现的艺术意象不限于眼睛所见,往往出自心灵所想,一个作品中常常是呈现着极强的宇宙整体意识的。比如在广西的铜鼓上,就刻上了日、月、星辰,人间的祭祀场景,以及人死后在地狱中受苦的场景。在山西的剪纸中,蝙蝠、梅花鹿、松树等表达祝福含义的意象悉数被剪在里边,如此等等。所以,对民间艺术而言,不仅仅是艺术家"善"的意志非常丰沛,而且在这些民间艺术感兴趣的意象中,还不是一个层次的东西。所以,在民间艺术作品中,天然地就有"本源冲突"的含义在里边。

从造型上来看,如此多的信息"聚集"在有限的时间和空间中,我们发现,中国民间艺术创造了"S"形的摆布方式。正如有的学者指出的,"从原始艺术到今传民间艺术,阴阳八卦观念一直是造型的哲学基础。"②而阴阳八卦观念,从造型上来说,最核心的形式就是"S"形。"S"形其实并不是简单的形

① 王朝闻.总要选最有"趣"的画[J].文艺研究,1983(10).

② 海德格尔.艺术作品的本源[M].诗·语言·思.彭富春,译.戴晖,校.北京:文化艺术出版社,1991:45.

状，我们仔细看会发现，“S”形正是黑、白双鱼冲突共存形成的形状。所以，从“S”形的角度考虑，民间艺术的“本源冲突”更是典型的特征。

海德格尔指出，艺术即使“真理自行设置入作品”，就是“世界性”与“大地”的“本源冲突”发生于作品中，我们看到，绝大多数的民间艺术正符合海德格尔对艺术所下的定义。事实上，依据海德格尔的观点，农民作为“世界性命运”的涉入者，在他们的世界中，“世界”与“大地”的冲突是永恒的，而只有艺术才能使此澄明现身。

## 三、从民间艺术到“农民画”是否有所改变?

“农民画”是民间艺术的一种特殊形态，开始于1958年中国陕西户县。郎绍君先生在《论中国农民画》中对“农民画”有详细的论述。其中，他为“农民画”下过这样的定义：“农民画不是自生自灭的自发性民间艺术，而是经过政府文化机构组织扶植起来的、以宣传为主要目的的‘群众艺术’。”[①]这个定义非常恰切。“农民画”与民间艺术的根本区别就在于，“农民画”是政府文化机构组织扶植后来又加上精英文化的培养而形成的艺术形态。它缺乏民间艺术的自发性，完全出自人们与主流意识形态的配合。郎绍君先生认为：“中国的农民画是主流文化与民间文化交互作用（通过辅导中介）的产物，是一种亚民间文化”[②]。

“农民画”属于亚文化，由此我们产生一个问题：农民画是否就是二流民间绘画？在从民间艺术发展到“农民画”的过程中，是否有新的东西产生了？

“农民画”是诞生于农民被“辅导”的背景下的一种艺术形式。然而，这种“辅导”本身是在变化的。在农民画刚刚诞生的户县农民画时代，按照户县农民画的骨干人物丁济棠在《我们是怎样在工地上举办农村美术训练班的》一文中的记载：“一开始，我们也是按教学原则进行的。首先，美化了农民工的环境，还复制了两套宣传画在工地进行了宣传，每天也坚持参加半天劳动，为水库工程也创作了一些画，但起的作用不大。……当时劳动和创作是分割的，劳动时光是劳动，上课全在屋内，创作形成了闭门造车，画出来的

①② 郎绍君．论中国农民画［J］．文艺研究，1989（6）：115．

画大部分与水利工程关系不大,几乎全部都是想象,就这样我们还觉得不错。"①可以肯定,户县农民画的最初阶段,必然是按照美术教材施教的。"早饭后施工所阎部长来到训练班给我们建议,要到工地上去学习,他说:'到工地去才能学到真正的东西。'我们接受了他的建议,立即按工地情况将学员分成小组,深入工地边劳动边了解新人新事的材料。到中午收工时,每个学员有了解了一个材料的,也有已了解三个材料的。……就这样,不到 15 天,就创作了 200 多件,而且质量也并不低。"②这是户县农民画初期的情形。可以肯定:在画法上,丁济棠他们的教法肯定是学院派的;在内容上,反映的是人们当下的劳动生活。可以说,从 1958 年到 1976 年,户县农民画运用学院派的画法,展现着社会主义的劳动场景,持续了十几年时间。

然而,到了 1977 年,在粉碎"四人帮"后,户县农民画遭遇了上海金山农民画,后者对其在十几年间所形成的农民画观念产生了极大的挑战。

金山农民画的推动者是县文化馆干部吴彤章。事实上,早在 1958 年,江苏邳县农民就配合大跃进运动,产生了一批农民画;在吴彤章看来,户县农民画"主题强调为政治服务,构图追求'高、大、全',人物造型要求准确精细。……他们的作品送京展览之前,都请陕西省的专业画师和美院教师一一把关,进行辅导或提高加工。这样的农民画不是一般的农民能够画出来的"③。而吴彤章的辅导方法却与此有别:"我当时就有一个想法,农民画一定要植根于泥土,在民间艺术深厚的基础上,推陈出新,才具有强大的生命力。"④"辅导老师首先应该肯定她们(金山农民画的作者以妇女为主)的'瓶'里都装着极好的'酒',然后想方设法把瓶盖子打开,让酒痛痛快快倒出来,而无需把自己的'酒'灌到她们的瓶里。要找到打开瓶盖子的方法,就要有一个了解和熟悉农民生活、情感、审美习惯、审美理想和趣味的问题;从而懂得她们的艺术语言,帮助她们把语言说清楚,说得美。也就是说,随着农民的艺术想象,因势利导地给予某种补充,才是有益的,千万不能'代劳'。"⑤

肯定农民的主体性,让他们从自己的所思所想出发来画画,金山农民画

---

① 李琰君. 中国户县农民画史略[M]. 西安:陕西人民美术出版社,2008:12.

② 李琰君. 中国户县农民画史略[M]. 西安:陕西人民美术出版社,2008:12 - 13.

③④ 吴彤章. 吴彤章口述历史[M]. 上海:上海书店出版社,2016:91.

⑤ 吴彤章. 吴彤章口述历史[M]. 上海:上海书店出版社,2016:113.

的这种辅导方式在全国产生了极大的影响,并且有力地冲击着户县农民画的辅导模式。事实上,金山农民画的辅导和创作方式成为其后中国农民画的主流。

在这种辅导模式之下,许多上佳的作品产生了。比如金山农民画中的《迎新客》(张新英)、《厨房一角》(张新英)、《网中鱼》(陈木云)、《养鸡场》(陈木云)、《鹊桥相会》(陈德华)、《四季春》(曹金英)等。王朝闻先生对《网中鱼》特别赞赏,说:“画面上群鱼的行走方向和相互关系的结构,使我直觉地联想到纺轮那种旋涡形的纹饰。基本形接近在静止中显示了动势的太极图的这一画面。没有在强调鱼群的紧张时,去画鱼的跳跃,而是让鱼儿们的走向构成了旋涡形。尽管画面上没有画人,但我分明感到捕鱼人的兴奋心情和喜悦心情。”[①]王朝闻充分肯定的“旋涡形的纹饰”“动势的太极图”这一特征,不正是民间艺术所特有的识别特征吗?

所以,通观1958年至今的农民画,我们明显感到农民画从倾向于表达政治意图的图画转变为民间艺术的发展过程,尤其是随着20世纪八九十年代市场经济兴起,西方艺术标准进来后,中国农民画的倾向就越发明显了。

但这样一来,问题就来了:难道中国“农民画”是二流的民间艺术吗?或者说,“农民画”如果作为民间艺术的一种特殊形态,官方文化影响或“辅导”对此没有任何影响吗?我认为,对于农民画,如果只是将它与民间艺术等同,而无视它们之间的差别,实际上不能把握其核心特征。蒋齐生先生在他的《调查报告》中发表了颇有见地的看法,他说:“不从政治与艺术的统一上看问题,就不能理解农民画。仔细看户县农民画,人们会发现它们浓厚而扑鼻的社会主义生活气息中散发着纯朴、亲切、诱人的乡土风味。民间的木版年画、剪纸、刺绣、箱子柜子画、风俗等等的某些特色演化在里面。在人物造型上,正像刘群汉(户县农民画辅导者之一)所说,人们可以看到形似陕西皮影戏造型上那种强烈的概括性。”

政治或精英文化对“农民画”的“辅导”所显现的影响,与民间相比,其实很难辨别,甚至,很多“农民画”比真正的民间艺术还像“民间艺术”!但仔细辨别,我们仍能看出两者的差异。

---

① 王朝闻.总要选最有“趣”的画[J].文艺研究,1983(10):94.

如前所指出的,在海德格尔的解读视野中,农民是"世界性命运"的守护者,他们能体悟到"世界"对"大地"的"本源性冲突"但不善于表达。民间艺术是这种"本源冲动"之领悟的表达。在民间艺术中,农民"善"的意愿最后以"S"形的形态被展现出来,其实是农民本源冲突的表达。

然而,在现代化进程中,农民作为"世界性命运"的守护者的角色发生了天翻地覆的变化。首先,政治与农民的关系在发生变化。在古典时代,农民的政治性并没有得到凸显,但在现代化进程中,尤其是在中国,农民却成为政治的主角;农民从历史遮蔽处站到了中心,这造成了农民集体对"世界性命运"感受的弱化。其次,现代经济进程对农民的影响更大。郎绍君先生在20世纪80年代曾观察到,"当前的情况是,那种政治扼制力和相应的工具性已大大退隐,农民画创作既可以充分靠近既往的民间艺术传统,又可以充分借鉴外来因素。但商品性给它危机:复制与俗化,而这又恰与艺术的目的相悖"[①]。郎先生的观察是敏锐的,20世纪80年代中期后,随着民俗旅游的启动,越来越多的农民开始成为"专职"的农民画家,开辟批量化生产,画作中的精神气象盖然不见。其实,相比政治,经济对农民的劝动力量更大。从20世纪80年代中期开始至今,我们看到,"农民画"已经深深卷入全球化的艺术生产中。在此情况下,我们要问:农民对自己的"世界性命运"还可能有所领悟吗?

伴随对"世界性命运"的领悟越来越薄弱,我们可以看到在农民画中出现了很多微妙的变化,这种变化体现在三个方面:

第一,作品在总体构型上,日趋细碎,缺乏构型中的主体语言,越来越远离民间艺术。民间艺术的构型不同于西方的焦点、透视,自有其独特的构型,就是"S"形结构,以此形成巨大的"冲突"语言。但在现代农民画中,尤其是在20世纪90年代以来的作品中,很多画作在铺排其中的绘画意象时,并不能领悟自己所铺排意象的"冲突"关系,而是将之东一摊、西一摊地"铺"在画面上,缺乏画作的匠心。现在人们将"农民画"称作"东方毕加索",这个名称有很大的误导性。毕加索的画作意在探索三维空间和二维空间的关系,其画作缺乏"本源性冲突"的主体语言,而中国的民间艺术则是有此意涵的。

① 郎绍君.论中国农民画[J].文艺研究,1989(6).

这种总体构型上的细碎化、随意化,其实应是政治与精神文化“辅导”的结果,它们能告诉农民“怎么画”,但对“世界性命运”的感受却没法教,这正导致了这种现象。

第二,作品在画作内容和形式上,日趋定型与陈旧,缺乏对新时代、新问题的应对。民间艺术保守不保守?保守!然而,民间艺术在主题上所传达的美好、祝愿、赞颂等,其实是人们永恒的追求,它为人们在封建专制下能够幸福地生活下去提供近乎宗教的信仰。在新时代再来看中国农民画就会觉得有问题:已经步入现代化进程的中国,除了新中国成立后的十余年时间,人们仍处于准宗教的氛围中之外,几乎是从20世纪80年代以后,新事物层出不穷,新问题每日呈现,打工、空心村、污染等问题对农民来说早已不是陌生的话题,但这些在农民画中丝毫没有呈现。农民画中,依旧是做梦一样的粮满囤、畜满圈的盛世景象。这样的图画放在封建时代,是人们永恒向往的表达,但在新时代问题层出不穷、新事物风起云涌的情况下,是不是显得相当保守、落后?我们认为,这同样是政治与精神“辅导”的结果。政治文化的保守性和精英文化从上而下的赏鉴意识,使其害怕将新问题、新意识引进农民画,才造成这样的局面。农民画不是要解决问题,但要在宽阔的尺度上,引导我们对这个新问题与新现象有自己的看法。

第三,作品变得越来越写实,农民画应有的“宽阔”特征失去了。中国民间艺术的绘画心理,是创造者对现实进行了“心画”的转变,然后按照“有趣”“可爱”的方式加以表达,所以民间艺术虽然四不像、不写实,但往往能打动人。但在近年来的农民画中,我们能看到有些“写实”的迹象在发生。比如近些年有的农民画为配合“反腐倡廉”,在画作中就出现了“反腐倡廉”的标语;这些“反腐倡廉”标语的出现其实大可讲究。我们看,在民间艺术中,对于“字”的处理很慎重,即使出现了,也只是一两个字而已,而且往往以装饰风格来处理。但在农民画中,这些标语常常是几个字、十几个字地出现,而且标语的意思非常写实。这对农民画的绘画意境有极大的伤害,常常能让人“出戏”。农民画在倾向于民间艺术的意义上,是“心画心声”,是规避写实的,但这种写实细节的出现和不检点,使整幅画丧失了“宽阔”的尺度。这同样是“辅导”的后果。

对于农民画而言,“辅导”是必需的,但即使像吴彤章那样所说,把自主性交给农民自己,也总免不了农民会受到影响。正像海德格尔说的,农民一旦从隐蔽的地方放到舞台的正中央,他们将逐渐失去对"世界性命运"的领悟,其中的韵味也就不在了。

## 四、农民画作为"另类民族志"的可能

如海德格尔所指出的,"农民"在其最重要的意义上,其实并不是一个社会身份或职业,也不是某个阶层,他们最值得关注的,还是他们作为"世界性命运"领悟者和守护者的角色。因为与大地更为长久的相伴,他们比之其他阶层的人更能看清人生的全部面目,从生到死、从喜到悲、从升起到衰落,等等。民间艺术以及后来兴起的农民画,其实是农民对这种宏大整体感、命运感的表达。

那么,除此之外,当我们把农民作为"世界性命运"守护者的角色去看待时,我们还能想到什么呢?最急切的应是,在这种角度的观照下,我们到底应如何理解农民的问题。

在人类学中,如何理解田野对象是个永恒的难题。当"我"作为采访者进入现场的时候,已经作为一个"事件"影响了被采访者;同时,对于被采访者而言,我对于他的"所言"如何采纳,也构成了问题。人类学建立在田野基础之上,恰恰这个"田野"却是最应质疑的。以农民(俗民)作为对象的学科,最为典型的是民俗学,同样面临着这个问题:通常,我们认为"农民"是朴实、诚恳的,他们对我们的追问,应当是全面袒露了一切,而我们所获知的一切,必然是客观无欺的。问题是,越来越多的研究个案,不能支持这个观点。农民有知道而不愿向你透露的东西吗?或者说,有他们实际知道但无法说出来的东西吗?我们以春节为例:在华北地区,当家里的主事人从农历年二十三一直忙到吃完年夜饭后,就进入了所谓的"闲闲"日子。在守岁的后半夜,家里的长辈就会絮絮叨叨向你讲述这个家族的来历,从这里到那里,谁是领头的,等等。为什么在我们看来日以生计为务的"农民",此刻却变成了"诗人"一样的人,说着无用而玄妙的话?如果我们观察得够耐心,会发现这样的现象,其实在一个"农民"的世界中并非少见,在节日的宴席上、在葬礼中,以及在其他的时间、地点。

“农民”自己时刻领悟却不能表达出来的东西，这种东西在日常世界中并无合法性，他们自己就把自己劝住了。这种东西的核心就是农民对“世界性命运”的领悟和感知。这样的领悟和感知，在农民世界中是作为基础存在的，它是农民活动或观念的前提，应是我们在日常活动中要注意的。

西方人类学家格尔茨为解决这个人类学的难题，提出了“深描”的理论。“深描”理论是针对当时流行一时的马林诺夫斯基的人类学田野方法提出的。马氏的方法可以概括为“观察—融入—摹写”，但在格尔茨看来，“摹写”阶段根本就不可能进行，因为他文化对观察者而言始终是种异文化，我们不管对这种文化融合得多好，我们始终是“外来者”，这决定了我们的“摹写”在根本上是失真的。因此，格尔茨提出了“观察—融入—辩论”的民族志写作方式，主张从“文化持有者的内部视角”观察文化，将此文化看作是在更大的文本系统中存在的一个作品，然后，通过把握这个更大的文本系统中的“地方性知识”，从而对这种文化做出理解。格尔茨的典型个案就是对巴厘斗鸡的民族志书写。在这一个案的观察中，格尔茨没有停留于对斗鸡的组织方式、人员、时间地点的书写，而是进一步挖掘，发现了公鸡与巴厘男人之间的象征认同关系；在公鸡那里，它不仅是男人权威的象征，而且在公鸡的好斗精神中还有巴厘男人渴求的“黑暗力量”。因此，为官方屡禁不止的公鸡，其实是巴厘男人之间关系地方和名誉的博弈。这就是格尔茨所说的“深描”，关键在于将文化视为可书写的文本，进一步探究此文本中的深层含义。

我认为，从农民作为“世界性命运”守护者的角色出发，格尔茨走在了对的方向上。格尔茨的“深描”追求文化文本的深层含义，他将农民放在更大的尺度上，而不是将之作为单纯为生计而忙碌之人。然而，“深描”在什么意义上能“描画”到农民这种对“世界性命运”的领悟？这种几乎是处于农民世界深层的“命运感”能否被“深描”所把握呢？

农民对“世界性命运”的领悟却恰切地体现在民间艺术或农民画中。从民族志书写的角度而言，农民画是否可以作为“另类民族志”呢？曾有学者提出，中国古代士人的山水画，以其“虚旷”可以作为民族志书写富有启示意义的艺术类型。那么，农民画是否也可以呢？新中国成立以来，农民画记录了中国新农民变迁的主要面貌，在经济活动、人际关系、风俗习惯等方面都有所反映。不仅如此，在农民画中我们还能看到这种农民的“命运”感的变化:在20世纪50~80年代中叶最为强烈,到80~90年代后期已经模式化,最终趋向于消失,等等。如果以农民画作为"另类民族志",那么,这种艺术形态将为我们开启观察农民生活群体的另一种眼光,这将为我们只是单纯地观察这个群体而做出重大的视角校正。

以农民画作为"另类民俗志",关键在于看这种记述对农民"世界性命运"的反映。除此之外,作品中的具体事项当然能为我们提供有益的材料,但最大的价值其实是这个:将农民画中的这种"命运感"与当地流传的宗教、政治、商贸相联系,我们其实可以获知超出我们简单观察之外的真相。

(未刊)

贰拾贰

# 铜鼓艺术的社会展演与东兰社会建设

## 一、铜鼓艺术的展演现状与东兰的引领作用

艺术展演是民间艺术实现自身社会功能、完成活态传承的重要环节。艺术展演，根据表演学理论，可分为舞台展演与社会展演两种类型。舞台展演是发生在剧场场域中的、相对封闭的艺术展演方式，在舞台展演中现身的艺术因此也是封闭的、符号化的，艺术感知与体验的特质则在于"观看"和"欣赏"；与之相对，社会展演，则是发生在社会场域中的、相对开放的艺术展演，"社会"代替"剧场"成为艺术舞台，在社会展演中现身的艺术，其艺术特征是开放的，其艺术感知与体验特征则在于引起社会个体的"参与"和"实践"。铜鼓艺术展演，当前的困境正在于局限于舞台展演而无法敞开社会展演，铜鼓本身成为人们观看的"奇观"符号而失去了可参与、可实践的社会向度。

以"广西河池地区铜鼓艺术参与相关活动一览表（1991～2007）"为分析对象，可发现铜鼓艺术的展演方式共分为四种：

一是媒介舞台，即由现代影视传媒构建的展演空间。其中包括：1991年8月参加电视剧《中国有条红水河》拍摄；1999年5月参加电视纪实专题片《中国人—中国心》拍摄；2001年12月参加电视专题片壮族《蚂拐节》拍摄；2003年11月参加电视音乐专题片《壮锦献给毛主席》拍摄；2003年11月参

加电视专题片《神秘的红水河》拍摄；2004 年 4 月参加红水河之旅电视专题片《打开眼界，走进东兰》拍摄；2004 年 12 月参加 56 个民族风情录电视拍摄；2006 年 5 月参加作家罗小莹制作的中国—巴西文化交流电视专题片《我的族人》拍摄。

二是典礼舞台，即由现代世俗活动所构成的展演空间。其中包括：1991 年 11 月参加第四届全国少数民族运动会开幕式；1992 年 6 月参加广西第二届少数民族运动会开幕式；1992 年 11 月参加中国首届金鸡及百花电影节暨桂林山水文化艺术节开幕式；2000 年 4 月参加中华鼓王大赛；2000 年 7 月参加中国龙滩水电工程开工典礼；2002 年 9 月参加迎接区西部开发与红水河民族文化艺术考察团；2002 年 5 月参加东兰—九圩二级公路开工典礼；2002 年 8 月参加中国五个将领邮票发行仪式；2002 年 8 月参加中华鼓宴；2004 年 3 月迎接广西民族民间文化保护立法活动课题调研组；2004 年 9 月参加广西民营企业家“访老区、受教育、作贡献”文艺晚会；2005 年 4 月参加中央“心连心艺术团”到河池市、东兰县慰问演出；2005 年 7 月迎接广西军区拉练部队到东兰；2005 年 9 月迎接区党委、区人民政府验收组到东兰验收“东巴凤基础设施大会战”竣工项目；2005 年 10 月参加东兰县乡土文化进校园文艺晚会；2005 年 11 月迎接黔桂两省（区）周边县市第 16 届年会商会演出活动；2006 年 8 月参加广西“农村欢乐演出年”文艺会演选拔赛；2007 年 2 月参加广西红水河民族文化考察团等。

三是现代民族节庆，即借助民族文化的活动形式而创制的现代节庆。其中包括：1992 年 4 月参加东兰县首届“三月三”铜鼓会；1999 年 10 月参加河池地区首届铜鼓山歌艺术节；2000 年 11 月参加河池地区第二届铜鼓山歌艺术节；2001 年 11 月参加河池地区第三届铜鼓山歌艺术节；2003 年 11 月参加广西国际民歌节；2004 年 11 月参加河池市第六届铜鼓山歌艺术节；2006 年 4 月参加祭祀“布洛陀”文化节活动；2006 年 11 月参加河池市第八届铜鼓山歌艺术节等。

四是旅游产业舞台，即在旅游产业推动下所产生的展演空间。其中包括：2005 年 10 月参加凤山县首届神奇洞穴探游节；2006 年 4 月参加祭祀“布洛陀”文化节活动；2006 年 5 月参加凤山县神奇洞穴探游节及凤山旅游开发公司成立活动；2007 年 4 月参加田阳敢壮山民族文化旅游节等。

在上述四种方式中，“媒介舞台”、“典礼舞台”与“旅游产业舞台”在铜鼓艺术的展演方式上，是典型的“舞台展演”，其特征在于，为迎合某种特定的“观看”需要而进行的铜鼓展演，铜鼓艺术从其社会生态中被抽离出来，置放于人为设置的舞台上，成为人们“猎奇”的符号；与之相比，“现代民族节庆”的舞台展演方式则有所不同，它虽然是让人们“观看”铜鼓，但它是建立在对铜鼓文化的社会性与文化生态的尊重基础之上，向人们所展示的不仅是“铜鼓符号”，更有铜鼓符号得以发生的传统节庆、田园山歌等社会背景，实则应属于“社会展演”。

根据这一分类，仔细分析，可得出如下结论：

结论之一：从舞台展演方式来看，铜鼓艺术的“舞台展演”在方式多样性以及参展活动数量上压倒了“社会展演”。历数从1991年以来一直到2007年河池地区铜鼓艺术展演历史，“媒介舞台”、“典礼舞台”以及“产业舞台”占据了铜鼓艺术展演方式的主流，这种剥离铜鼓艺术的社会整体性、为“猎奇”而“观看”的展演方式也是当下铜鼓艺术展演的主流方式。

结论之二：从铜鼓的投入数量来看，2002年是河池地区铜鼓艺术“舞台展演”超过“社会展演”的关键节点，东兰县在河池地区铜鼓展演活动中的参与立场起到了决定性作用。在1991年至2001年的铜鼓展演活动中，铜鼓参演数量最多的是“东兰县首届‘三月三’铜鼓会”，参演人数或铜鼓数达到了226人/面；其他参与数量较多的分别是“河池地区首届铜鼓山歌艺术节”（168人/面）、“河池地区第二届铜鼓山歌艺术节”（152人/面）、“河池地区第三届铜鼓山歌艺术节”（120人/面）。在2001年之前，铜鼓参展数量最多的还是带有社会展演性质、尊重铜鼓艺术社会性的展演；为迎合“猎奇”观赏而进行的铜鼓展演在数量上远远不能与之相比。

但在2002年，事情发生了转折。在“迎接区西部开发与红水河民族文化艺术考察团”的展演活动中，动用了铜鼓210人/面，它在数量上第一次超过了“舞台展演”。此后的发展是：一直到2007年，在历次展演活动中，出动铜鼓人数最多的是带有“舞台展演”性质的铜鼓展演活动，而与之相比，“社会展演”参与的铜鼓数量日渐减少（2003年11月广西国际民歌节动用30人/面，2004年11月河池市第六届铜鼓山歌艺术节动用12人/面，河池市第七届铜鼓山歌艺术节动用8人/面，河池市第八届铜鼓山歌艺术节则动用了

21人/面）。也就是说，从2002年起，河池地区铜鼓展演的数量投入发生了结构性的变化，从“社会展演”占绝对数量向“舞台展演”占绝对数量转变。

为什么是在2002年发生这种数量上的变化？究其主要原因，在于拥有河池地区铜鼓数量最多的东兰县在铜鼓展演立场上的变化。在1991～2001年期间，在东兰县举办的东兰县首届“三月三”铜鼓会获得了226人/面的投入量，而其他“舞台演出”的铜鼓展演活动则获得东兰的支持较少。2002年，在东兰县举行的“迎接区西部开发与红水河民族文化艺术考察团”展演活动中，东兰投入了210人/面，而在同年的“东兰—九圩二级公路开工典礼”活动中，东兰投入了100人/面，此后，东兰在“舞台展演”的铜鼓展演活动中频频出手，不管是在投入数量还是频次上，都在河池地区占据了绝对优势；与之相比，东兰在“社会展演”的铜鼓展演活动中则贡献越来越少，这直接造成了2002年之后河池地区“舞台展演”与“社会展演”在铜鼓投入数量上的结构性变化。因此，东兰在带动整个河池甚至广西地区的铜鼓展演改变方式上发挥了显而易见的引领作用。

## 二、铜鼓艺术从舞台展演到社会展演

在对铜鼓展演现状做出基本分析后，接下来的问题是：铜鼓艺术的两种展演方式，即为满足人们猎奇心理而向人们展示符号化铜鼓的“舞台展演”，和建立在对铜鼓社会文化整体结构的基础上并向人们展示这种整体形态的“社会展演”，哪种更适合铜鼓艺术？笔者认为，铜鼓艺术的“舞台展演”能够唤起人们对铜鼓的“关注”，不宜遽废，但也不宜过分倚重，“关注”之后的持续“传承”，“社会展演”才是关键。

首先应肯定的是，铜鼓艺术的“舞台展演”有其必要性。铜鼓艺术，就其文化属性而言，它是人类原始巫祝文化的一部分，加之在中国文化版图中，铜鼓的分布区域主要集中于中国大西南，无缘进入文化中心，“舞台展演”利用文化聚焦的形式突出渲染铜鼓文化，起到了引领人们对铜鼓艺术从“未闻”到“关注”的转变。在这方面，河池地区的铜鼓展演工作做得比较到位。比如在东兰县，当地主政部门积极筹划开发本县的铜鼓习俗文化，通过在县城街道两侧竖立起铜鼓雕像、在各大路口悬挂铜鼓画像等，着力打造“世界铜鼓之乡”的文化形象，为招商引资做铺垫。在这一系列铜鼓文化形象展演的推动之下，当地民众对铜鼓习俗的态度也发生了微妙的变化。当地一些村屯的铜鼓原来是收藏起来的，很少有人问津，而当得知政府准备对铜鼓习俗行旅游开发后，当地民众似乎看到了民俗旅游开发带来的经济利益，一些村屯开始有意识地组织民众敲打铜鼓，其目的是让外界知道本村是铜鼓习俗流行的地方，希望政府能把本村落纳入旅游开发计划范围之内，从而拉动本村落经济的发展。

那么，对铜鼓艺术的传承而言，它从“舞台展演”中获得的真正有益的东西是什么？“舞台展演”是传统文化遗产在文化现代化进程中必然经历的一个过程，它使原先封闭自足的文化体系以遭受冲击的形式得以展现，使原先深埋在谷仓或地下的铜鼓跨越了传统文化所设置的展演程序而进入了新的阶段。就其实质而言，“舞台展演”以现代化特有的方式将铜鼓艺术从传统社会的蛰居中连根拔起，使更多的人来参观、知道它，引起了人们的关注，实际上是给予了它社会重建的一种可能。所以，铜鼓艺术的“舞台展演”是铜鼓艺术实现非物质文化传承不可缺少的第一步。

然而，铜鼓艺术的“舞台展演”如果原地踏步将遗祸无穷，因为铜鼓艺术就其艺术本质而言并不适合现代意义上的“舞台展演”。铜鼓艺术，就其艺术特质而言，应属于哲学家黑格尔所划分的艺术史三个阶段中第一阶段的象征艺术。按照黑格尔的观点，“象征所要使人意识到的却不应是它本身那样一个具体的个别事物，而是它所暗示的普遍性意义”。作为巫祝时代的产物，铜鼓艺术的“普遍性意义”就是它的与神感通的神通意义，这种“普遍性意义”在以视觉化、娱乐化为主要传播趋向的“舞台展演”中不可展演是可想而知的。具体而言，铜鼓艺术不适合现代“舞台展演”体现在以下三个方面：

第一，从铜鼓艺术的视觉形象而言，它不适合现代“舞台展演”的视觉逻辑。铜鼓艺术的视觉形象非常丰富，铜鼓的造型、样式、画像、抽象、几何样式可谓洋洋大观，这在以“看”为主要体验的“舞台展演”中本来是优势。然而问题在于，铜鼓的几乎所有视觉形象都与巫祝仪式有关，都包含着巫祝意义，而“舞台展演”中的视觉逻辑是现代视觉逻辑，其特点在于对冲击力、瞬间性的追求，这必然会造成铜鼓视觉形象在“舞台展演”中被现代视觉逻辑剥离成为缺乏文化深度的视觉碎片。

第二,从铜鼓艺术的听觉形象而言,它不适合现代"舞台展演"的娱乐逻辑。现代"舞台展演"是娱乐的舞台,对于铜鼓艺术而言,其声音形象则更多与原始悲剧相联系。蒋廷瑜认为:"其实铜鼓的声音并不都是美妙的,在很多特定的场合下,它是一种哀乐。在老挝的高人和保保人中,铜鼓声响时表示有人死亡,广西南丹白裤瑶也只有老人死后为他送葬才敲铜鼓以致哀。铜鼓声有时和枪声一样,把人召唤到你死我活的战场上来,造成流血和整个村寨覆灭的悲剧。只有在节庆的时候,它那雄浑的声音才给人以鼓舞和自我欢乐的满足。"①也就是说,铜鼓的听觉形象是蕴含大悲大喜的启示性声音符号;而且,铜鼓的声音形象与现代声乐体系相比显得单调、僵硬,因此铜鼓艺术的听觉形象在"舞台展演"中略显尴尬。

第三,从铜鼓艺术的舞蹈形式而言,它容易被"舞台展演"引导陷入现代大众狂化逻辑。与铜鼓艺术的视觉、听觉形象相比,铜鼓艺术的舞蹈形式是极具舞台表演特征的,白居易曾写诗描绘道:"玉螺一吹椎髻耸,铜鼓一击纹身踊。珠缨炫转星宿摇,花鬘斗薮龙蛇动。"然而,与铜鼓艺术的听觉、视觉遭遇一样,现代"舞台表演"必然不会深入把握其丰富舞蹈形象中所包含的巫祝文化,这造成了这种壮观激烈的舞蹈形式很容易被引导陷入当代大众文化的狂欢化逻辑中去,铜鼓舞蹈成为现代人宣泄忧愤的一种载体,而失去了铜鼓舞蹈文化的本义。

总之,铜鼓艺术从其视觉、听觉与舞蹈形式而言,都不适合于"舞台展演"。

从铜鼓的艺术特征而言,"社会展演"其实是其展演的最佳形式。

铜鼓艺术作为象征艺术,其听觉、视觉与舞蹈造型都构不成其真正的艺术魅力,其魅力在于其所包孕的以巫祝神通为内涵的"普遍性意义",是在其奇特的艺术形式之后所包含的与现代世界悬隔久远的通神世界映射在现代社会的光辉。然而,铜鼓艺术的巫祝神通世界如何得以展演?仔细审视铜鼓艺术的传统展演方式,可以得到启发。蒋廷瑜先生在《红水河流域铜鼓文化综述》一文中这样记述了铜鼓传统表演:"东兰县壮族表演性的铜鼓舞用7人表演。这7人的分工是:铜鼓手4人,皮鼓手1人,伴舞者2人。舞场后两边立杆,两杆之间横架1条长竹木,用绳子将铜鼓悬挂其上。铜鼓4面,分公

① 蒋廷瑜.铜鼓艺术研究[M].南宁:广西人民出版社,1988:276.

母,2 公 2 母,相间排列。鼓面朝向观众,鼓与鼓之间相隔约 1 米。皮鼓摆在铜鼓的正前方,距离铜鼓约 3 米。开始,先由铜鼓手上场,各自站在要打的铜鼓左边,右半侧身向观众,右手持鼓槌击鼓面,左手执小棍打鼓腰。公鼓先打,母鼓随后,形成鼓点‖:嘟当咚哒:‖,反复数遍后,开始加花点,1 对公母与 1 对公母前后交叉,闹场一阵。接着皮鼓手上场,一边打鼓,一边舞蹈。这时的鼓点节奏平缓。皮鼓手舞一阵后,伴舞者上场,1 人执雨帽起舞,1 人杠竹梆敲打。自此时起,鼓点越来越急,舞蹈越跳越激烈。皮鼓手是这个舞蹈中的中心人物,按照铜鼓奏出的节拍,一边打,一边做出各种舞蹈动作。打皮鼓的动作有正面打,侧身打,抬腿打,翻身打,转身打;有时打鼓心,有时打鼓边,有时两根鼓槌互相击打。动作变换快速而有力。手拿雨帽的舞者和肩扛竹梆的舞者跟着鼓点起舞。持雨帽的舞者,忽而给皮鼓手煽风,忽而表演播种、插秧等动作,忽而将雨帽伸到皮鼓面上和皮鼓手头上,有的甚至表演男女交媾的手势,动作诙谐风趣。扛竹梆的舞者,左肩扛着竹梆,右手执木棒不停敲击,忽而蹲下,忽而跃起,表演追赶鸟兽、保卫农作物的动作。接着,击鼓者、执雨帽者、扛竹梆者,一起圆场起舞,鼓声越敲越急,气氛越演越热烈。瑶族的铜鼓舞蹈,为一位男子随着铜鼓的鼓点入场敲击表演,他一边敲击皮鼓,一边舞蹈,以踏跳步和踢跳步为主要步法,踩准铜鼓的鼓点节奏,踏跳敲击。两侧另外又出两人扇动雨帽助舞,模仿击大皮鼓者的姿态、舞步、动作,踏跳旋转摇摆。慢鼓阶段,鼓手悠然自得,神态凝重憨厚。快鼓阶段,鼓手舞步敏捷,动作急促。快速的铜鼓鼓点,使击大皮鼓者如飞如闪,如火如潮,俯打,仰打,翻打,正击,背击,腋下击,胯下击,动作变换急剧,果断利索。”①可以看出,在铜鼓艺术的传统展演中,铜鼓并不是展演的中心,它是展演的“背景”,皮鼓、舞蹈、声音都是在其基础之上展开的。铜鼓在艺术合奏中的这种“背景”意义,其实正是铜鼓在社会文化位置中的舞台写照:铜鼓不是社会的中心,但它是社会得以形成的背景和纽带;铜鼓的展演,如果将铜鼓凸显在舞台可见的中心,则必然会使其丧失涵括其他艺术形态的普遍性意义。

---

① 蒋廷瑜. 红水河流域铜鼓文化综述[M]//容小宁. 红水河民族文化艺术考察研究. 南宁:广西人民出版社,2005:87.

铜鼓艺术这种将自身设置为“背景”、以涵括其他艺术形态来显现自己的展演方式,就其展演的对象而言,不再是可见的铜鼓,而是铜鼓作为背景的“包容”意义,是铜鼓连带起来的整个铜鼓社会的整体性;就其观赏的体验而言,不再是聚焦于可见形象的“观看”,而是超越于单纯的“观看”之外的对铜鼓社会整体性的“体验”与“参与”,而其自身对这种铜鼓社会整体性的“体验”与“参与”又成了艺术社会整体性的一部分。最终形成了这样的展演特征:铜鼓艺术展演的观赏主体同时也是艺术的展演主体,“观看”与“表演”合一,“舞台”扩展到整个“社会”,形成了与“舞台展演”不同的“社会展演”。

在当下实践中,铜鼓艺术的“社会展演”并非完全失落,已举办数届的“铜鼓山歌艺术节”即是铜鼓“社会展演”的成功典型。“铜鼓山歌艺术节”在展演方式上体现出从“舞台展演”向“社会展演”延展的特征,包括以下三个方面:

第一,艺术形式的延展。“艺术节”在艺术展演类型上,不再是单纯的铜鼓艺术,而是以“铜鼓”与“山歌”为主打,融合多种艺术形式,其中包括现代歌舞的错杂的艺术展演生态,这些现代歌舞与传统铜鼓、山歌在形成冲突的同时,也呈现出对观,将“艺术节”的艺术展演形式引入深沉的境界。

第二,艺术舞台的延展。“艺术节”在环节设置上,不再是以单一的舞台为展演中心,而是在展演的时间、空间上将展演场域拉长,酝酿了一种体验的氛围。

第三,艺术体验的延展。“艺术节”通过多种艺术形式的并置,展演场域在时间、空间上的拉长,打破了铜鼓艺术展演中“置身其外”的猎奇冲动,发生了“置身其中”的参与行为和意愿,使观众“看铜鼓”的行为变成了一种“参与行为”,而众多人的参与则构成了铜鼓艺术新生的社会形态,这使铜鼓艺术的体验从“艺术体验”转向了更加广阔的“社会体验”。

铜鼓“社会展演”适应了铜鼓的艺术特征,并且在当下已有成功实践,为何不发扬光大?

## 三、深化东兰铜鼓社会展演的四点建议

东兰在引领整个广西地区铜鼓艺术展演方式的转向上具有不可忽视的

引领作用,为深化东兰铜鼓艺术的"社会展演",有如下四点建议:

**(一)社会展演的文化建设:以东盟发展为依托,打造铜鼓文化展演的国际走廊**

铜鼓艺术社会展演的理想形态,是实现"观看"与"体验"的一致、"社会"与"舞台"的合一,这在文化建设上需要凸显以铜鼓文化为本位的铜鼓文化圈的地位。关于"铜鼓文化圈",当前的研究已经比较成熟,如蒋廷瑜先生指出:"中国与东南亚国家是山水相连的近邻,历史上有悠久的友好交往。分布于中国南方云南、贵州、广西、广东、海南、湖南、重庆、四川等8个省、市、自治区的铜鼓,也分布于东南亚的越南、老挝、柬埔寨、缅甸、泰国、马来西亚、新加坡、印度尼西亚和东帝汶等国家。铜鼓覆盖着这么一大片彼此连接的土地,承载着这片土地上各个民族的历史文化。就目前所知,东盟十国中,除了菲律宾还没发现铜鼓,文莱的情况不太清楚之外,其余8国都曾经铸造或使用过铜鼓,有的国家、有些民族至今还在使用铜鼓。铜鼓是东盟和中国南方古代文化的共同载体,也是他们历史上共同联结的重要纽带。"①也就是说,"铜鼓文化圈"覆盖了中国大西南与东南亚诸国的文化地带,这些地带在铜鼓文化的具体细节上虽然有差异,铜鼓文化在本区域文化结构中所占的比重也不尽相同,但借助"铜鼓"这一鲜明的文化器物,这一面积辽阔的地域其中贯穿着一条古老、神秘而又气血鲜活的文化纽带,一种被隐蔽的文化认同呼之欲出。在铜鼓艺术展演的意义上,对于身处铜鼓文化圈的人们而言,在"观看"中显示的铜鼓将不仅仅是一件陌生的器物,因为自身的文化亲缘性,铜鼓更是对"观看者"实现自身文化归属的一种"启示"。这种"启示"将使"观看者"有力地超越自身的"猎奇"欲望,而投身到铜鼓艺术的"体验"之中。也就是说,铜鼓文化圈是铜鼓实现社会展演的文化基础。

东兰作为"中国铜鼓之乡",堪称中国铜鼓文化圈的聚焦点。东兰在铜鼓艺术的展演方面,不应该是泛泛地"面向全国,面向全世界",铜鼓文化圈这一覆盖广阔的文化地域应当是其实现展演的最重要的诉求地区。根据蒋廷瑜先生的结论,国内8省(市)和国外8国所涵盖的人口数目、经济总量,

① 蒋廷瑜. 铜鼓是东盟文化的共同载体[J]. 广西民族学院学报(哲社版),2005(1):111.

如果视为一个经济体的话，将超过国内包括长三角、珠三角在内的地域经济体的总量，其展演的回报空间是相当巨大的。

不仅如此，国家建设“中国—东盟自由贸易区”为以铜鼓文化圈为铜鼓艺术的展演基础提供了政策保障。“中国—东盟自由贸易区”于2010年1月启动。自贸区建成后，东盟和中国的贸易将占到世界贸易的13%，成为一个涵盖11个国家、19亿人口、GDP达6万亿美元的巨大经济体，是目前世界人口最多的自贸区，也是发展中国家间最大的自贸区。当前自由贸易区的联系纽带是经济贸易，但从铜鼓文化的角度来看，这一自由贸易区在文化上更具有共通性——同属铜鼓文化圈。东兰打造“铜鼓文化国际走廊”，利用自身在铜鼓文化上的优势，通过铜鼓艺术的文化圈内展演，以文化深化经济，以经济表达文化，实现文化与经济的和谐发展。

**（二）社会展演的社会建设：以区域社会建设为契机，构建铜鼓社会体系**

铜鼓艺术的社会展演还需要有健全的社会体制，社会建设是铜鼓艺术实现社会展演的题中应有之义。东兰地区自新中国成立以来，席卷全国的现代化进程塑造了它与其他地方没有什么两样的社会形态，然而这是对东兰社会形态的一种片面认识，或者说是对东兰社会结构中铜鼓意义的忽略。铜鼓在东兰，不同于一般意义上的非物质文化遗产之于社会的从属意义，它是东兰或河池地区社会构成的核心要素，铜鼓在自发、自觉的意义上形成了一种社会构筑。一则资料指出，“文革”时期，大量铜鼓被官方砸毁；“文革”结束之后，当地官员主动向当地民众道歉，承认砸鼓有错，才取得了当地群众的谅解，纷纷献出了铜鼓。这说明在东兰，铜鼓不是可有可无的文化符号，它已经渗透到人们的群体性行为中去，形成了一个铜鼓社会。

这种铜鼓社会与官方意志形成张力，承载了自身的社会发展逻辑。东兰地区如果想要建设理想的铜鼓艺术的社会展演模式，就要承认、保护并推动“铜鼓社会”的显身。只有在“铜鼓社会”被承认并使之显现、合法化的前提之下，铜鼓艺术的展演才会从“符号的展演”变成“社会的展演”，才能使人们看到的不是“符号”而是“社会”。

为保护并点亮东兰地区的“铜鼓社会”，有以下六方面的工作可做：

一是恢复与建设铜鼓艺术传承的文化与物质载体。铜鼓艺术传承的文化载体，主要包括三个层次：第一个层次是与铜鼓艺术展演密切相联系的节日，比如壮族的“三月三”歌节和“蚂拐节”，布努瑶的“祝著节”等；第二个层次是与铜鼓艺术展演密切相联系的民间习俗、口头传说等非物质文化遗产；第三个层次是与铜鼓艺术传承密切相联系的人们特定的世界观与社会观。铜鼓艺术传承的物质载体，主要包括两个层次：第一个层次是做好民间世传铜鼓的登记、保护工作，防止铜鼓的损毁；第二个层次则是积极探索传统铜鼓制造艺术，尽快恢复铜鼓制作的传统工艺，制造出为民众认可的铜鼓。二是从艺术表演的角度去发现仍然活在民众当中、维系着民众社会交往的铜鼓艺术表演框架，尤其是铜鼓新民俗的问题。铜鼓艺术之“活”在于它在民众中的“用”，而铜鼓的“用”的本质是它能唤起人与人之间的相互交流，所谓“通”。铜鼓展演在其诞生之初，就经历着从“祀神”向“合群”的功能转化，铜鼓艺术就是在其社会展演中使人们于相互交流中形成了“社会”的概念。铜鼓艺术展演中这些能够引起民众共鸣、产生应和的表演框架应该在铜鼓艺术的深入研究中被重点提出来。另外，铜鼓艺术的表演框架自身经历着衰败与新生的交替过程，新生的铜鼓表演框架就形成了新的铜鼓民俗，这种新生的铜鼓民俗应是重点关注的。三是建立铜鼓文化的解释与传播机制。铜鼓文化距今久远，其所包含的隐秘含义已逐渐失传，这需要学者、研究人员的深入研究和发掘。然而，铜鼓学术研究必须向社会服务转化，铜鼓研究所产生的新的发现与观点，必须经由导游、学生、科普平台以及博物馆、文化馆等社会文化服务设施转化成社会共识，这样才能形成对铜鼓文化的内涵认同，才会为铜鼓社会的形成奠定真正的文化内涵基础。四是健全铜鼓艺术的教育与立法体制。在河池地区，铜鼓保护立法与教育已经启动。五是以保护铜鼓社会组织的健康发展为核心，建立铜鼓艺术的生态保护区。建立“铜鼓艺术生态保护区”是河池地区当下正在展开的工作，我个人认为，“生态保护”不应变成一个抽象的口号，或者由官方包办来进行，“生态保护区”建设的关键是保护并发展民间自发形成的铜鼓社会组织。六是建构铜鼓艺术展演的公共空间，比如铜鼓展演的民众广场，等等。

**（三）社会展演的舞台创意：深化铜鼓山歌艺术节，实现铜鼓舞台展演的艺术创新**

传统剧场的“舞台展演”虽然对铜鼓艺术来说并不适合，但“舞台展演”

仍然是当下铜鼓艺术展演的重要方式，在这种情况下，铜鼓艺术的“舞台展演”就应打破传统“舞台展演”以“观看”“猎奇”为主的艺术展演方式，在已有的铜鼓山歌艺术节的成功的基础上，对铜鼓舞台艺术进行创新创意，创意的核心应是：强化铜鼓艺术的悠远、神秘与厚重感，表现它对现代社会和文化的穿透力。这就需要充分领会铜鼓艺术在其艺术本质上是“背景艺术”的特质，在此背景之上，蕴含多种艺术形态，将铜鼓艺术与各种新型艺术形态进行有力的变奏，将传统民族艺术形式与现代歌舞融合，尤其是借鉴现代戏剧演出的形式来展现铜鼓艺术，使人们在由铜鼓艺术定调的原始氛围中去领悟时间与历史的绵长，从而产生巨大的艺术张力，产生激动人心的艺术效果。当铜鼓艺术以这样的舞台创意展开时，舞台上的铜鼓艺术必然会成为人们反思、感悟自身社会存在的重要形式。

**（四）社会展演的旅游再生产：从铜鼓观光旅游向体验旅游的转向**

铜鼓旅游已经引起了越来越多人的关注，但这种关注更多是一种好奇，这种好奇如果不能迅速转化为理解和热爱，将会很快消失。当前进行的“铜鼓文化洞穴探险游”“铜鼓文化旅游节”体现了从观光旅游向体验旅游的转变。铜鼓体验旅游，要使旅游者能够亲身体验参与铜鼓文化的制作、使用、欣赏等各个环节，使之不仅要能在封闭剧场中“过眼瘾”，还要利用场馆、村落、自然相结合的方式，创建一套旅游服务标准，使旅游者能够参与进来，不以营利为目的，而要让旅游者在此过程中形成认同，产生一种口碑效应，这样才能使铜鼓文化游真正火热起来。

（未刊）

附

# 相声艺术的当下语境与非物质文化遗产保护

## 一、文艺学—美学与民俗学之学科融通

**廖明君(以下简称"廖")**:耿波你好,很高兴与你在一起谈论相声。记得2007年我收到你第一篇研究相声的文章《相声艺术传统与北京城市文明格局的变迁》时,感觉文章写得很有特点,从相声艺术与北京城市文明格局的互动来看相声,的确是一个创新。后来,你接连写了《当代艺术民俗学发展的城市化语境与契机》、《旧北京天桥广场及其现代启示》、《曲艺艺术与明清京、津城市形态的推移》以及《相声艺术的产业化之路及其遗产保护》等文章,对相声艺术进行了深入考察。不过,我这里有个疑问,我记得你的专业出身是文艺学—美学,研究对象、理路与民俗学研究差距挺大,为什么突然发生这种转向,能结合你的研究历程说说吗?

**耿波(以下简称"耿")**:首先感谢廖主编提供这样一个机会。说起第一篇在《民族艺术》上刊发的相声文章,真可以看出《民族艺术》的办刊风格是值得敬佩的。这篇文章曾投寄过其他两个刊物,都没被采用,刊物给的意见,说不是文章水平的问题,而是从来没有刊发过相声研究的文章,尤其是从城市文化角度谈相声的文章。廖主编能够大胆采用,由此可以看出《民族艺术》的创新与包容意识。

说起研究的转向,从关注经典文学、美学现象转向民间艺术现象,研究

对象的确有所改变，但对我个人而言，并不存在真正的转向。所谓"转向"，其实质是它在文艺学—美学学科领域中的一次深化，或者说我对于相声发生兴趣，但出发点仍然是文艺学—美学的专业诉求，而并非是从传统意义的民俗学体系上生发出来的。

**廖：**也就是说你是从文艺学—美学的角度切入民间艺术现象？据我所知，民间艺术的传统研究，在其理路上大都遵循艺术学的研究范式，从艺术发生、艺术形式、艺术种类等角度对之做出研究。近年来，兴起了从民俗角度对民间艺术进行研究的尝试，比如山东大学的张士闪教授就在从事这一方面的工作，并且取得了不错的进展。就请你谈谈如何从文艺学—美学角度深入民间艺术中去？这一研究向度有何独特之处？

**耿：**我之所以选择深入民间艺术，首先是因为文艺学—美学在21世纪以来所发生的学科危机。文艺学—美学在20世纪新时期人文科学中备受推崇，因为这一学科为人们在看待经典艺术现象时提供了一种超越、形而上的视角，很好地符合了宏大叙事时代人们对于经典艺术神圣性的想象。但进入21世纪后，经典艺术的"经典"性遭到质疑，进而"艺术"本身在大众文化时代的存在意义也岌岌可危。更重要的是，文艺学—美学的形而上立场日益彰显出其局限性，形而上立场的前提是将艺术作品设定为一纯粹客观的知识对象，这就削平了艺术本身，而将研究者的意志强加于对象，造成了研究本身的非学术性。在西方人类学中，这一局限内涵的反思从马林诺夫斯基就已开始，并在21世纪初引起了中国人类学、民俗学的呼应，形成了21世纪以来中国人类学、民俗学的又一次高潮。但在文艺学—美学领域，形而上局限性的反思却始终在莫衷一是的争论、商讨中止步不前。

2000年左右，文化研究作为一种方法论进入文艺学—美学领域，对传统文艺学—美学研究产生了很大震动。文化研究视野内的文艺学—美学走下形而上学高台，开始关注审美普泛化的日常生活，这是其积极一面。但文化研究，尤其是从德、法传统而来的文化研究，经国内学者的张扬，过于凸显对日常生活本身的否定和批判，造成了生活世界本身的虚无，而生活中的"美"本身就更无从提起了。

我在北师大读博期间，正处在这一文艺学—美学的变化浪潮中，我现在的学术道路应该说是对这一变化的应对。首先，从自身的艺术体验出发，我对传统形而上方法论抱批判态度，对文化研究关注日常生活中的审美现象持认同态度。其次，我又不同意文化研究过于强调否定与批判的价值取向。两相激荡，决定了我从现实肯定的角度去把握日常生活世界中的审美活动。所谓“现实肯定”，就是肯定人在现实生活中面向具体境遇所体现出的创生性，这是对西方思想传统中存在主义（萨特）、实用主义（杜威）以及情境主义（居伊·德波）的吸收，同时也是对中国思想传统“生生”（《周易》）观念的归属。从这一角度，我在自己的博士学位论文中对“美”下的定义是，“美是发生于日常生活中即存在即超越、往而复返之整体动态结构的形式呈现。”

对于“美”的这一界定使我的研究对象从经典艺术走向民间艺术，因为大部分处于“匿名”状态的民间艺术在很大程度上保留着人类群体在不同语境中所焕发出的创生姿态，与之相比，经典艺术的审美活动总是存在着对具体语境及语境中人之创生性问题的回避。为什么选择了相声艺术？一方面是个人偏好，另一方面，据我个人的理解，相声仅依靠语言与简单的形体动作就实现了对日常现实的增辉，将庸常的日常生活提升到一个审美的高度，是在日常生活中“即存在即超越”审美化的典型艺术形态。因此，相声进入我的研究视野，在很大程度上是我自身关于美的理论的推进所遭遇的现象。

**廖：**原来如此。你所提及的文艺美—美学在21世纪以来的变化我也略有耳闻，你的这一番剖白，以鲜活的个体体验向我们展示了文艺学—美学与民间文化、民俗之间的深层关系。由你的转变，我也在想：年轻学者在学术成长过程中的确应时时反思，在学术创新中同时保持学术传统的一贯性。

**耿：**同意廖主编的看法。我觉得自己从文艺学—美学角度深入民间艺术，对文艺学—美学来说，是从形而上学到文化研究再到民俗学的递深，对于民俗学而言，则也许能够提供一个从“美”的角度实现自我学科观照的新视角。在北师大求学时，我与山东大学的张士闪教授同居一室，交流密切，他的民俗田野功夫扎实，学科传统深厚，思维敏捷，是一个可以互相砥砺思想的良师益友。我们常常从各自学科本位出发对同一个艺术现象进行辩论探讨，经常发现，虽然在切入艺术对象的路径上有所差异，但我们常常会在一个取向上达成一致：日常生活中主体面临具体语境所作出的创生性应对、自我表达是两个学科统一的落脚点。

我可以举一个例子：当时张教授正在从事山东潍坊小章地区竹马戏的

研究，他从民俗学角度向我展示了在竹马戏中所包含的潜在民俗体系，比如发生在村落中的集体记忆、权威认同、武术风气等，使我眼界大开，而我则特别关注在这一民俗现象中民间艺术主体的美的形式的创造，比如竹马戏表演形式上的结构特征、象征意象，以及随着时代演进，竹马戏演出者在形式上的独创等方面。两个角度看似游离，其实不然：集体记忆、权威认同、武术风气这一潜在民俗逻辑的提出说清了竹马戏在“约定俗成”层面上人们的独创性，而竹马戏美学形式的创造则以其“戛戛独造”的反庸常形态为民间艺术主体新一轮的“约定俗成”提供了淘选的对象。

**廖：**没有突发性的美学形式上的独创，就没有民俗学上的“约定俗成”；反之，民俗学则以其对日常生活世界“约定俗成”之规制、仪式、符号的呈现，为民俗活动中发生的美的独创性提供了载体，两者的融通是和谐的合奏。

**耿：**这正是我和士闪教授合作的《中国艺术民俗学》（山东人民出版社）一书要表达的主要观念。

## 二、相声艺术史的三个维度

**廖：**在现代媒体所构造出的语境中，相声好像很开放，现实中的大事小情都可以融入进去，就像是一个没有传统负担、乐天派十足的超级包袱。但是，我感觉，现代媒体的这一勾画对中国相声传统似乎不尽负责，相声艺术应该有自己的历史，而相声艺术今天的发展其实应在传统继承与创新的意义上去理解。

**耿：**的确。当代媒介的特点是规避传统，相声在21世纪以来频频与媒体结缘，相声由此被更多人知道，这是好事，但相声也由此成了与传统绝缘的“相声”。相声史的梳理，以及相声文化传统内涵的呈现，是当前尤其应该做的事情。

相声大师侯宝林生前对相声史用功尤勤，《侯宝林谈相声》《侯宝林艺术论集》中将相声艺术源头上溯到了汉代俳优戏。新中国成立后相声大师马季的《相声表演漫谈》也追溯了相声艺术史。相声研究者对于相声史的论述包括余钊的《相声艺术入门》、薛宝琨的《中国的相声》、罗荣寿的《相声表演漫谈》、老舍的《关于相声写作》等；20世纪90年代著名曲艺学者王决等出版了《中国相声史》,应该算是相声史研究的集大成。

根据前此研究,相声的表演艺术形式得以最终确立的因素,据说与北京八角鼓“拆唱”表演名丑、清代道光年间(1821～1850)张三禄的离群单干有关。相传张三禄为人机智诙谐,但性情刁钻、好自我表现,常在“拆唱”演出八角鼓时,擅自临场抓哏使噱,使同台演员无法应对配合而丢脸,伤面子。长此以往,导致了同行不愿与其搭班演出,并且有意排挤他。在此情况下,他愤而“撂地”,一人以说演笑话的方式谋生,并在其笑话说演中加入了“拆唱”八角鼓表演的“逗哏”技巧。他不愿称自己的表演为“八角鼓”,而是借用了当时一个人行艺的口技性表演名目,自称之为“相声”,由此开创了相声单口表演的先河。

张三禄之后,相声表演渐成气候,形成了三个师承系统或曰支脉,即朱绍文派、阿彦涛派、沈春和派。其中的朱绍文(1829～1904),又作“朱少文”,艺名“穷不怕”,“汉军旗人,世居(北京)地安门外毡子房。幼习二黄小花脸,曾搭‘嵩祝成’(班),因不能唱红,遂弃本业,改习架子前脸(彩扮莲花落的丑角)”。据传咸丰皇帝驾崩之后,勒令百日之内不许动乐演戏,朱绍文为生计所迫,于同治元年(1862)改行到天桥一带撂地说相声。他有四个艺徒:贫有本、富有根、徐有禄和范有缘。在此之前,相声演出都是一个人的单口表演,他则常常与徒弟搭档表演,开创了对口表演的先河。之后,多人表演的“群口”形式也出现了。至清末民初,相声不仅在京津地区广为流行,而且远传到了东北、山东和江苏等地,成为影响较大又风格独具的曲艺品种。

新中国成立之初,在党和政府的领导下,传统相声进行改革,成立了以侯宝林、刘宝瑞、罗荣寿为核心的“相声改革小组”,对传统相声进行改革进化,中国传统相声进入“新相声”时期。新中国相声的风格分为“赞美”与“讽刺”两种类型,格调向上,主题鲜明,与传统相声有较大差别。“赞美—讽刺”相声传统一直延续到20世纪90年代,铸就了“新相声”的辉煌,代表人物包括马季、姜昆、李金斗等人。

**廖:**那20世纪90年代之后,相声艺术又是如何发展的呢?20世纪90年代以来相声写入相声史的话,又该如何描述呢?

**耿:**传统相声史的书写通常至20世纪90年代就已结束,主要是因为传统相声史的撰写是比较早的事情,无法涉及90年代以后的相声发展。但正如您所看到,20 世纪 90 年代以来,中国相声发展日新月异,构成了相声发展的独立面貌,亟待进行梳理研究,与传统相声史书写相接续。

按照我个人的观点,90 年代以来相声艺术的发展是沿着这样的轨迹推进的:首先是 20 世纪 90 年代以来,电视晚会相声盛行。以春晚相声为代表,相声开始脱离现场,按照限定的时间进行表演,在获得了较大成功的同时也逐渐显露出僵化、形式主义的弊病。90 年代以来一直到今天,针对电视晚会相声,中国相声多方改革,努力创新,发展出两个方向:一个方向是相声"重返剧场(茶馆)"。1999 年天津众友相声艺术团"重返茶馆",新世纪初北京李金斗提出相声"重返剧场",2004 年郭德纲德云社更是凭借传统相声演出一炮打响,这些尝试恢复了相声表演的传统形态,收效甚好。另一个方向是相声向新媒体、多种表演载体扩散而形成"泛相声"。1994 年,中国内地第一部情景喜剧《我爱我家》大量借鉴了相声艺术要素,取得了极大成功,同时它为中国情景剧奠定了基本的艺术构架,这是相声艺术开始向新媒体渗透扩散的开始。2005 年,天津杨少华父子的《杨光的快乐生活》以相声做骨架,又取得了空前成功。以相声与电视媒体构建新型关系为主导,21 世纪以来相声发展总体呈现向多种载体形式弥散的状态,相声向动漫、戏剧、小品、电影、网络等各种载体平台渗透,产生了形形色色的"泛相声",也即是今天我们所目睹的相声景观。

**廖**:经你梳理,20 世纪 90 年代以来中国相声发展的完整脉络的确很清楚了。民间艺术研究,艺术史是研究的基础,然而,艺术史并不仅仅是艺术现象的简单罗列……

**耿**:廖老师所言极是!古人云:"皮之不存,毛将焉附。"在把握相声史的过程中,我对相声史有一个基本看法:相声的发展同时也是一个特定文化个体以相声为载体不断调整文化认同,进而实现自我认同的过程。

清末民初,相声尚处在满足人的感官娱乐的阶段,啸聚街头,喧嚣鼓噪,多以村骂自贬为乐。自清末民初,相声艺术开始了它脱胎换骨的升华历程。传统相声艺术的升华,论其关键人物当推张三禄、朱少文、李德钖、张寿臣、马三立、刘宝瑞、侯宝林等诸位相声大师,而这些人物在相声艺术发展过程中所起到的作用,正在于他们自觉承袭了中国文化传统,以此推动相声艺术于大俗向大雅的认同,罢黜相声艺术的感官之娱,唤起相声艺术中的伦理幸福。何谓传统相声中的“伦理幸福”，这一点容我稍后详细解释。

新中国成立后，“赞美—讽刺”相声大行其道，这一相声形态以对社会主义意识形态的传达为主要任务，但这并不是一种没有“文化”的相声，而是包含了这一时代大众群体的“家—国想象”。落实到相声文本中来看，我们可以发现新中国成立后的“新相声”构建了崭新的主题意象，即“社会主义大家庭”。“社会主义大家庭”这一提法来自当时的意识形态话语体系，其微妙之处在于将意识形态的“社会主义”与伦理性的“家”糅合在了一起，而“家”所唤起的伦理想象为“社会主义”的认同实现了有效导入。“新相声”传统，以马季、姜昆师徒二人的作品为代表，之所以成功，在很大程度上即把握了这一认同实现的复杂性。

事实上，新中国成立后“新相声”的成功之作，如20世纪50年代的《社会主义好》《夜行记》《买猴》，80年代的《如此照相》《虎口脱险》《电梯奇遇》等，基本都是沿袭这一创作思路，只不过在其他作品中，“家”开始出现泛化，从传统的“家”向同样具有家庭伦理唤起意义的单位、街道、邻里、公园等公共及半公共空间普泛化延展。我曾在文章中这样描述：“在这些作品中，故事的主题都是乐观明确的，形象都是单纯可爱的，相声从‘瓢把儿’（引子）、‘活’（相声的主体内容）到‘底’（包袱）的叙事结构的编撰极其单纯，绝对没有大是大非的冲突，有的只是小是小非的误会，故事发生的场所常常是在充满阶级信任与友爱的家庭、邻里、公园、理发店、商店、楼道、电梯，整部作品洋溢着一种植物沐浴在金色阳光中的乐观单纯。”（《相声艺术传统与北京城市文明格局的变迁》）这种乐观朴素的基调正是当时“社会主义大家庭”所唤起的视像图景。

从这一角度出发，我反对今天我们谈论相声时，将其视为一种纯粹娱乐，越粗野越村俗越好，如果是这样，相声与一把“痒痒挠”有什么区别？相声艺术是文化认同的表达形式，由此我对当下相声发展提出的问题是：当下相声，在其成为大众文化时代文化消费品的同时，其中寄寓的文化认同又是什么呢？

**廖：**这是一个有力的提问，由此出发的确可以开启对当前相声发展的一种独特观照。另外，我记得你在本刊发表的《相声艺术传统与北京城市文明格局的变迁》中还从城市文明变迁的角度将相声发展分为“上下交融的城市文明格局与'拙而灵'的相声艺术""上下隔绝的城市文明格局与'巧'饰的相声艺术""'狂欢'化的城市文明格局与'顽而艳'的相声艺术"。这样看来,历史呈现、文化观照与美学省思应当是你把握相声史的三个基本向度。

**耿**:是的。

## 三、非物质文化遗产视野中的相声艺术

**廖**:非物质文化遗产保护已成为世界范围内的文化运动,2003 年 10 月联合国教科文组织通过了《保护非物质文化遗产国际公约》,如今在我国也出台了有关非物质文化遗产保护与发展的一系列政策措施。在我看来,非物质文化遗产保护本身是一个隐喻复杂的文化运动,表面上它发生于国际文化交流,是跨国际文化共识的产物,但它实际上又是各个国家在世界舞台上、国家内各个区域群落在国内舞台上相互竞争的文化政治载体,其中包含着社会各个阶层、各个群落之间的互动与共生,是由政治家、社会活动家、学者、民众各个群体共同参与的一场运动。你如何看待学者在这一运动中的意义?

**耿**:诚然。在这个后政治时代,我从来就没有把非物质文化遗产视为单纯的文化保护运动,就其本质而言,非物质文化遗产保护是冷战后国际文化共同体以文化化解冲突、重建国际政治协作关系的文化政治创举。国与国如此,落实到一个国家之内,区域与区域之间、文化群落与文化群落之间在非物质文化遗产保护上也不是单纯的文化保护。

认识到这一背景并非毫无必要,起码它能为我们准确定位学者在这一运动中的位置,不必自弃,也不能高估。

我们应充分肯定学者在非遗保护运动中不可取代的意义。"非物质文化遗产"这一观念的提出,本身就来自学术思维。"非物质文化遗产"也称为无形文化遗产,以区别于有形文化遗产,超越"有形"、张扬"无形",关注现实目的逻辑之外的人类文化资源,为当代世界发展提供新的观照人类发展的视角,这是以超越性、学理性、人文观照为特点的学术思维特性的彰显。

具体而言,在国内,学者们在探讨中对非物质文化遗产保护渐渐形成了比较一致的意见,普遍认为非物质文化遗产保护的首要任务是对非物质文

化遗产发生语境的保护，刘魁立先生提出的“活鱼要在水中看”、张士闪教授提出的“还鱼于水”，已在非物质文化遗产保护领域获得越来越广泛的认可。在学者们的影响之下，非物质文化遗产保护的政府决策部门与民众认识层面都已逐渐形成一种整体性、生态性的保护观念。这是学者们对非物质文化遗产保护的独特贡献。

**廖：**我同意你的归纳，“文化生态”的确已成为当前非物质文化遗产保护的共识。你对此还有更深入的引申吗？

**耿：**文化生态保护，这一非物质文化遗产保护观念的创新之处在于确定了方向。但方向确定之后，仍有更为关键的问题未被提出来——文化生态，即非物质文化遗产的发生语境，在根本上并非一个客观的存在而是在文化阐释中显身的存在。也就是说，对一种非物质文化遗产而言，以何种文化生态被保护，这并不是一个“显然”的事实，而是一个需要“发现”的过程。“还鱼于水”，不错，但是河水、井水、海水还是其他的水，并不是已经准备好的，而是需要我们去选择。

这样问题就出来了，事实上，学者们在确定非物质文化遗产的文化生态时，常常脱离不了知识论思维的影响，偏向于考察保护对象静态的、保护性的古典语境，比如强调与保护对象相关联的仪式、传统、信仰等，而较少想到一个问题：非物质文化遗产保护是立足当下、面向未来的运动。正如《公约》所说，它所要达成的，是“各个群体和团体随着其所处环境、与自然界的相互关系和历史条件的变化不断使这种代代相传的非物质文化遗产得到创新，同时使他们自己具有一种认同感和历史感，从而促进了文化多样性和人类的创造力”。

文化认同的形成，一方面应在古典语境中明确保护对象的“前生”，这是基础，但也仅仅是基础；另一方面更要“发现”保护对象在当下语境中的“来世”，即将之置放于当下媒介文化、消费文化、视觉文化中来观其文化应对与生长态势。今天，学者行为中的非物质文化遗产保护的问题，正在于我们已开始发现保护对象的“前生”，却没有勇气将之投入当下语境中。我的看法：在文化生态保护的意义上，非物质文化遗产保护是对象本身古典语境与当下语境同时发现与杂糅的过程。

**廖：**这是一个新的提法，我个人觉得这的确是对当前非物质文化遗产文化生态保护问题的深入思考。我记得,专门研究传统音乐非物质文化遗产保护的杨民康教授对于文化生态也有一个区分:"语境"与"形态"。"语境"是非物质文化的静态根据;而"形态"则是非物质文化的动态创生。后者依附于前者之上。我认为你所区分出的"古典语境"与"当下语境"和上述分类相比,都关注文化生态的深化问题,但不同之处在于,你特别强调了非物质文化在当下语境中的创生意义。

**耿**:是的,而我对于非物质遗产当下语境的特别关注,是从关注相声而来的。

相声的非物质文化遗产保护工作,开始得较早,取得的成绩也非常可观。2006 年,相声成为北京市首批非物质文化遗产。2008 年,由中国广播艺术团、北京市歌舞剧院有限责任公司以及天津市共同申报的相声成为第二批国家级非物质文化遗产。另外,特别值得关注的是,2009 年 5 月,沈阳相声成为辽宁省第三批非物质文化遗产。通常我们认为,相声就是北京、天津两地的民间形式,其实大谬,东北地区、济南、上海、南京、长沙、台湾等地方都有自己悠久的相声传统。继沈阳相声之后,全国各地会不会出现一个相声申报非遗的热潮,我们可以拭目以待。

相声作为一种非物质文化遗产,我认为其文化生态保护的关键就在于如何处理其古典语境与当下语境交错杂糅的问题。

**廖**:愿闻其详。

**耿**:就其发生的古典语境而言,相声是以其"众乐乐"的形式缓释了传统伦理体系中的"情""礼"冲突,实现了普通大众共同在场的伦理幸福。众所周知,中国传统"礼"制文化内涵有一极大矛盾,这就是"礼"与"情"的矛盾。此矛盾在孔孟之儒家思想中由孔子提出并由孟子解决。《孟子·梁惠王下》中孟子与王论乐(音 le),提出了真正的快乐不是"独乐乐"而是"众乐乐",所谓"众乐乐",其实就是主张王应"与民同乐"。"与民同乐"一方面允许个人感官欲望的表达,另一方面又使此个体性欲望受到其他人的校正,从而解决了"礼"与"情"的冲突问题。这是从"王"这一立场而言;另一方面,从"民"之立场而言:在此"众乐乐"的共在空间中,"民"得以实现向上的文化认同,此一文化认同使"民"确证了自我的存在。传统相声的实质是营造"众乐乐"的民间艺术形式,使上层文化得以向民间文化落实,同时也使民间文化得以在向上层文化瞩望的“乐”中实现共同在场，获得一种伦理幸福。

群居在场的演出方式就是守护相声这种古典文化生态的重要方式，撂地、茶馆、堂会等都是与之相宜的演出方式。新中国成立后，新相声的发展从群居的演出方式转向大礼堂、电视等以单向传播为主的演出方式，造成了其因古典生态语境丧失而日益僵化的后果。于是，20 世纪 90 年代以来，相声“重返剧场”的呼声不绝于耳，这里的“剧场”并非舞台剧场，而是注重营造在场感、类似传统茶馆的演出场所。“重返剧场”起初的实践效果是成功的，尤其是 2004 年“郭德纲现象”的出现，使得许多人认为，对相声而言，只要恢复群居在场的演出方式就解决了关键问题，其实不然。相声“重返剧场”近年来遭遇的困境说明仅仅守护其古典语境是远远不够的，当下语境的凸显才是关键问题。

“剧场”相声的困境体现在这样几个方面：第一，在文化认同的实现上，共同在场的伦理幸福已经荡然无存，多元现代性情感的表达，比如欲望释放、偶像崇拜、身份炫耀等成为主导性内涵。第二，在媒介文化视野中，古典语境中相声艺术的口传性传播特征已难以守护，多种多样的现代媒体渗透其中，在相声各个层次的传播中渗透进了由现代媒介所承载的媒介文化特征，“事件性”“娱乐性”“猎奇性”成为现代媒介为相声“画像”的三要素。第三，在文化形象的树立上，“剧场”相声虽然不遗余力地标榜继承、发扬传统文化，但所谓对传统文化的“继承”“发扬”，却常常沦落为对传统文化的符号化张扬，而其目的在于迎合那些受现代传媒蛊惑而“到此一游”的观光客。

如此等等，当前相声发展遭遇的新问题总在提示我：重建的相声传统的古典语境固然重要，但对相声艺术的未来发展和保护而言，承认、发现相声艺术的当下语境，把握相声传统在与“当下”遭遇时所产生的变化，尤其是所焕发出的审美的生机，才是关键问题。正如前面我们所谈到的，我之所以从文艺学—美学角度切入相声艺术研究，愿望就在于通过相声，这种日常生活审美化的典型艺术形态，来把握其在新的语境中主体创生的轨迹与精神。在这一取向的统摄之下，相声艺术的古典语境是基础，而当下语境中相声艺术的新变才是我要重点勾勒的。

**廖：**你再一次强调你对于相声艺术当下语境的凸显，这样会让人误解你在根本上是要抛弃相声艺术的传统，即古典语境，而将相声艺术撕成碎片抛湎在当下性的潮流中,丧失其原样。我个人认为,这肯定不是你的立场,在传统保护中发展创新,在古典语境的基础上叠加当下语境,在相声艺术“前生”和“来世”的时间通观中考察相声艺术中主体性适应新变、大胆创造的精神,这应该是你的本来意思吧?

**耿:**知我者廖师!因为太想突出一个方面而近于夸大,这的确是不应该的。

## 四、相声艺术传承的当下语境

**廖:**你在相声艺术的非物质文化遗产保护中提出了“当下语境”,强调遗产保护的未来观,我个人认为这的确是一个有力的提醒。由此反思学者在非物质文化遗产保护运动中的角色偏差,有许多学者的确是在有意无意地混淆学术研究与遗产保护两种行为,造成了对两种行为的同时伤害。学术研究本身是追求学理性的,相对稳定的古典语境是其观照研究对象的基本视域,呈现在这一古典语境中研究对象的创生轨迹是学术研究的使命所在。但是,非物质文化遗产运动则是一个将古典语境中研究对象强行置入当下语境、观其发生轨迹的过程,是社会发展的需求而并不全是出自学术内在逻辑的发展。在这一转换中,如果学者们仍然以为非物质文化遗产对象的“古典还原”是非物质文化遗产保护运动的全部内涵,就走上了岔路,而且会在观念上引领官方逻辑与大众诉求一错再错,最终造成非物质文化遗产工程的无意义。

**耿:**我也是这样看的。对于我个人而言,因为在学术传统上受西方现代性思想传统影响较深,所以我在对这一问题的理解上着意突出了现代性思想传统注重当下、面向未来的一面。现代性思想,根据马歇尔·伯曼的梳理,在西方兴起于16世纪初至18世纪末,是随着资产阶级现代大工业生产产生的生活方式。随后伴随西方现代化进程的加剧,现代性日益成为新时代的概括性特征,“当下性”是现代性的核心内涵。对个体而言,现代性思想的核心就是在价值失序的新时代主体的自我重建。我注意到,西方人类学、民俗学在其学科兴起的历史上,其实也是对这场现代化进程风暴的应对,只不过现代性思想传统选择了留在风暴中心寻求希望,而人类学、民俗学则选择远往异域寻找“失落的世界”,两者其实是同源异派的。在中国,现代化进程的开始是20世纪八九十年代,一直持续至今,而且愈演愈烈,构成了民俗学、人类学以及非物质文化遗产的现代性语境,在这一场“风暴”到来之时,我们是选择再次远走,还是留下来呢?

**廖:**你对人类学、民俗学与现代性思想同源异派的思想史梳理很有价值,希望你能有专文论述。现在还是转回到相声上来,如你所说,当下语境构成了非物质文化遗产保护的新语境,你能不能就相声具体说一下相声艺术在当下语境中的传承情况呢?

**耿:**非常乐意。从当下语境考量,我将相声传承遭遇的新语境分为五个方面:城市化语境、新媒体语境、消费化语境、视觉化语境以及产业化语境。

为了便于说明,我以影响较大的“郭德纲现象”来剖析其中所包含的五种当下语境的体现。

第一,城市化语境。郭德纲相声的“火”与传统相声不同,在其观众群体上并非各个层次、各个年龄段的人都喜欢,在其追捧群体中,占主体地位的是年纪在二三十岁的白领阶层。这是一个难解的现象:这样一门“老”艺术怎么会获得“新”观众的青睐呢?这就应该从城市化进程中所产生的“文化群落”现象来理解。文化群落,是由城市化进程所带来的价值多元化而产生的特定范围内的文化认同群体。在中国城市化进程中,所谓“白领”其实就是一个在收入、兴趣、价值与生活方式上趋近的一个文化群落。文化群落的强烈诉求是寻求承载其独特性的载体。郭德纲相声在媒体的炒作下成为了一个现代潮流的“神话”,向这个“神话”表达归属成为城市白领表明其独特性的行为。我将这种彰显自身独特性的文化认同行为称为“象征性叛逆”。

第二,新媒体语境。在“郭德纲现象”中,现代新媒体扮演的角色令人关注。郭德纲“神话”的打造,虽然其发起者是传统意义上的广播(北京人民广播电台),但真正使之攀上神话高峰的,却是网络。我曾经为此专门进行过网络“田野调查”。以网络为载体的新闻报道、观众的个人博客、商业网站的娱乐论坛以及各种形式的BBS,几乎在一周的时间里就创造了一个虚拟世界里的相声“神话”。随后这一相声世界的“神话”又通过几个影响最大的先锋周刊,比如《三联生活周刊》《新周刊》《南方人物周刊》的接续,诞生到现实人间,并以强大的方式在社会上弥散开来。这就是“郭德纲现象”产生的媒体路径。通过这一梳理,可以看出新媒体对民俗现象的决定作用有多大。另外,郭德纲本人也非常善于利用新媒体造势。关于这一现象,我有专门的文章来论述。

第三,消费化语境。郭德纲相声是大众消费时代典型的消费品,其中承载了消费时代大众感官欲望的释放和狂欢。身临天桥茶馆剧场(郭德纲相声演出的大本营),你会发现演出现场与我们的想象有很大的差距:现场气氛的确不错,但仔细观察,就会发现相当一部分人来看演出的心态纯粹就是"泄欲"性的,相声本身的精妙性无人理会,常常倒是演出中"互相当对方爸爸"的低级演绎反响强烈,而台上的演员也很知趣,迎合观众需求大抛低级"包袱儿"成为常态。我所描述的绝不是特例,在对京、津16处相声演出场所的实际调研中,我发现这是一个普遍现象,基本上是越感官化气氛越热烈。这其实很好理解,在这样一个消费时代,人们花20~50元钱,从来就不指望能从一场相声中获得文化上的收获,他们是将一场相声与三五个炒菜、一瓶啤酒带来的快感同等看待的。

第四,符号化语境。郭德纲相声在艺术文本特征上出现了传统相声所不具备的特征,比如对当下热点、焦点社会新闻的快速反映和评点,这一点是郭德纲相声特别受欢迎的一个重要原因。这一现象,其实体现了通过对现实事件的"符号化"处理从而实现对现实本身掌控的当代大众心理。当代社会是信息爆炸的时代,过量的信息造成了人们在认知和价值判断上的紊乱,相声以"嬉笑怒骂"的形式针对现实将之处理为可掌控的"符号",恢复了人们对现实的掌控感。最后是文化产业语境……

**廖:**且让我打断一下。对于你说的城市化、新媒体、消费化与符号化构成了当前相声发展的当下语境,我表示同意,但文化产业如何会成为相声艺术的当下语境呢?请你从文化产业视野出发对相声的发展作出一个简单梳理。

**耿:**好的。文化产业,如果从文化发展的角度看,其实是文化"产业化",而"产业化"在当前以经济建设为中心的当代中国语境中包含着复杂内涵,它是政府调控以产业规划的形态在社会整体重新分配政治、经济、文化以及多方面利益的举措,文化产业,即是文化被置入这一宏大举措。从这一角度而言,文化产业对未来相声发展的影响已不仅是"语境"问题,而成为了"框架”问题。

相声“产业”不是相声“行业”，传统相声以“相声”为养家糊口手段，这是行业行为，而非产业。相声产业在中国的兴起，我将之分为三个节点：

第一个节点是20世纪90年代，北京相声大家李金斗与天津老相声演员于宝林，有感于当时电视相声越说越死，不约而同地提出“相声回归剧场”的口号，并分别在天津、北京付诸实践，这产生了巨大影响。与此同时，电视上，相声艺术也开始从电视晚会相声向电视多元媒体渗透，电视小品与情景喜剧成为吸收相声元素而获得成功的范例。“相声回归剧场”与电视相声的多元化，实现了相声艺术突破体制定位的第一步。

第二个节点是21世纪初“郭德纲现象”的出现。2004年相声演员郭德纲及其德云社风靡全国，恢复场馆相声传统，重建相声演出的现场感是其表演形式上的创新。就产业发展而言，郭德纲通过自我形象打造，多种媒体平台推介，以及以二三十元的平民票价明确自身市场发展方向，红遍全国，这一方面体现出成熟的产业规划意识，另一方面是对全国相声产业接受状况的成功“试水”。“郭德纲现象”可以说是中国相声产业发展的一次操练。

第三个节点是中国曲协副主席、相声名家姜昆以官方身份对相声发展给予的文化战略意义上的提升。姜昆是新中国相声发展的里程碑式人物，从20世纪末开始，姜昆凭借自身文化官员的身份在相声革新中频频出手，“相声MBA班”“相声拍卖”“相声博物馆”等都是引起社会广泛反响的举动。姜昆的革新姿态对中国相声产业发展的意义重大。相声产业之所以不同于相声艺术的“商业化”，重要区别在于：商业化是释放对象的经济属性，而产业化则是对对象国家战略属性的凸显，包含着国家发展规划的整体布局。如果仅停留于其商品属性的释放，中国相声谈不上相声产业。姜昆以文化官员身份对相声发展的介入，提升了相声的文化战略地位，使相声成为纳入国家规划的象征性符号，这决定了中国相声产业的真正崛起。

**廖：**梳理得很清楚了。那么，你认为当下语境对相声传承产生的影响又是如何的呢？

**耿：**我想，每一个当下语境对相声传承而言都同时包含着有利与不利两个方面，相声将向何处发展，最终取决于我们的选择，而不仅仅是学术上的判断。

在当下语境中观照相声艺术，其主旨在于明确当下语境为相声发展提供了多种可能，为相声艺术中所包含的主体创生能力在时代新变中的自我表达创造了无限契机。

比如，消费化语境使当前相声演出走向低俗感官化，但同时也促生了相声在当下语境中创生的勇气，产生了新的相声艺术形态，姜昆就曾经肯定过湖南相声演员大兵的相声适应现代需求，创造了快节奏、"随翻随抖"甚至"一翻数抖"的艺术表演形态。

再比如，现代传媒裹挟着传统相声走向对传统相声表演形式、文化意蕴的偏向，但同时也为传统相声在现代传媒载体中寻找新的表达方式和存在形态提供了拓展空间。我特别关注的是20世纪90年代中国第一部情景喜剧《我爱我家》对相声艺术的继承创新。《我爱我家》据主创英达的说法，是根据美国流行的情景喜剧引进，但却掩盖了美国情景喜剧在中国"落地"时所产生的"中国特色"，这就是传统相声的艺术结构、语言特色、市井风味以及现实价值观念的融入。《我爱我家》并不像西方情景喜剧一样通过肢体动作、剧情冲突产生喜剧效果，而是通篇都在以相声特有的"包袱"结构全局，形成了从容、机智、中国作风十足的喜剧性。《我爱我家》之后，中国最好的情景喜剧都离不开相声框架的支撑。《我爱我家》只是相声与现代媒体结缘的一例，其他如相声电视剧、相声动漫、相声主持等，虽然在相声业界内争议纷纷，但不能否认的是，几乎所有上述创新性实践都取得了不错的观众口碑。现代传媒为传统相声提供了打散形体、再生精神的载体，这是我的看法。

要之，我对相声在现代性语境中的基本立场是：观其生死、察其顺逆、因势利导、借势而为，这也应该是学者在非物质文化遗产运动中的自我定位。

## 五、相声产业与相声发展展望

**廖：**"观其生死、察其顺逆、因势利导、借势而为"，将民间艺术的发展从古典语境中导出，引入当下语境，在其多方面冲撞中，使之真正焕发出生态创生的力量，我虽然不能确定你所开出的药方是否适用于所有非物质文化遗产，但这一立场所体现出的勇气是值得肯定的。古典语境与当下语境，就像移动中的大陆板块，总的趋势是要重叠的。我重点关注的是少数民族的民间信仰问题，这对我来说似乎也构成了应深思的问题：基本上是发生于乡土社会的民间信仰，在当下语境不断靠近的过程中，“能否”以及“如何”使民间信仰在现代社会中寻找到栖息生长的形式呢？

让我们再次回到相声的话题上来。刚才你提及，文化产业在相声的现代性语境中占有“框架”性位置，对相声未来发展所起的作用将是决定性的，就请你从文化产业的视野出发来谈谈相声未来的发展可能性吧。

**耿：**的确如此，我个人感觉，文化产业将改写当前许多文化形态的生存形式。对相声而言，当前相声产业共有四种形态：第一，传统广播电视相声仍占据半壁江山；第二，“剧场（茶馆）”相声势头正劲，方兴未艾；第三，相声艺术搭乘传媒经济快车；第四，对相声艺术多元产业发展形式的探索已成为官方主要导向。

在上述四种产业形态中，广播电视相声将维持常态，因为其作为方便易得但并不尽如人意的方式，将成为当前大部分人不可或缺但也不会突发大规模需求的相声欣赏方式。

“剧场（茶馆）”相声目前势头最劲，前途却并不乐观。从产业发展的角度考量，“剧场（茶馆）”相声主要实行的是低价策略，票价普遍在 20 ~ 50 元之间。这对社会工薪阶层当然有吸引力，但弊端也不可忽视：一方面，会丧失相当一部分追求“价高质优”文化服务的高消费人群，这一消费群体虽然人数不是最多，然而其消费贡献力与品牌形成影响力却是不可估量的；另一方面，因为“剧场（茶馆）”相声追求的是现场感，而现场不可能容纳太多观众，一般在 100 ~ 150 人之间，如此测算，“剧场（茶馆）”相声每场门票收入最高也不足万元。这对调动演员的积极性、提升演出质量、打造有影响的相声产业品牌极其不利。

就文化建设的质量而言，当前“剧场（茶馆）”相声也是虚气腾腾。在相声演出现场，演员演得卖力，观众看得热闹，表面上气氛极好，但就是因为过度追求现场气氛，大多数演出场所与部分相声演员为了迎合观众的低级需要，粗言滥语浑不避讳，自我糟践相互贬低的天桥“撂地”风气卷土重来。可以想见，这种开历史倒车、一意在低级小市民文化中留恋的相声将会走向何处?!

**廖**:你在言谈中屡次表达对"剧场(茶馆)"相声的批判,可以看出你对这种产业形式将会成为未来带动相声发展的主驱动力并不看好。那么,你认为广播电视相声、"剧场(茶馆)"相声就没有存在的必要,应当被淘汰吗?带动相声未来发展的合理产业结构又是什么呢?

**耿**:不是没有必要,而是它们应有自己的合理位置。我所构想的能带动未来相声发展的产业结构,我将之称为"相声艺术的日常生活再生产"。

所谓"日常生活再生产",是从产业规划的角度承认日常生活中人们对艺术对象的日常体验(核心是文化认同与现象)是规划的起点,产业规划的灵感发生与整体构架应以此为前提;反过来,日常生活体验在产业规划的构架中搭载经济驱动快车,自我调适,实现新生语境中的创新。"日常生活再生产"是日常生活与现代产业的和谐共舞。

对于相声而言,广播电视相声与"剧场(茶馆)"相声的意义不在于产业上的成功与否,而在于它们实现了对相声艺术日常生活体验的守护,以潜移默化的方式培养着人们将相声当作日常生活的一部分,在其中寄寓人们的日常生活体验。但很明显,你无法要求它们创造产业奇迹,因此从艺术接受角度而言,艺术本身受欢迎,与高热度的经济行为保持距离是一个重要的接受前提,一个相声演出团体在产业上过于成功将会很快失去它的观众群,这是郭德纲相声最近出现的现象。可以说,蓄势而不发,是广播电视相声、"剧场(茶馆)"相声的合理位置。

谁来发势呢?应是当代经济形态中活力无限、与传统早已结缘的传媒经济!对于相声向现代传媒的靠拢,相当一批相声名家、专家持激烈反对态度,认为相声会因此丧失其本来形式。这其实是一种不合时宜的保守主义,既无道理又缺乏远见。不明道理,是将相声看作了一套僵化的形式规矩,不明白相声有"形"有"神":"瓢把儿"(引子)、"活"(相声的主体内容)到"底"(包袱)样样俱全,大褂、折扇、盖碗茶一个不少,这是相声的"形";艺术上营造节奏、拿捏分寸,精神上乐天知命、大智若愚,这是相声的"神"。相声艺术与现代传媒的联姻,正是打散形式、再生精神的良好契机。缺乏远见,则是没有看到,相声以"形散神聚"的样态融入现代传媒,实际上是对极具产业提升力的现代传媒经济快车的搭乘。现代传媒经济以现代技术高速发展为依托,对现代人的多样需要反应更加快捷,因此相声艺术在现代传媒经济框架中将获得最大的艺术张力与利润回报。反过来,因为相声传媒产业的活力汲取自由广播电视相声、“剧场(茶馆)”相声所蕴蓄而来的日常生活体验,所以必须建立前者对后者的经济回馈体制,使广播电视相声、“剧场(茶馆)”相声的产业收入不应仅靠点播、票房艰难度日。

以上所述,即是我所谓“相声艺术的日常生活再生产”。

接下来的问题是:广播电视相声、“剧场(茶馆)”相声蓄势,传媒经济发势,谁来保持“蓄势”与“发势”之间的平衡以及调动后者对前者的回馈?官方多元而富有开放性的产业政策环境!

**廖:**“相声艺术的日常生活再生产”!你的设想很切实也很周密,但是否真正可行还得等待相声发展实践来检验。时间不多,最后谈一下你下一步的打算吧。

**耿:**好的。三五年内,关于相声研究我有这样三个打算:第一,总结前此研究,准备出一本专著,暂定名为《现代化进程中的中国相声》。第二,寻求资金、政策及学界支持,策划《中国相声发展与文化创新年度报告》,每年一册,以记录当下中国相声文化的动态发展为基本定位,以年度发展为考察节点,从文化发展、艺术创新、学术研究、媒介动态、城市生态、海外传播及现场访谈等七个方面对年度相声发展做出整体呈现。第三,与国内民俗学、人类学以及艺术学界学者开展交流,组织团队对以京、津为中心的北方相声进行一次较大规模的田野调查,填补当前相声没有田野记录的空白。在此,也借贵刊一角诚心邀请对相声有热情的朋友、师长共同合作。

最后,感谢《民族艺术》的提携。从 2007 年至今,如果没有廖主编对于这一研究的肯定与支持,关于相声的研究很难提上自己的研究日程。

**廖:**提携后进、倡发新声是《民族艺术》的一贯立场。我本人虽然并不主要关注相声,但通过此番畅谈,能感觉到你对相声研究有热情、有想法、有立场,不是在玩票,有这样严肃的态度,不管目前的结论和观点有无可商榷之处,但坚持下去,我认为总会出成绩的。衷心希望你能为相声研究打开一个新的局面。

**耿:**多谢。

(原文发表于《民族艺术》2009 年第 4 期,有改动)

**图书在版编目(CIP)数据**

传统与变迁：中国非物质文化遗产十年沉思录／耿波著．-- 北京：中国传媒大学出版社，2021.3
（语言、文化、传播丛书）
ISBN 978-7-5657-2831-0

Ⅰ．①传…　Ⅱ．①耿…　Ⅲ．①非物质文化遗产—研究—中国　Ⅳ．①G122

中国版本图书馆 CIP 数据核字(2020)第 225826 号

**传统与变迁：中国非物质文化遗产十年沉思录**
**CHUANTONG YU BIANQIAN：ZHONGGUO FEIWUZHI WENHUA YICHAN SHINIAN CHENSILU**

**著　　者**　耿　波
**责任编辑**　欧丽娜
**封面设计**　宇宙尺度
**责任印制**　阳金洲

**出版发行**　中国传媒大学出版社
**社　　址**　北京市朝阳区定福庄东街 1 号　　**邮　　编**　100024
**电　　话**　86－10－65450528　65450532　　**传　　真**　65779405
**网　　址**　http://cucp. cuc. edu. cn
**经　　销**　全国新华书店

**印　　刷**　北京玺诚印务有限公司
**开　　本**　710mm×1000mm　1/16
**印　　张**　20
**字　　数**　327 千字
**版　　次**　2021 年 3 月第 1 版
**印　　次**　2021 年 3 月第 1 次印刷

**书　　号**　ISBN 978-7-5657-2831-0/G・2831　　**定　　价**　88.00 元

**本社法律顾问：北京李伟斌律师事务所　郭建平**